A PROVÍNCIA: ESTUDO SOBRE A DESCENTRALIZAÇÃO NO BRASIL

Coleção Constitucionalismo Brasileiro
Conselho Científico
Gilmar Ferreira Mendes – Presidente
Paulo Sávio N. Peixoto Maia – Secretário-executivo

André Ramos Tavares
Andréa Slemian
Arnoldo Wald
Carlos Horbach
Carolina Cyrillo
Everardo Maciel
Ingo Wolfgang Sarlet
João Paulo Bachur
José Levi Mello do Amaral Júnior

José Roberto Afonso
Laura Schertel Mendes
Lenio Luiz Streck
Luis Rosenfield
Paulo Gustavo Gonet Branco
Raúl Gustavo Ferreyra
Rodrigo de Bittencourt Mudrovitsch
Sergio Bermudes
Walter Costa Porto

O GEN | Grupo Editorial Nacional – maior plataforma editorial brasileira no segmento científico, técnico e profissional – publica conteúdos nas áreas de concursos, ciências jurídicas, humanas, exatas, da saúde e sociais aplicadas, além de prover serviços direcionados à educação continuada.

As editoras que integram o GEN, das mais respeitadas no mercado editorial, construíram catálogos inigualáveis, com obras decisivas para a formação acadêmica e o aperfeiçoamento de várias gerações de profissionais e estudantes, tendo se tornado sinônimo de qualidade e seriedade.

A missão do GEN e dos núcleos de conteúdo que o compõem é prover a melhor informação científica e distribuí-la de maneira flexível e conveniente, a preços justos, gerando benefícios e servindo a autores, docentes, livreiros, funcionários, colaboradores e acionistas.

Nosso comportamento ético incondicional e nossa responsabilidade social e ambiental são reforçados pela natureza educacional de nossa atividade e dão sustentabilidade ao crescimento contínuo e à rentabilidade do grupo.

COLEÇÃO CONSTITUCIONALISMO BRASILEIRO

TAVARES BASTOS

Apresentação
ANDRÉA SLEMIAN E BRUNA PRUDÊNCIO TEIXEIRA

2.ª edição

idp

A PROVÍNCIA: ESTUDO SOBRE A DESCENTRALIZAÇÃO NO BRASIL

■ O autor deste livro e a editora empenharam seus melhores esforços para assegurar que as informações e os procedimentos apresentados no texto estejam em acordo com os padrões aceitos à época da publicação, e todos os dados foram atualizados pelo autor até a data de fechamento do livro. Entretanto, tendo em conta a evolução das ciências, as atualizações legislativas, as mudanças regulamentares governamentais e o constante fluxo de novas informações sobre os temas que constam do livro, recomendamos enfaticamente que os leitores consultem sempre outras fontes fidedignas, de modo a se certificarem de que as informações contidas no texto estão corretas e de que não houve alterações nas recomendações ou na legislação regulamentadora.

■ Fechamento desta edição: *27.09.2025*

■ O Autor e a editora se empenharam para citar adequadamente e dar o devido crédito a todos os detentores de direitos autorais de qualquer material utilizado neste livro, dispondo-se a possíveis acertos posteriores caso, inadvertida e involuntariamente, a identificação de algum deles tenha sido omitida.

■ **Atendimento ao cliente: (11) 5080-0751 | faleconosco@grupogen.com.br**

■ Direitos exclusivos para a língua portuguesa
Copyright © 2025 by
Editora Forense Ltda.
Uma editora integrante do GEN | Grupo Editorial Nacional
Travessa do Ouvidor, 11 – Térreo e 6º andar
Rio de Janeiro – RJ – 20040-040
www.grupogen.com.br

■ Reservados todos os direitos. É proibida a duplicação ou reprodução deste volume, no todo ou em parte, em quaisquer formas ou por quaisquer meios (eletrônico, mecânico, gravação, fotocópia, distribuição pela Internet ou outros), sem permissão, por escrito, da Editora Forense Ltda.

■ Capa: Fabricio Vale

CIP-BRASIL. CATALOGAÇÃO NA PUBLICAÇÃO
SINDICATO NACIONAL DOS EDITORES DE LIVROS, RJ

B326p

Bastos, A. C. Tavares (Aureliano Cândido Tavares), 1839-1875
A província : estudo sobre a descentralização no Brasil / Aureliano Cândido de Tavares Bastos - [2. ed.]. - Rio de Janeiro : Forense, 2025.

440 p. ; 23 cm.   (Constitucionalismo brasileiro)

ISBN 978-85-3099-559-1

1. Direito constitucional - Brasil. 2. Descentralização na administração pública - Brasil. 3. Administração local - Brasil. 4. Brasil - Política e governo - 1822-1889. I. Adeodato, João Maurício. II. Título. III. Série.

24-94170   CDU: 342:352(81)

Meri Gleice Rodrigues de Souza - Bibliotecária - CRB-7/6439

APRESENTAÇÃO
Um prenúncio da crise do Império: a *Província*, de Tavares Bastos

Andréa Slemian[1]
Bruna Prudêncio Teixeira[2]

A grande repercussão que o livro *A Província* teve quando foi lançado em 1870 consagraria Aureliano Cândido Tavares Bastos como um dos mais ativos políticos e publicistas na sua época. Mesmo assim, e apesar de ser recorrentemente citado até hoje por seus polêmicos projetos então defendidos, a fortuna crítica sobre ele parece não fazer jus a um retrato de corpo inteiro do personagem no momento em que viveu. Tarefa que estamos longe de propor realizar nessas poucas páginas, mas que queremos ser capazes de destacar como necessária para responder a uma série

---

[1] Andréa Slemian é graduada em História pela Universidade de São Paulo, onde também fez seu mestrado (2000) e doutorado (2006). Desde 2011, é professora na graduação e na pós-graduação da Universidade Federal de São Paulo (UNIFESP). É especialista em História do Brasil entre os séculos XVIII e XIX, com ênfase no processo das reformas ilustradas, da Independência e da formação do Estado nacional. Atualmente dedica-se aos temas vinculados à justiça e a petições, com interesse em uma história integrada com a América ibérica. Foi editora chefe da Revista Almanack (www.scielo.br/alm/), de 2019 a 2021, e da Revista Brasileira de História (https://www.scielo.br/j/rbh/), de 2021 a 2023. Atualmente é Bolsista Produtividade em Pesquisa CNPq (nível 2).

[2] Bruna Prudêncio Teixeira é graduada em História pela Universidade Federal de São Paulo (2016), onde fez mestrado em História Social (2019). Atualmente é doutoranda em Sociologia pelo Programa de Pós-Graduação em Sociologia da USP, bolsista da Fundação de Amparo à Pesquisa do Estado de São Paulo (FAPESP) e pesquisadora do Núcleo de Estudos da Violência (NEV/USP). Desenvolve pesquisas sobre a formação do aparato policial brasileiro no século XIX e tem como principal interesse analisar o processo de construção do Estado Nacional a partir do panorama da manutenção da ordem pública e da disputa pelo Monopólio da Violência pelo Estado.

de questões que marcaram esses anos politicamente tão conturbados em que Tavares Bastos teve sua projeção pública. E isso sobrevaloriza ainda mais a importância da edição da sua obra na presente Coleção.

Nascido em 1839, na cidade de Alagoas, atual Marechal Deodoro, Tavares Bastos era filho de Rosa Cândida de Araújo e José Tavares Bastos. Seu pai era professor de filosofia e foi responsável por suas primeiras instruções. Além disso, foi um importante político do período, tendo atuado como deputado provincial, juiz de direito e presidente das províncias de Alagoas e São Paulo. Toda a infância de Tavares Bastos foi vivida na sua província natal, até que, por conta da carreira política do pai, aos 15 anos foi morar em São Paulo, onde graduou-se como advogado. Mesmo que sua carreira profissional tenha sido iniciada no Sudeste, sua origem alagoana foi o que garantiu seu ingresso na política brasileira quando, em 1861, elegeu-se deputado pela província de Alagoas.

Parte das obras que se dedicaram a estudar a vida de Tavares Bastos está ligada ao seu lugar de origem. A primeira biografia sobre o personagem foi publicada pelo alagoano Carlos Pontes em 1939, ano do centenário de seu nascimento, pela Companhia Editora Nacional.[3] Intitulada *Tavares Bastos (Aureliano Cândido 1839-1875)*, a obra é marcada por um tom bastante comemorativo e memorialístico, desde sua infância, com especial destaque para sua carreira intelectual e os sucessos de sua projeção política. A segunda biografia foi publicada pelo Instituto Histórico e Geográfico de Alagoas, agora no centenário de sua morte, com o título de *Tavares Bastos: um Titãs das Alagoas*,[4] de autoria de Paulo de Castro Silveira. Com semelhante tom comemorativo, nomeava-o de "patrono" da Assembleia Legislativa do Estado de Alagoas. A obra foi reeditada em 2019, em comemoração aos 180 anos de seu nascimento, com o objetivo declarado de "prosseguir democratizando o pensamento de Tavares Bastos em nosso meio social".[5]

---

[3] PONTES, Carlos. *Tavares Bastos (Aureliano Cândido 1839-1875)*. São Paulo, Rio de Janeiro, Recife e Porto Alegre: Brasiliana/Companhia Editora Nacional, 1939.
[4] SILVEIRA, Paulo de Castro. *Tavares Bastos*: um titã das Alagoas. Maceió: Assembleia Legislativa de Alagoas, 2019.
[5] SILVEIRA, Paulo de Castro. *Tavares Bastos*: um titã das Alagoas. Maceió: Assembleia Legislativa de Alagoas, 2019. p. 4.

Apesar do tom laudatório, ambas continuam sendo fontes importantes de informação sobre o personagem, bem como o livro de Evaristo Morais Filho, *As Ideias Fundamentais de Tavares Bastos*, publicado originalmente em 1978.[6] Mesmo não sendo uma produção vinculada à sua província natal, mantém um tom engrandecedor sobre o personagem. Seu autor, jurista e membro da Academia Brasileira de Letras, traz, ao longo de sua obra, uma descrição minuciosa das publicações na imprensa e dos discursos parlamentares do político alagoano. O livro foi reeditado em 2002 e contou com uma terceira parte dedicada a analisar o que o autor chamou de "O Social Liberalismo de Tavares Bastos".

Recentemente, é no campo das Ciências Sociais e Políticas que a fortuna crítica de Tavares Bastos tem sido mais revisitada e renovada. Desde a tese de doutorado de Walquiria Domingues Leão Rego,[7] defendida em 1989 e dedicada à discussão sobre suas concepções reformistas e federalistas no Império, seguir-se-iam várias outras que analisariam os temas específicos das disputas políticas travadas por Tavares Bastos à sua época, a partir da discussão dos impasses do próprio liberalismo no Brasil. Nessa seara, destacam-se os trabalhos que perseguem seu debate com intelectuais orgânicos próceres do Império, como o Visconde do Uruguai, na linha dos projetos em disputa acerca de centralização e descentralização;[8] bem como nas disputas existentes entre os próprios liberais, demonstrando o embrenhado cenário político do período.[9] Igualmente trabalhos que se detiveram em temas específicos sobre suas ideias acerca da questão

---

[6] MORAIS FILHO, Evaristo. *As ideias fundamentais de Tavares Bastos.* 2. ed. Rio de Janeiro: Topbooks, 2012.

[7] REGO, Walquiria Domingues Leão. *Um Liberalismo Tardio*: Tavares Bastos, Reforma e Federação. Tese (Doutorado em Ciência Política) – Universidade de São Paulo, São Paulo, 1989.

[8] FERREIRA, Gabriela Nunes. *Centralização e descentralização no Império*: o debate entre Tavares Bastos e visconde de Uruguai. São Paulo: Departamento de Ciência Política da USP/Editora 34, 1999.

[9] FERREIRA, Ricardo Bruno da Silva. *Perspectivas Liberais no Segundo Reinado*: o pensamento político de Tavares Bastos e Joaquim Nabuco. Dissertação (Mestrado em Ciência Política) – Universidade Federal Fluminense, Rio de Janeior, 2010.

agrária[10], da crise bancária vivida[11] no contexto, da liberdade religiosa,[12] da abolição da escravatura, da imigração[13] e de sua atuação na imprensa.[14] Grandes foram os avanços na compreensão de Tavares Bastos, homem e obra, mas eles suscitam novos questionamentos quando o inserimos no conturbado contexto político em que viveu.

Não há dúvidas de que a virada dos anos 1860 para 1870 do século XIX foi um dos momentos mais conturbados do Império. Em 1864, eclodiu a Guerra do Paraguai, conflito que foi seguramente o precursor de uma das maiores crises vividas pelo Império. Motivada por interesses políticos externos ao Brasil, na região do Rio da Platina, escancarou fissuras internas a partir dos enormes esforços despendidos no recrutamento para as campanhas militares no Sul. A Guerra avançou até 1870 e, embora a chamada "tríplice aliança" (formada por Brasil, Argentina e Uruguai) tenha saído como vencedora, distintos foram os impactos vividos por cada um dos países envolvidos. No caso do Império, deflagrou a urgente necessidade de rearticular as forças armadas e formar um exército nacional, além do problema do aumento da dívida externa, colocando na ordem do dia os debates acerca dos rumos da escravidão.

Não à toa, o final da década de 1860 ficou conhecido como um momento de intensa radicalização política. Contudo, sua origem

---

[10] SILVA, Ligia Osório. Tavares Bastos e a questão Agrária no Império. História Econômica & História de Empresas, ABPHE, v. 1, p. 3-30, jul./dez. 1998.

[11] ABREU, Eide Sandra Azevedo. Os "abutres" na turbulência das "águias": Tavares Bastos, a questão bancária e os embates do Gabinete de Olinda. *História São Paulo*, v. 28, p. 797-820, 2009.

[12] CHAVANTE, Esdras Cordeiro. *Do monopólio à livre concorrência: a liberdade religiosa no pensamento de Tavares Bastos (1839-1875)*. Dissertação (Mestrado em História) – Faculdade de Ciências e Letras de Assis, Universidade Estadual Paulista Júlio de Mesquita Filho, Assis, 2013.

[13] GUGLIOTTA, Alexandre Carlos. Entre trabalhadores imigrantes e nacionais: Tavares Bastos e seus projetos para a nação. Tese (Doutorado em História) – Instituto de História, Universidade Federal Fluminense, Niterói, 2007.

[14] MARTINS, Camila Pereira. "Cartas do Solitário ao Redator do Correio Mercantil": a intervenção política de Tavares Bastos por meio dos impressos. *Revista História, Histórias*, v. 8, n. 16, p. 68-91, 2020.

remonta ao menos aos anos finais de 1840, quando o grupo político denominado de "conservadores" ganhou bastante evidência na política brasileira do Segundo Reinado, excluindo os chamados "liberais" do centro das principais decisões do País. A situação mudaria no início da década de 1850, quando foi implementada aquela que ficou conhecida como *política da conciliação*. Encabeçada por Honório Carneiro Leão, o então Marquês do Paraná, a medida tinha como principal objetivo tentar conciliar os diferentes grupos políticos em disputa. Nesse sentido, foi criado um novo Ministério, o qual agregou, concomitantemente, figuras tanto de cunho conservador quanto liberal. A *política* refundou o sistema partidário no País e garantiu a rearticulação entre os grupos políticos e a retomada do gabinete liberal, adormecido desde o final da década de 1840.

A trajetória política e intelectual de Tavares Bastos se inicia quando o momento de *conciliação* começa a apresentar suas primeiras fissuras. Em 1860, já doutor em Direito, ele ingressa na carreira pública, ainda que timidamente, ao ocupar um cargo de oficial na Secretaria da Marinha. No mesmo ano, candidatou-se pela primeira vez como deputado por Alagoas. Para a campanha, valeu-se de sua formação acadêmica e, principalmente, da carreira política de seu pai. O plano funcionou, e o então advogado alagoano tornou-se o mais jovem deputado eleito para a Assembleia Legislativa no Rio de Janeiro até então. Seu feito coincide com o fato de que havia sido a primeira vez, em quase vinte anos, que foi eleita uma bancada liberal tão expressiva para o Parlamento. Foi quando Tavares Bastos esteve ao lado de importantes nomes do partido liberal, como Teófilo Otoni, deputado eleito para a Assembleia Geral por Minas Gerais; José Bonifácio de Andrada e Silva, também deputado-geral por São Paulo; e Saldanha Marinho, eleito por Pernambuco. Vale dizer que o liberal alagoano foi eleito para mais duas candidaturas consecutivas, de 1864 a 1866 e de 1867 a 1870.

Deve-se frisar que a atividade política de Tavares Bastos engloba uma ativa e concomitante atuação na imprensa, inclusive em jornais de grande circulação. O primeiro e altamente polêmico texto que publicou expressando seus planos de governo para o País saiu, em 1861, precisamente, no *Correio Mercantil,* um dos mais importantes jornais da época. Trata-se de seu conhecido opúsculo "Os Males do Presente e as Esperanças do Futuro"[15]. Inspirado em um discurso feito por José Bonifácio na Câmara dos Deputados, Tavares Bastos permite que se vislumbre o cenário conturbado então vivido por meio da crítica que aí faz à política e às instituições imperiais, a qual ele aprofundaria, posteriormente, em *A Província*.

Dividido em três partes, *Realidade, Ilusão e Solução*, o opúsculo traz uma provocativa posição acerca do presente da nação. Em *Realidade*, o passado colonial é utilizado para explicar a origem dos "males da nação". Em *Ilusão*, ironiza a ideia de que uma suposta mudança de regime seria uma saída para os mesmos males: "Proclamada a República, não encontraria chefe capaz, nem servidores dignos do Governo (...) O segundo dia da república, havia de ser o primeiro da anarquia e a véspera da exaltação de um déspota.[16] Por fim, em *Solução*, são elencados os planos políticos defendidos pelo deputado, entre eles a ampliação de autonomias provinciais, a necessidade de reformar as instituições públicas superiores e até mesmo o aparato tributário. Apesar da crítica, é importante pontuar como Tavares Bastos seguia adepto da forma de governo vigente, ou seja, a monarquia.

Ele usaria novamente a imprensa como espaço de tribuna para publicação de suas "Cartas ao Solitário", em 1862, as quais terminaram por lhe dar uma forte projeção na cena política. Publicadas também no *Correio Mercantil*, as Cartas eram, na verdade, uma revanche sobre um entrave político ocorrido entre ele e o então ministro da Marinha, Joaquim José Inácio, em seu primeiro discurso dirigido à Câmara. Tavares Bastos, então senador e oficial de Secretaria da Marinha, proferiu críticas ácidas a esse ministério e, como resultado, perdeu seu cargo na Secretaria. Em resposta a isso, o jovem liberal não teve dúvida em partir da narração do episódio para realizar uma crítica ao funcionamento político imperial nas ditas

---

[15] BASTOS, A. C. Tavares. *Os Males do Presente e as Esperanças do Futuro*: estudos brasileiros. Rio de Janeiro: Editora Nacional, 1939.

[16] BASTOS, A. C. Tavares. *Os Males do Presente e as Esperanças do Futuro*: estudos brasileiros. Rio de Janeiro: Editora Nacional, 1939. apud PONTES, Carlos. *Tavares Bastos (Aureliano Cândido 1839-1875)*. São Paulo, Rio de Janeiro, Recife e Porto Alegre: Brasiliana/Companhia Editora Nacional, 1939. p. 110.

Cartas, publicadas primeiramente de forma anônima. Sua autoria só foi revelada seis meses mais tarde, tempo que durou o impasse. Para que se tenha ideia do seu êxito, deve-se dizer que as mesmas Cartas ganharam duas reedições, em 1862 e em 1863.

Apesar de ter perdido o cargo, Tavares Bastos não pareceu ficar "solitário", pelo contrário. Foi agente ativo das pautas vinculadas aos liberais durante seus dois seguintes mandatos. No segundo, de 1864 a 1866, participou intensamente do momento que ficou conhecido como o de "maior instabilidade ministerial do Segundo Reinado".[17]

Foi fato que a retomada dos liberais na cena política brasileira garantiu uma série de rearticulações e o surgimento de novas correntes e mesmo de partidos políticos. A mais expressiva delas resultou na "Liga Progressista", capitaneada por Nabuco de Araújo, Zacarias de Góis de Vasconcelos e João Pedro Dias. Essa articulação abrigava antigos conservadores, agora dissidentes, e liberais chamados "históricos", ou seja, os que já haviam participado ativamente da cena enquanto opositores desde a Maioridade (ou Regresso Conservador de 1840). Os constantes conflitos entre os próprios "progressistas" resultaram na queda de diversos gabinetes, como o de Bernardo de Souza Franco em 1865, o de Olinda em 1866 e o de Zacarias Góis de Vasconcelos em 1868. Tavares Bastos, enquanto deputado, não apenas vivenciou como atuou ativamente nesse cenário.

Vale dizer que a situação econômica no País era grave, catapultada por uma crise bancária de dimensões nunca antes vistas, a qual somada às tensões internas diante das hostilidades da Guerra do Paraguai, forneceria um espaço para o protagonismo dos conservadores, encabeçados nas importantes figuras de Duque de Caxias e de Joaquim José Rodrigues Torres, o visconde de Itaboraí. O retorno proeminente desse grupo na política imperial foi o estopim para a nova rearticulação dos liberais, bem como para o surgimento dos chamados "radicais".

Nesse sentido, entre seus próceres, surgiu um primeiro grupo denominado de "Centro Liberal", em 1868. Chefiado por Nabuco de

---

[17] CARVALHO, José Murilo. Liberalismo, radicalismo e republicanismo nos anos sessenta do século dezenove. *Center for Brazilian Studies*, University of Oxford, Working Paper Number CBS 87-07, 2007. p. 3.

Araújo, era composto por aqueles que haviam feito parte da articulação progressista, como Teófilo Otoni, Zacarias de Góis e Bernardo de Sousa Franco. Decididos a se absterem das eleições de 1869, o grupo redigiu um longo manifesto em que apontaram uma série de denúncias acerca das violências e das arbitrariedades praticadas por trás do sistema eleitoral brasileiro e da dissolução das câmaras e dos gabinetes. Acusaram o governo de absolutista e de *exterminador dos liberais*. Defendiam reformas no sistema representativo, com uma estrutura partidária mais "democrática" e menos exclusiva e oligárquica.[18] Isso não incluía exatamente a participação de grupos subalternizados, já que democracia nesse momento tinha um forte sentido de governo representativo, e não necessariamente de inclusão social.

Embora estivesse em meio a essas articulações, Tavares Bastos não assinou o manifesto produzido pelo Centro Liberal. Profundas eram as cisões existentes, o que se expressa pelo fato de que nosso político alagoano agira como inimigo declarado de Zacarias, um dos principais articuladores do manifesto. Em abril de 1869, Tavares Bastos, no seu terceiro mandato, demonstrou ter protagonismo na organização de uma reunião com 27 progressistas na sua própria casa. Foi quando fundou-se um segundo grupo do *núcleo liberal*, que ficou conhecido como "Clube da Reforma". Para divulgação dos planos e debates políticos, concebeu-se a criação de um periódico intitulado *A Reforma*. As dissidências entre liberais históricos e progressistas eram tão evidentes que permearam, inclusive e amplamente, as páginas do jornal.[19]

Os mais radicais, por sua vez, não aderiram nem ao Centro Liberal nem ao Clube da Reforma. Chefiados por Henrique Limpo de Abreu, Francisco Rangel Pestana e José Luís Monteiro de Souza, fundaram o Clube Republicano em 1870. Foi quando organizaram um novo manifesto, assinado majoritariamente pela nova geração de

---

[18] BONAVIDES, Paulo; AMARAL, Roberto. *Textos políticos da história do Brasil*: Império – Segundo Reinado (1840-1889). 3. ed. Brasília: Congresso Nacional / Conselho Editorial, 2022. v. II. p. 451-465.

[19] PONTES, Carlos. *Tavares Bastos (Aureliano Cândido 1839-1875)*. São Paulo, Rio de Janeiro, Recife e Porto Alegre: Brasiliana/Companhia Editora Nacional, 1939. p. 292-299.

ingressantes na carreira política. Políticos mais proeminentes, como Otoni, Furtado e mesmo Tavares Bastos, preferiram não aderir.[20]

A *Província*, escrita em 1870, expressa claramente os contrastes vividos na trajetória de Tavares Bastos em relação à vertiginosa situação política e à implosão nas articulações liberais. Dividida em três partes, a obra tem como principal tema o debate da *Centralização vs. Federação*, retomando de modo radical a defesa da ampliação dos espaços políticos provinciais e de suas instituições, o que teria se iniciado especialmente a partir de 1831. Como um fervoroso defensor das províncias como um espaço político, e com forte influência do modelo federalista estadunidense, nosso liberal alagoano faz no livro uma verdadeira campanha de um modelo político que lhes daria maior poder e liberdade frente ao governo central. Em vista disso, o texto marca a posição de Tavares Bastos no conturbado período então vivido, indo de encontro à herança que teriam deixado os conservadores na formação do Império.

É assim que o político alagoano evoca, várias vezes no decorrer de sua obra, as políticas liberais empreendidas desde a década de 1830. O Ato Adicional de 1834 é recorrentemente citado com especial destaque por ter dado origem às Assembleias Legislativas Provinciais e, segundo ele, a sua autonomia política em relação ao governo central. O fato de suas "liberdades" terem sido revisadas nas décadas seguintes, em especial pela Lei de Interpretação do Ato Adicional de 1841, é o ponto de maior crítica do autor, como se pode imaginar. Em suas palavras:

> Homens sem fé nos destinos da democracia e na missão providencial da América (...) fecharam, infelizmente a escola revolucionária de 1831 (...) A política chamada da ordem e da moderação, suprimindo ou esquecendo a liberdade, não lhe deram em compensação a glória; e ao final (...) vê-se o país atravessando os primeiros

---

[20] CARVALHO, José Murilo. Liberalismo, radicalismo e republicanismo nos anos sessenta do século dezenove. *Center for Brazilian Studies*, University of Oxford, Working Paper Number CBS 87-07, 2007.

episódios de uma longa crise econômica com sinais de terror em toda parte.[21]

Entre esses "homens", o autor debate diretamente com Paulino José Soares de Sousa, o Visconde do Uruguai, um dos maiores ideólogos dos Saquarema, ou seja, conservadores, no Império. Contesta diretamente as ideias apresentadas no livro *Estudos Práticos da Administração das Províncias no Brasil*,[22] publicado cinco anos antes de *A Província*. De alguma maneira, sua obra parece ter como objetivo central responder ao próprio Visconde, que, na época, era visivelmente identificado com uma geração anterior a sua. Seu tom provocativo, que apela, inclusive, a um discurso mais direto e panfletário a fim de chegar mais facilmente às massas, figura ter sido pensado para propagandear suas teses.

Não deixa de ser digno de nota que, da mesma forma que Uruguai, Tavares Bastos também seja um defensor da monarquia, parta dos mesmos referenciais teóricos, a partir das teses de Alexis Tocqueville, e repudie a tradição colonial portuguesa como daninha para o presente do Império. Porém, é nas definições dos papéis na relação entre indivíduo e Estado que ambos se distanciam.

Para Uruguai, a falta do chamado *self-government* no Brasil era a justificativa para a defesa pela centralização. Nesse sentido, o conservador defendia que, na prática, o governo central deveria deter todo o poder executivo. Às províncias, caberia apenas o poder administrativo para governar suas questões. Assim, devido à gigantesca extensão territorial do Império, o centro nomearia agentes para atuar nas diversas localidades a fim de manter a unidade do vasto País.

Tavares Bastos discorda categoricamente desse modelo de governo. Para ele, os conservadores teriam empreendido uma centralização exacerbada do País, minando toda e qualquer possibilidade

---

[21] BASTOS. A. C. Tavares. *A Província*: estudo sobre a descentralização no Brasil. Rio de Janeiro: B. L. Garnier, 1870. p. V-VI.
[22] SOUZA, Paulino José Soares de (Visconde do Uruguai). *Estudos Práticos da Administração das Províncias no Brasil*. Rio de Janeiro: B. L. Garnier, 1865.

de educar os indivíduos no aprendizado político em prol do bem da nação. Em suas palavras:

> Não se há de acelerar o progresso das províncias e municípios, não hão de as localidades empreender grandes melhoramentos, sem que, antes de tudo, a centralização dominante ceda o lugar que usurpou da reforma constitucional de 1834.[23]

Rememorando mais uma vez o Ato Adicional de 1834, o deputado alagoano defende a província como uma unidade essencialmente política, e não apenas meramente administrativa. Em vista disso, defende a extinção do Conselho do Estado, uma maior autonomia às Assembleias Legislativas Provinciais, e a eleição local dos seus presidentes, os quais, no contexto, eram escolhidos pelo Imperador. Na mesma chave, um ponto sumamente fundamental é o da defesa de uma reforma em relação às despesas e às receitas, para que as mesmas províncias pudessem ter maior controle sobre suas rendas. Portanto, a retomada da província como um espaço político seria o único caminho possível para fundar as bases necessárias para a criação do *self-government* e, enfim, culminar no progresso do País.

A valorização do espaço político provincial é tratada por Tavares Bastos em outras esferas. No que tange às municipalidades, questão que ocupa grande parte da obra, ele se mantém bastante crítico às reformas conservadoras empreendidas desde a década de 1840. Para o autor, havia a necessidade urgente de implementação de uma política que levasse em conta as diferentes regiões do Brasil, já que "os interesses municipais não pode[ria]m ser previstos por lei nacional simétrica".[24] Defende, assim, que o governo provincial estaria muito mais apto do que o nacional para definir uma política para as municipalidades. Nesse sentido, embora ele prescreva a necessidade de uma maior autonomia municipal sob temas importantes, como obras públicas, polícia e mesmo gerenciamento das

---

[23] BASTOS. A. C. Tavares. *A Província*: estudo sobre a descentralização no Brasil. Rio de Janeiro: B. L. Garnier, 1870. p. 336.
[24] BASTOS. A. C. Tavares. *A Província*: estudo sobre a descentralização no Brasil. Rio de Janeiro: B. L. Garnier, 1870. p. 147.

despesas, cada caso seria definido pelo governo provincial, que julgaria o nível de autonomia ideal a depender do grau de desenvolvimento político dos municípios. Neste aspecto, embora o modelo defendido por Tavares Bastos parta de um amplo discurso da defesa da descentralização como atributo de valorização das liberdades dos indivíduos, sua solução segue atrelando o município à província, tal como já havia sido referendado na política do Primeiro Reinado para as câmaras.

Tavares Bastos, por mais que condene qualquer tipo de centralização, segue defendendo a continuidade da monarquia. Uma monarquia federalista, tal qual havia sido aventada na década de 1830. Nesse sentido, como já havia demonstrado em meio às cisões ocorridas entre o grupos dos liberais, está longe de seguir os *radicais* que fundaram o Partido Republicano. Seu argumento principal era que o Brasil não estaria pronto para firmar-se politicamente enquanto uma república, diferentemente dos Estados Unidos, que seguiam sendo seu modelo.

Mais do que tudo, as reformas defendidas pelo liberal tinham como objetivo superar o atraso, tanto colonial quanto aquele decorrente dos anos de política centralizadora que teria vivido o País. O percurso seria longo e árduo e dependeria de se formar um "bom ordenamento político-institucional".[25] Por isso, o advogado, político e publicista alagoano elenca uma série de revisões que iam para além da esfera política. Entre essas, destacam-se a necessidade de ampliações na estrutura da justiça e da instrução pública, uma revisão na política de imigração, e até a emancipação da escravidão, a qual deveria ocorrer de maneira gradual. Seriam necessárias várias reformas anteriores para, enfim, culminar no fim da sociedade escravista. A superação do atraso resultaria na fundação de um "espírito público", tão alheio à realidade brasileira até então.

Apenas cinco anos após a publicação de *A Província*, em dezembro de 1875, Aureliano Cândido Tavares Bastos faleceu em Nice, na França, em decorrência de uma pneumonia. Mesmo que não tenha aderido ao movimento radical, seu texto foi largamente utilizado em seu favor, inspirando,

---

[25] FERREIRA, Gabriela Nunes. *Centralização e descentralização no Império*: o debate entre Tavares Bastos e visconde de Uruguai. São Paulo: Departamento de Ciência Política da USP/Editora 34, 1999. p. 84.

inclusive, o Manifesto Republicano de 1870, que veio à luz três meses após a publicação da obra.[26] Sua morte precoce não nos permite saber se esta terminaria sendo uma opção que ele tomaria mediante o caminho sem volta que a crise imperial alcançaria a partir de então. Razão a mais para tentarmos entendê-lo no bojo dos amplos e conturbados embates políticos vividos intensamente por ele em pessoa.

---

[26] FERREIRA, Ricardo Bruno da Silva. Um outsider no império: o pensamento político de Tavares Bastos. *Revista Estudos Políticos*, v. 7. n. 1. p. 63-83, 2016; CAVALCANTI, Themístocles Brandão *et al.* O Pensamento Político de Tavares Bastos. *Revista de Ciência Política da Fundação Getúlio Vargas*, v. 21, n. 1, p. 75-96, 1978.

A PROVINCIA

A PROVINCIA

ESTUDO

SOBRE

A DESCENTRALISAÇÃO NO BRAZIL

POR

TAVARES BASTOS

Nota da editora:
Mantivemos a paginação conforme publicação original.

PREFACIO

Os que desejam a eternidade para as constituições e o progresso lento para os povos, os que são indulgentes, moderados, conciliadores, escusam folhear este livro. Não foi escripto na intenção conservadora; inspirou-o mui opposto sentimento.

Pedindo inspirações á historia do seu paiz, o autor não presume inventar: expõe, commenta, recorda.

O verdadeiro liberalismo não é, para elle, um recemnascido. Não é um accidente dos successos contemporoneas, mas gloriosa tradição das nossas lutas politicas.

Quizera a robusta geração de 1831 descentralisar o governo confederando as provincias; e, fundindo nas attribuições do executivo as do poder moderador, supprimindo o conselho de estado, fazendo temporario o senado, tornar a monarchia uma instituição inoffensiva. Attestam a grandeza da obra, não acabada embora, o codigo do processo e o acto addicional, que não somente completaram, mas alargaram a constituição de 1824.

Homens sem fé nos destinos da democracia e na missão providencial da America, varões eminentissimos, é certo, alguns d'elles ornamentos das nossas assembléas, fecharam infelizmente a escola revolucionaria de 1831 para consagrarem templos ao idolo restaurado em 1840.

Celebrou-se desde então a communhão dos partidos

quanto a principios de governo; e, para que alguma cousa o distinguisse do conservador, limitava-se o liberal a agitar a urgencia de melhoramentos materiaes, de reformas economicas, planos administrativos e financeiros. De garantias e franquezas já se não fazia cabedal.

Trinta annos de desillusões, porém, assaz esclaresceram o paiz. A politica chamada da ordem e a da moderação, suppprimindo ou esquecendo a liberdade, não lhe deram em compensação a gloria; e a final, descrido, inquieto, saciado, vê-se o paiz atravessando os primeiros episodios de uma longa crise economica, com os signaes do terror por toda a parte, e os horisontes a escurescerem mais e mais. Eil-o, pois, volvendo contricto aos altares da democracia, que não devêra abandonar.

Administrações estereis e infelizes, negligentes e corrompidas aceleraram este subito movimento da opinião, esta léva de broqueis em prol das reformas fundamentaes. Dolorosas decepções suscitaram á liberdade innumeraveis defensores. Debalde o contestam; com incorrigivel obstinação, aquelles cuja cegueira jamais deteve a marcha fatal das revoluções.

Queremos, sem dúvida, reformas constitucionaes. Só nas estagnadas sociedades d'Asia são inviolaveis as instituições dos povos. Quando a gothica Allemanha constitue e reconstitue os seus governos e os seus parlamentos, donde os burguezes começam a expellir os magnatas; quando a Grã-Bretanha dilue o resto do veneravel palimpsesto do Rei sem Terra, e a França dá periodicamente uma edição de luxo dos principios de 89, como havemos nós acatar supersticiosamente a carta ou'orgada em 1824 ?

Ora, a grande questão que no Brazil se agita, resume-se na eterna luta da liberdade contra a força, do individuo contra o Estado.

Reduzir o poder ao seu legitimo papel, emancipar as nações da tutela dos governos, obra duradoura do seculo presente, é o que se chama descentralisar.

A descentralisação, que não é, pois, um questão administrativa sómente; parece o fundamento e a condição de exito de quaesquer reformas politicas. E' o systema federal a base solida de instituições democraticas.

Limitar o poder, corrigil-o desarmando-o das faculdades hostis á liberdade, eis a idéa donde este livro nasceu.

Si a causa das reformas demandava o estudo dos problemas que involve a descentralisação, exigem as novas pretenções do governo que excitemos as provinciaes á defeza dos seus direitos.

Sob o pretexto de suavisar o regimen que as opprime, um recente projecto de interpretação prepara algumas restricções mais ao acto addicional, mutilado tantas vezes.

Sem sobresahir por concessões, todas insignificantes, algumas já admittidas na prática, a lei proposta por um governo temerario consterna as provincias e commove o sentimento liberal.

As doutrinas de 1840, que elle renova, oppunhamos os principios de 1831, que detesta.

Reatemos o fio das idéas que trazem esta nobre data: possa o ruido da sua marcha ascendente interromper o periodo de somnolencia que começou com o segundo reinado!

14 de agosto.

PARTE PRIMEIRA

CENTRALISAÇÃO E FEDERAÇÃO

CAPITULO I

A OBRA DA CENTRALISAÇÃO

Longe vão as éras em que os povos sonhavam a fundação de poderosas monarchias. Longe vão esses tempos bellicosos em que fôra a unidade garantia da independencia, condição da força e grandeza.

Uma e indivisivel parecia então dever ser a propria republica.

Cahem os Girondinos victimas dessa paixão funesta. Calam-se as assembléas da Revolução: não ha mais que um amo, symbolo vivo da unidade nacional; um só pastor e um só rebanho. Deslumbrado pelos esplendores da propria grandeza, o despota converte a França em açoite da Europa. É um campo de batalha o mundo inteiro. Ornam os triumphos do imperador, principes e reis. Thronos gothicos, elle os despedaça; povos e estados unem-se ou separam-se por edictos do guerreiro. Jamais se viu tão absoluta omnipotencia! Mas tamanho poder, exercido por um genio, o que é que construiu duradouro? pôde ao menos preservar immarcesciveis os louros de uma gloria immensa?

A França e a Europa volvem dessa illusão fascinadora; começam os povos a comprehender que é um absurdo esperar a liberdade e a prosperidade de um regimen que os suffoca.

A questão de descentralisação, escreve o Sr. Odilon Barrot, está de novo na ordem do dia, não só em França, mas por toda a parte; enche os escriptos serios de politica, incontra-se no fundo de todos os problemas agitados no mundo [1]. No seio da propria Egreja, que o jesuitismo contende por transformar em monarchia universal sob a autocracia do Papa, no proprio concilio do Vaticano revolvem-se os sentimentos de independencia, que fazem a alta distincção moral do nosso tempo. Menos ainda do que a Egreja póde a sociedade civil formar esse exercito compacto, cujos movimentos domine o fio telegraphico estendido do gabinete de um Cesar. Desfeita ao choque de estrondosas decepções, a miragem da centralisação não illude mais. Fôra escusado deter-nos na critica de um systema decrepito, acommettido de todos os lados, condemnado desde o livro classico de Tocqueville [2]. Releve-se, entretanto, que recordemos alguns dos fundamentos da irrevogavel sentença, reservando as questões especiaes para os lugares competentes.

Do mérito das instituições humanas se julga pelos seus resultados: ora, um resultado moral, outro politico, ambos estreitamente ligados, teem assaz revelado a indole da centralisação.

---

[1] *De la Centralisation;* p. 18.

[2] *De la démocratie en Amérique;* cap. V.

O que caracterisa o homem é o livre arbitrio e o sentimento da responsabilidade que lhe corresponde. Supprimi na moral a responsabilidade, e a historia do mundo perde todo o interesse que aviventa a tragedia humana. Os heróes e os tyrannos, a virtude e a perversidade, as nações que nos transmittiram o sagrado deposito da civilisação e os povos que apodreceram no vicio e nas trevas, não se poderiam mais distinguir, confundir-se-iam todos no sinistro dominio da fatalidade. A historia do progresso humano não é mais, com effeito, que a das phases do desinvolvimento ou compressão desse divino attributo da creatura, a que se dá geralmente o nome de liberdade. A grande massa do bem, isto é, do progresso realisado em um seculo, « é a somma accumulada de productos da actividade dos individuos, das nações e dos nucleos que compõem as nações, nesse seculo. » É uma trivialidade repetil-o; mas não se deve perder de vista essa noção evidente, quando se trata de julgar os systemas de governo. Em verdade, si o progresso social está na razão da expansão das forças individuaes, de que essencialmente depende, como se não ha de condemnar o systema politico que antepõe ao individuo o governo, a um ente real um ente imaginario, á energia fecunda do dever, do interesse, da responsabilidade pessoal, a influencia estranha da autoridade acolhida sem enthusiasmo ou soportada por temor?

Essa inversão das posições moraes é fatalmente resultado da centralisação, seu effeito necessario, facto experimentado, não aqui ou ali, mas no mundo moderno e no mundo antigo, por toda a parte, em todos os tempos, onde quer que tenha subsistido. Surgem exemplos justificativos; não carecemos apontal-os, são assaz conhecidos. Insistamos, porém, em uma das consequencias moraes do systema politico que supprime a primeira condição da vida.

Estes moveis do nosso organismo, tão mesquinho por suas debilidades, quão magnifico na sua estructura, — o dever abstracto, o interesse bem intendido, — fortificados pelo indisivel amor dos nossos lares, da nossa terra e da nossa gente, produzem a grande virtude civica do patriotismo. Mas o que é que póde aquecêl-o sinão o exercicio constante da liberdade, o sentimento do poder individual, da responsabilidade pessoal, do merito e demerito, da honra ou do aviltamento, que nos cabem na gloria ou nas tristezas da patria? Que é que póde, pelo contrario, amortecer o patriotismo, desfigural-o mesmo, sinão a melancolica certeza de que o bem ou o mal da republica nos não importam nada?

Almas estoicas haverá sem duvida que, nessas épocas de geral torpôr, preservem na decadencia da liberdade o lume santo das virtudes civicas; mas serão apenas a luz do quadro onde vereis a liberdade

> ...... Moribunda, soluçando,
> Expirar sobre a areia, — e inda de longe
> Volver o extremo olhar ao Capitolio.[1]

---

[1] Garrett.—Prologo do *Catão*.

Nesses dias nefastos em que o poder, fortemente concentrado, move mecanicamente uma nação inteira, caracterisam o estado social a inercia, o desalento, o scepticismo, e, quem sabe, a baixa idolatria do despotismo, o amor ás proprias cadêas. D'ahi, a profunda corrupção das almas, abdicando diante da força ou do vil interesse. E não é nas classes inferiores sómente que lavra a péste: os mais inficcionados pelo vicio infame da degradação, são o que se chama as classes elevadas. Não é na *plebe* das cidades que a democracia franceza, abandonada dos nobres e poderosos, ha procurado abrigo e alento para afrontar o Imperio ?

Do seio do povo não contaminado ainda, surgem ás vezes os regeneradores das nações aviltadas : mas quão difficil não é esta gestação dos Philopœmens, e quão inutil quasi sempre para suspender o curso dos máos dias! Si um largo periodo permittiu ao veneno insinuar-se lentamente por toda a circulação, já não haverá mais (na phrase de um publicista) « nem dedicação desinteressada, nem coragem civica, nem generosas indignações contra a violação do direito, nem sympathia pelos opprimidos e desgraçados: o menor encargo publico parecerá insoportavel, aterrará o mais leve ruido; ninguem interessar-se-ha pelo mal que lhe não toque directa e pessoalmente; *juizo* appellidar-se-ha esse estreito e inintelligente egoismo. »

Considerai agora o lado propriamente politico dessa vasta questão, que mal podemos esboçar. Dispensando, contendo ou repellindo a iniciativa particular, annullando os varios fócos da actividade nacional, as associações, os municipios, as provincias, economisando o progresso, regulando o ar e a luz, em uma palavra, convertendo as sociedades modernas em phalansterios como certas cidades do mundo pagão, a centralisação não corrompe o caracter dos povos, transformando em rebanhos as sociedades humanas, sem sujeital-as desde logo a uma certa fórma de despotismo mais ou menos dissimulado. Por isso é que, transplantada do imperio romano, a centralisação cresceu com o absolutimo nas monarchias modernas e com elle perpetuou-se em todas, tirante a Inglaterra. Por isso é que não póde coexistir com a republica uma similhante organisação do poder. Assim, absolutismo, centralisação, imperio, são, neste sentido, expressões synonimas.

Em monarchia centralisada pouco importa, portanto, que se haja feito solemne declaração dos direitos do povo, e se tenha construido um mecanismo qualquer destinado a exprimir os votos da soberania nacional. Ahi, sejam embora sonoras e estrondosas as palavras da lei, o delegado do povo é que é o soberano. Em sociedades taes, amortecidas ou extinctas as instituições locaes, fóco da liberdade, desaparece a liberdade. « Uma sociedade sem instituições não póde ser outra cousa mais que a propriedade do seu governo; debalde pôr-lhe-hão os seus direitos por escripto; não saberá ella como exercel-os, nem poderá conserval-os [1]. » O senado de Tiberio, o tribunato de

---

[1] Royer-Collard. — *La vie politique de R. C.*, por de Barante, tom. 2°, p. 230.

Napoleão, a sala de Rosas, que foram sinão sarcasticas decorações de uma tragedia real?

Constituido dest'arte o poder, o governo representativo não póde ser, com effeito, mais que uma sombra, na phrase do grande orador da Restauração. Tendo a centralisação por alvo tudo dominar, esta necessidade impõe-lhe, como elemento indispensavel, um numero illimitado de agentes, organisados com a hierarchia militar, que é seu typo e seu ideal. Então se crêa um paiz official differente do paiz real em sentimentos, em opiniões, em interesses. Confiado no apoio daquelle, o governo perde de vista as tendencias deste; céga-se, obstina-se, e póde cahir de subito como Luiz Felippe. Emquanto, porém, não sôa a hora fatal da expiação, é por meio do paiz official, com os recursos officiaes, que o governo domina o suffragio e subjuga o parlamento. Tal é a extensão e a força da autoridade do poder centralisado, que Royer Collard chama monstruosa.

Dahi procede tambem um resultado mui opposto áquelle que geralmente se faz esperar da centralisação, cujo maior titulo de gloria é suppôr-se o melhor methodo de administrar um paiz. Transformado o funccionalismo em policia dos comicios, « a administração deixa de ser o meio de distribuir com justiça e discernimento os recursos do Estado; ella consagra-se exclusivamente á tarefa de conquistar e conservar maiorias no parlamento: todos os interesses ficam subordinados a este interesse [1]. » Os variadissimos

[1] Odilon-Barrot; p. 188.

generos de corrupção, os mais miseraveis e os mais hediondos, se ostentam á face do sol. Trata-se de escolher altos funccionarios? preferem-se os mais ageis, os mais audaces na arte de manipular os suffragios. Quanto ás pequenas funcções publicas, são negaças ou premios. Nem respeito a merecimentos e virtudes, nem zelo pelo bem publico, nem amor á gloria nacional. Raras vezes o orçamento deixa de ser desequilibrado ou falsificado pela suprema necessidade de corromper para viver.

Não menos arriscada do que monstruosa é essa « apoplexia no centro e paralysia nas extremidades, » de que fallava Lamennais. A centralisação — quem póde já duvidal-o? — não desvia, antes precipita as tempestades revolucionarias. Absorvendo toda a actividade nacional, assume o poder uma responsabilidade esmagadora. Corrompendo a nação, corrompe-se a si mesmo; mais e mais inferior á sua tarefa ingente, vê recrescerem os perigos na razão da sua debilidade. É o réo de todas as causas perdidas; é o autor supposto de todas as desgraças; a miseria domestica, a ruina publica, lhe são attribuidas; e a historia não raras vezes confirma a indignação dos contemporaneos. Deixemos, porém, fallar um autor, outr'ora inthusiasta do systema cujo elogio fizera e a quem servira, mas desilludido afinal diante do triste espectaculo da sua patria corrompida pela centralisação e aviltada pelo despotismo. « Consequencias extremamente prejudiciaes ao paiz, escreve Vivien, tem-lhe acarretado a centralisação administrativa. Collocou ella o governo sob o peso de uma solidariedade que não tem sido estranha ás agitações politicas destes ultimos tempos. Nada fazendo-se, por assim dizer, no municipio oü no departamento, sinão com autorisação, em virtude de ordem ou em nome do governo, achou-se este involvido em todos os negocios, e, por uma consequencia necessaria, se lhe imputaram todas as faltas commettidas, todas as delongas experimentadas, todos os accidentes supervenientes. Como sua mão em toda a parte se incontrava, por toda a parte com elle se houveram e em todas as occasiões: a elle accusaram dos desvios dos seus agentes, e das proprias medidas que o forçaram a autorisar, das imposições excessivas, dos orçamentos em *deficit*, das desordens financeiras, do máo estado dos caminhos, da ruina dos edificios, da policia mal feita, da escola mal dirigida; tornou-se o governo, em summa, o objecto exclusivo de todos os descontentamentos [1]. »

É no seio dessas paixões e á sombra dessas innumeras contrariedades que levéda e rompe fatalmente a anarchia dos Estados. Dizia um ministro inglez, citado pelo mesmo Vivien: « Si eu quizesse provocar uma revolução social na Inglaterra, o que antes de tudo invocára, fôra a centralisação. Si ao governo pudesse lançar-se a responsabilidade por tudo quanto vai mal em um canto qualquer do reino, dahi resultaria um descontentamento geral; um peso de responsabilidade tão grande, que debaixo delle seria o governo bem depressa esmagado. »

[1] *Etudes administratives*; tom. 2º, p. 15.

Não ; nós não exageramos nem a deploravel situatuação moral creada pela centralisação, nem a perversidade das suas tendencias politicas. Em uma palavra, ella começa corrompendo e acaba anarchisando: por isso é que o Novo Mundo, fugindo do idolo imperial a que o Velho sacrificára a liberdade, fez a federação palladio da democracia. Vamos vêl-a, alastrando-se por toda a parte, a moderna fórma de governo.

CAPITULO II

O GOVERNO NOS ESTADOS MODERNOS

A fórma federativa de governo é um facto politico do Novo Continente quasi inteiro.

As metropoles européas, Hespanha, Portugal, Inglaterra, não ousaram manter o dominio de suas vastas possessões, centralisando o poder em um ponto qualquer dos respectivos territorios; pelo contrario, as administraram dividindo-as em governos isolados, ou quasi isolados, independentes entre si. A Hespanha não mantinha, reunidos sob um só vice-rei, os governos de Buenos-Ayres, do Perú, do Mexico. Portugal deixou, por largo tempo, o Brazil povoar-se repartido em capitanias, que muito mais tarde se uniram debaixo do vice-reinado da Bahia. Como as republicas da Grecia, tinham as colonias inglezas governos separados.

Proclamada a sua independencia, alguns dos povos emancipados procuram organisar-se, não pelo molde europeu, mas como estados federaes: guerras civis ensanguentam as republicas de origem hespanhola; mas é muita vez entre os partidos unitario e federal que a luta se trava.

Considere-se o ponto a que os povos da America

chegaram no empenho de constituirem governos livres: o principio dominante do seu systema politico é a federação. As proprias colonias que a Inglaterra ainda conserva ao norte dos grandes lagos, agora mesmo ensaiam uma união similhante áquella que quasi um seculo tem visto consolidar-se na patria de Washington. Tinha o Mexico, desde muito, uma organisação que elevava as provincias á cathegoria de estados. As republicas do Golfo, ora formando uma só nacionalidade, ora subdividindo-se em grupos, vivem igualmente sob governos federaes: Nova Granada chama-se hoje Estados-Unidos de Colombia, e Venezuella, Estados-Unidos de Venezuella. No Perú um partido reclama actualmente a autonomia das provincias. A Republica Argentina, em summa, adoptou por typo a constituição dos norte-americanos, seu ideal. Só pequenos paizes, de territorios relativamente acanhados, o Chile, o Uruguay e o Paraguay, dispensaram por isso mesmo a fórma federativa, ao passo que a adopta uma constituição promulgada pelos revolucionarios cubanos, dividindo em quatro estados a perola das Antilhas.

Este facto geral corresponde a causas poderosas, que o determinaram e explicam. A extensão dos territorios, as cordilheiras, rios, florestas, ou os desertos intermedios que repartem cada um desses paizes em secções distinctas; os centros de população preponderantes em cada qual destas, sem relações de commercio, quasi independentes umas das outras; a difficuldade das communicações entre populações isoladas por tamanhas distancias, desertos inacessiveis ou « mares de longa navegação »; a fraqueza dos laços com que se pretendesse unil-as em um só feixe; o choque de interesses, ás vezes contrarios, acendendo a paixão da autonomia; a differença de climas, gerando condições sociaes diversas, explicando tendencias oppostas, formando desde já os elementos das raças que em breve hão destacar-se no colorido painel destes estados : tudo concorre para impossibilitar nas regiões americanas o systema de governo fundado ha seculos em monarchias da Europa. Tal era a profunda convicção dos nossos revolucionarios de 1831. « O governo do imperio do Brasil será uma *monarchia federativa* », dizia a primeira das reformas constitucionaes propostas pela camara dos deputados [1].

Na propria Europa, retalhada em monarchias militares, não se póde, entretanto, desconhecer a marcha constante da tendencia desentralisadora em opposição á unidade fundada com o absolutismo da meia-idade. Não tem o governo inglez essencialmente o caracter de um governo federal, laço de união dos condados dos tres reinos e das colonias espalhadas por todo o globo? Não conseguiu a Suissa, no recinto augusto das suas montanhas, não sómente preservar a autonomia dos cantões, mas realçal-a com o regimen democratico puro das *landsgemeinde* de Zurich, Turgovia e Berne, que evocam a poesia antiga

---

[1] Projecto de 14 de outubro de 1831, § 1º ; supprimido pelo senado.

dos comicios de Athenas? Não goza a Belgica da realidade do systema parlamentar com as vantagens de uma consideravel descentralisação, por meio de assembléas que exercem, em cada secção do territorio, a quasi plenitude do poder legislativo nos negocios locaes?

A exemplo deste bello paiz, e sobre as mesmas bases, reorganisou a Hollanda em 1848 a administração das suas provincias. Pouco depois, em 1850, adoptava a Prussia a idéa das assembléas electivas com muitas das faculdades que exercem nos dous estados do baixo-Rheno. Após a revolução de 1848 a Austria, anniquilada por uma centralisação impotente e odiosa, quiz restaurar as antigas liberdades dos municipios do Santo Imperio, e commetteu altas funcções a corporações provinciaes. Mais longe ainda deveram arrastal-a as desgraças do seu governo obcecado: depois das calamidades de 1859 e 1866, toda questão, para o imperio austriaco, consiste no modo de assental-o sobre a base federal; hoje cada parte componente da monarchia tem uma assembléa quasi soberana; e a dieta hungara é soberana [1]. Transitoria de certo é a unidade administrativa que proclamou-se em Italia com a unidade politica: o futuro pertence á idéa do projecto que dividia a peninsula em regiões quasi confederadas. Finalmente, não se póde esquecer que, derrubando o throno dos Bourbons, a Hes-

---

[1] Em si mesma a Hungria é uma antiquissima federação dos seus *comitatos*, cidades e partes *adnexœ*, com assembleas proprias e, administrações independentes da dieta e ministerio do reino de Santo-Estevão. (*Révue des Deux Mondes*, 1˚ de junho de 1868: p. 543—519: artigo do Sr. Laveleye.)

panha, onde as provincias recordam com orgulho os seus fóros de reinos, pede um governo federal como expressão fiel da liberdade restaurada.

Resta, sem duvida, a França no campo adverso; e este só exemplo agorenta a alegria do espectaculo que tantos povos offerecem. Mas é a França acaso fiel aos seus primeiros amores, á tradição desse poder illimitado de que são representantes historicos Richelieu e Napoleão? Lá, iam buscar tristes conselhos os inspiradores e os adeptos da monarchia centralisada; mas, nós o esperamos, é ella agora que vai fornecer-nos, neste e outros assumptos, o meio seguro de determinar o curso das idéas novas.

Decretos de Napoleão III já haviam descentralisado, em 1852 e 1861, o despacho de negocios locaes, commettendo aos delegados do governo imperial a faculdade de decidil-os. Não é nada isso, lhe diceram de todo os lados: o essencial é reconhecer no municipio e no departamento autonomia legislativa e executiva quanto aos proprios negocios. Esclarecidos por successivos desastres desde 1789, alguns espiritos illustres vão mais longe. Recordando as provincias anteriores á revolução, Vivien e Chevillart condemnaram a estreiteza das actuaes circunscripções administrativas; Béchard e Raudot, na assembléa de 1851, propuzeram a distribuição do territorio por grandes regiões com assembléas legislativas. O Sr. Béchard (legitimista) offerecèra um projecto reunindo os 89 departamentos em 22 divisões correspondentes ás antigas provincias e com os seus nomes historicos [1]. Séde de um governo civil, de um commando militar, de uma relação, de uma academia, de um arcebispado, de uma directoria de obras publicas, e outra de penitenciarias e hospitaes, cada divisão da França teria uma assembléa legislativa, composta de delegados dos conselhos departamentaes, cujos membros elegeria o povo directamente. A taes assembléas competeria alta missão politica: quando em Pariz algum extraordinario evento impossibilitasse os poderes publicos de funccionarem legalmente, a ellas cumpria manter a ordem, decretar e levantar o estado de sitio nas suas provincias: tal era o preservativo imaginado contra as subitas revoluções ou golpes de estado, que, partindo da capital, propagam-se por todo o paiz, com a força electrica da centralisação, sem incontrarem resistencia em parte alguma.

Não é aspiração de um escriptor isolado, nem se circunscreve a um só partido: a essa transformação do governo interno da França associou-se um homem eminente, o Sr. Odilon Barrot [2], e as mesmas idéas partilha o elegante publicista, Sr. Prevost Paradol [3]: para caracterisar a sua doutrina, basta lembrar que, a exemplo dos Estados-Unidos, ambos propõem que pelas assembléas regionaes sejam escolhidos os membros do senado.

O movimento prosegue: das theorias passa á pra-

---
[1] *De l'administration intérieure de la France;* vol. 2º, p. 312.
[2] *De la Centralisation*: conclusão.
[3] *La France Nouvelle;* liv. II, cap. 2º.

tica governamental. Para defender parte de seu immenso poder, cede Napoleão alguma cousa ao espirito liberal ; taes são pelo menos as tendencias da politica annunciada ao novo parlamento [1]. Rende-se indefesa a centralisação naquelle paiz justamente onde ella fôra, mais do que um facto legislativo, uma theoria politica, uma paixão nacional. D'ora avante, os adversarios do mais deploravel systema administrativo incontrarão, nas reformas incetadas em França, valiosos argumentos contra o resto de obstinados, que ainda rodeiem o idolo do cesarismo no periodo de seu irreparavel declinio.

[1] *Maires* electivos, conselho municipal de Pariz nomeado pelo corpo legislativo, a cidade de Lyão restituida ao regimen commum, novas prerogativas aos conselhos geraes; as proprias colonias participando deste movimento de descentralisação: eis as medidas anunciadas pela falla do throno de 26 de novembro de 1869. Mais desinvolvidas, por ventura, hão de estas idéas em breve prevalecer, como é licito esperal-o da commissão de descentralisação que o gabinete Ollivier confiára á presidencia do Sr. Odilon-Barrot, e á qual pertence o Sr. Prevost-Paradol.

CAPITULO III

A CENTRALISAÇÃO E AS REFORMAS

Si na França, onde o genio nacional fundou atravez dos seculos uma verdadeira e indisputada capital, realçada pelas sciencias, pelas artes, pelas letras, pelos homens illustres que de lá influiram na civilisação do mundo; si ahi mesmo descobre-se agora a causa de tantos desastres, como havia o Brasil de incetar uma obra que a experiencia condemnára na terra de que essa empreza podia prometter-se o exito mais lisongeiro? Debalde a reforma, que pelo seu caracter radical, como sôe acontecer, só uma revolução podéra realisar, debalde a reforma de 1834 tentou confederar as provincias brazileiras. De tamanha obra o que resta? Amputada na parte politica, tem sido a pouco e pouco transformada em lei administrativa. Assim, depois de rapido eclipse, consolidou-se a centralisação no Brazil, emquanto o resto da America experimentava ou fundava instituições de mui diversa natureza.

Recusam, todavia, reconhecer esse vicio europeu em nossa administração, aquelles que a comparam com a mais exagerada das organisações do mesmo genero, o systema francez. Certo não se incontra aqui inteiramente o typo administrativo da França, comquanto a cada passo se descubram similhanças entre os systemas dos dous paizes [1]. Pouco importam, porém, differenças em pontos secundarios, quando ha identidade no essencial: demais, a superioridade de um methodo de governo sobre outro não se estabelece por taes analogias entre nações diversas, mas perante o interesse de cada qual. É estudando o interesse do nosso paiz, que perguntamos: Não será tempo de rever as leis e os decretos parasitas que amputaram a reforma de 1834, renovando a centralisação contra a qual se insurgiram as provincias? Será justo que nenhum kilometro de caminho de ferro se possa construir na mais remota parte do imperio, sem que o autorise, sem que o embarace, o demore ou o condemne o governo da capital? Será razoavel que o Pará, ha mais de 14 annos, solicite uma ponte para a alfandega; Pernambuco, desde 1835, a construcção do seu porto; e o Rio-Grande do Sul, desde a independencia, um abrigo na costa?

Não se póde desconhecer a centralisação em paiz onde, cumpre dizêl-o, ella está desta sorte ameaçando a paz publica. Sua influencia politica não é menos sensivel, porém, que o retardamento do progresso material: façamos a este respeito algumas considerações inspiradas pela crise em que labora a doutrina liberal.

Considerai a disposição geographica das popula-

---

[1] V. Parte IIª, Cap. V, sobre a policia, e IIIª, Cap. V § 1º, quanto a centralisação em melhoramentos materiaes.

ções desta parte da America. Abstrahi do presente um instante, volvei alguns annos na fantasia; figurai-vos a perspectiva geral do Brazil no proximo seculo: será temerario suppôr que o valle do Amazonas, cujas feições se estão pronunciando ao sol do equador, que o do S. Francisco, linha de união, ligando o sul ao extremo norte, que a região tropical banhada pelo Parahyba e limitada pelas montanhas do Rio, Minas e S. Paulo, que o Rio-Grande e Santa-Catharina que se germanisam a olhos vistos, que o vastissimo oeste estendido das margens do Tocantins ás do Paraguay, bem depressa ostentem cada um, não diremos tendencias contrarias e repugnantes, mas traços distinctos, civilisações desiguaes, como serão distinctas e desiguaes suas raças predominantes? Já as estatisticas administrativas permittem enxergar no ainda confuso mappa politico os grupos que o futuro verá claramente. Quereis apreciar em algarismos o facto de que algumas, pelo menos, das provincias, por sua situação geographica, apenas se prendem *officialmente* ao governo central situado tão longe dellas? Citemos ao acaso: seja o Maranhão, por exemplo. O valor do seu commercio directo era em 1867 oito vezes maior que o das suas transacções com todos os portos do imperio; estas mesmas limitavam-se ás provincias limitrophes, ao grupo que constituia o antigo estado do Maranhão. Com o Rio de Janeiro, como si fôra estado de além-mar e governo estranho, as transacções apenas attingiram a 223 contos em um dos annos de maior actividade commercial (1863—64). Outro esclarecimento luminoso fornece a estatistica do correio. Em 1865 expediram-se pela estação central do correio brazileiro 7,385,998 volumes, cabendo mais de dous terços ao territorio situado ao sul da Bahia : apenas dous milhões representam as relações da capital com o resto do Brazil; e, si afastarmos a Bahia, Pernambuco e o Pará, sómente ficam, para as oito restantes provincias do norte, 400,000 volumes, nos quaes todavia se comprehendem os diarios e a excessiva correspondencia official. Demais, quem viaje por este extensissimo paiz, cujo littoral maritimo não póde ser percorrido em menos de quinze dias a todo vapor, experimenta a mais completa sensação das distancias e do isolamento em que estão do Rio de Janeiro as provincias septentrionaes. Quando se transpõe um ponto da costa relativamente visinho, a foz do S. Francisco, por exemplo, imagina-se percorrer os dominios de outros e outros Estados, — tão vasto, tão desmesurado é este colosso brazileiro! Penetrando o valle do Amazonas, já não differe o typo sómente, no Solimões a propria lingua é outra: prevalece a indigena. Eis-ahi porque, ainda quando não a condemnasse a triste experiencia dos povos, a centralisação seria no Brazil um facto meramente official, sem base nas suppostas relações da vastissima circumferencia do Estado com o centro improvisado pela lei.

Póde-se, por ventura, desprezar tão poderosa causa physica no momento de emprehender sérias reformas no nosso actual systema administrativo? Qual é, com effeito, o caracteristico saliente do seu mecanismo? A uniformidade, que, por toda a parte, é, para o poder concentrado, a condição da maxima energia· Pois bem: eis-ahi o escolho em que naufragaram bellissimas reformas, eis o elemento que agravou o vicio de outras, tornando impraticaveis as primeiras e as segundas nimiamente impopulares. Examina porque estragou-se a larga concepção da lei municipal de 1828: é que não se ajusta a condições variaveis de um paiz tão vasto e tão desigual uma organisação theorica do governo local, assente embora na base mais ampla. Examinai porque não vingou uma das mais nobres instituições de 1832, o juiz de paz, magistrado popular da primeira instancia e tribunal supremo das minimas lides: é que desde logo se reconheceu que o juiz electivo suppunha uma certa civilisação no mesmo nivel. Não raros casos ou occurrencias locaes mostraram ser prematuras, em algumas regiões do paiz, franquezas de que aliás grande parte delle era certamente digna. Do insuccesso das leis verificado em alguns lugares concluiuse contra a sua convenioncia; não se contentaram de abolil-as aqui ou ali; aboliram-se em todo o imperio: a reacção procedeu tambem com a mesma uniformidade. Eil-a funccionando de um modo systematico, mecanico. Mas agora, dizei-nos, qual o motivo que torna ainda mais odiosas as leis reactoras que fundaram o actual absolutismo? A symetria das leis de policia e de organisação policial, tão oppressoras para a liberdade individual, não agrava os seus inconvenientes, ao menos nas grandes povoações e nos municipios mais moralisados? Porque alguns milhares de habitantes de Mato-Grosso, do Alto-Amazonas, de Goyaz, não se acham em circumstancias de praticarem leis de menos arbitrio para a autoridade, é isso razão para ficarem sujeitos a um máo regimen o resto dos habitantes do imperio, as provincias mais florescentes, as mais populosas cidades? A uniformidade, vicio inherente á centralisação, lentamente transformou o Brazil em monarchia europea.

Pondo uma restricção onde a revolução de 1831 puzera uma liberdade, a missão do actual reinado tem sido sujeitar as provincias ao freio da centralisação, que as comprime e debilita. Saciadas de uma tutela humilhante, ellas aguardam a reforma do pacto social como a sua derradeira esperança. « O futuro nos revelará, escrevia o inspirado precursor da democracia brazileira, si nossas provincias, separadas por vastos desertos e mares de longa navegação, podem obedecer á lei dessa centralisação forçada, contraria á natureza, e que tolhe sua prosperidade, destruindo as condições de seu desinvolvimento; ou si não se preferirá antes o regimen federativo, que multiplique os fócos de vitalidade e de movimento a esse immenso corpo intorpecido, onde a vida aparece aqui e ali, mas em cujo restante não penetra, nem póde circular a seiva animadora da civilisação [1]. »

---

[1] *Libello do Povo*, por Timandro; § III.

Conhecendo o valor de um tal systema administrativo, construido, peça por peça, com perseverança digna de melhor causa, havemos os liberaes pedir uma lei eleitoral sómente? Sem condemnar a tendencia para simplicar a difficuldade circunscrevendo-a, expediente ás vezes imposto aos homens politicos, estamos persuadido, comtudo, da insufficiencia de reformas que não invistam uma das origens, talvez a mais remota, mas não sem duvida a menos viciosa, da desordem de nossas instituições.

A centralisação é essa fonte perenne de corrupção, que invenena as mais elevadas regiões do Estado. Supponhamos o eleitorado melhor constituido e o voto menos sophismado pelo processo eleitoral. Não é tudo: falta que o suffragio se manifeste livremente e tenha toda a sua efficacia. Mas, si deixais concentrada a policia, o juiz dependente do governo, a guarda nacional militarisada, toda a administração civil hierarchicamente montada, o governo das provincias preso por mil liames ao governo supremo, as dependencias da centralisação, os interesses formados á sua sombra, todas essas phalanges que marcham unisonas á voz de commando, partidos cuja força local aviventam influencias que se distendem do centro, todos, povo e estadistas, com os olhos postos na capital, que, como Bysancio, projecta ao longe a sombra do seu negrume: —que é que tereis mudado na essencia das cousas? que é que tereis revolvido no coração da sociedade, si lhe conservastes a final o mesmo mecanismo? Podeis ornar o portico do edificio, mas não deixará de ser a mesma habitação infecta, si não rasgastes aberturas para o ar e a luz, si não restabelecestes a circulação embaraçada ¹.

Em verdade, que é o nosso governo representativo? nosso parlamento? nossas altas corporações? Tudo isto assenta no ar. É o sceptro, que eleva os humildes e precipita os soberbos. Por baixo está o povo que escarnece. Pois que o ponto de apoio é o throno, quantas diligencias para cercal-o, para acaricial-o, para prendel-o aos antigos preconceitos, ou ás idéas novas que vão rompendo! Jogo de azar torna-se a politica. Não é a nobre justa das grandes emulações, de que decide o povo soberano: o arbitro é outrem. E, posto que o maior interesse deste seja que o venerem por sua rectidão, é elle por ventura alheio á sorte commum da

---

(2) « Nous n'hésitons pas à dire que le suffrage universel n'acquerra son indépendance que par une réforme *radicale* de notre organisation administrative. Comment espérer la liberté des élections, lorqu'une armée de fonctionnaires, d'agens de toute nature, qui vivent par le gouvernement, qui attendent de lui leur avancement, la récompense de leur zèle, qui espèrent et craignent tout du pouvoir central, enserre le pays entier? Un mot lancé par ce maitre tout-puissant est, du haut en bas de la hiérarchie, comme le commandement d'un chef pour les troupes les mieux disciplinées. On ne le contrôle pas, on ne le discute pas; on l'exécute. Et, à son tour, quelle influence puissante ce corps de fonctionnaires n'exerce-t-il pas sur les populations! Cet état de choses est non seulement la négation de l'indépendance du suffrage universel, mais aussi un obstacle à la formation de nos mœurs publiques. Jamais un peuple libre ne pourra vivre avec une pareille organisation, jamais l'opinion publique ne circulera avec assez de force pour être le véritable moteur des destinées du pays. Liberté et administration laissée à la discrétion du pouvoir sont des termes contradictoires. L'histoire ne nous présente l'exemple d'aucun peuple où la liberté ait fleuri sous un tel régime. » *H. Galos*: Rev. des deux mondes. 1 sept. 1868; p. 136.

humanidade? A ambição vulgar de impertinente dominio, o ciume da prerogativa da realeza, o interesse dynastico, o vehemente proposito de transmittir intacto o fidei-commisso monarchico, nada cedendo ás idéas novas sinão quanto baste para melhor resistir-lhes, podem afinal trazer a um choque perigoso a nação e a corôa. Consummada prudencia, favorecida por causas extraordinarias, poderá proscrastinar o momento decisivo; mas jamais foi permittido a uma familia de reis transmittir com o throno a sabedoria, essa virtude que se volatilisa na successão. Um dia estála a tempestade; a pyramide invertida vôa em pedaços.

Vemos os espiritos aflictos em busca de um ponto de apoio no espaço: quanto a nós, não ha outro; é a autonomia da Provincia. Votai uma lei eleitoral aperfeiçoada, supprimi o recrutamento, a guarda nacional, a policia despotica, restabelecei a independencia da magistratura, restaurai as bases do codigo do processo, tornai o senado temporario, dispensai o conselho de estado, corrigi ou aboli o poder moderador; — muito tereis feito, muitissimo, pela liberdade do povo e pela honra da nossa patria: mas não tereis ainda resolvido este problema capital, equuleo de quasi todos os povos modernos: limitar o poder executivo central ás altas funcções politicas sómente. Deixai-lhe o exercicio das attribuições que tem, deixai a capital concentrar os negocios locaes, consenti que possa estender-se por toda a parte o braço gigantesco do Estado, tutor do municipio e da provincia; e vereis, por melhores que as leis novas sejam, dominar a nação, e tudo perverter, o governo, o poder executivo. Descentralisai o governo; aproximai a fórma provincial da fórma federativa; a si proprias entregai as provincias; confiai á nação o que é seu; reanimai o enfermo que a centralisação fizera cadaver; distribui a vida por toda a parte: só então a liberdade será salva.

A liberdade pela descentralisação, tal é o objecto do estudo que emprehendemos sobre a Provincia no systema politico do Brazil, qual existe, e qual tentára organisal-o a revolução de 1831.

CAPITULO IV

OBJECÇÃO

Detem-nos uma objecção preliminar. Não são franquezas locaes e liberdades civis, que nos faltam, dizem alguns: falta ao povo capacidade para o governo livre. E' máo o povo, não póde ser bom o governo: maxima com que os conservadores atiram para o mundo das utopias as idéas democraticas.

Não desconhecemos o valor de uma pessima educação historica, que, sem preparar os povos para a liberdade, cérca de perigos formidaveis as instituições novas. Duplo é, sem duvida, o crime do despotismo: ensanguentando ou esterilisando o passado, embaraça o futuro. Por isto não basta proscrevêl-o para seus males cessarem. Eis a Hespanha: ahi não é certamente a liberdade que é demais: o que a perturba e revolve é o resto da bilis absolutista e clerical. Foi a enfermidade longa e dolorosa; não póde convalescer depressa. O que farieis, porém, da Hespanha? aconselharieis acaso o mesmo regimen que anniquilou-a, que inhabilitou-a? A condemnação eterna para os povos! que impiedade!

Em casos taes, a tarefa é muito mais séria, a convalescença muito mais difficil. A medicina, porém, é a mesma: reformas decisivas, reformas perseverantes.

Estamos bem longe, portanto, de «declarar um povo para sempre incapaz em razão de uma enfermidade organica e incuravel.» Fôra negar o progresso ou affirmar a immutabilidade dos destinos; fôra esquecer a grande data da iniciação da liberdade e da igualdade, 1789. Desde então, em politica, como em tantas cousas, já não ha impossiveis.

Demais, povo e. governo que o preside devem de ter, sob o ponto de vista moral, o mesmo valor. Melhorarem as condições moraes do povo sob um systema de governo que as não favoreça ou que as corrompa, é absurdo. Ora, para que um povo se aperfeiçõe e augmente em virtudes, é mister que seja livre. É a liberdade que excita o sentimento da responsabilidade, o culto do dever, o patriotismo, a paixão do progresso. Mas um povo a quem se impuzeram os encargos da civilisação sem as liberdades correspondentes, é um paralytico: tem escusa para tudo. Exigem que as nossas provincias progridam, e lhes tolhem as mãos; que deixem de repoisar na iniciativa do governo central, e não lhes concedem a iniciativa precisa. Porque é que ainda as mais ricas limitam-se a algumas despezas e serviços ordinarios, e nada emprendem que requeira ousadia, que economise o tempo, que acelere o futuro? Matou-as, não ha duvidal o, matou-as lentamente a politica centralisadora. A instrucção, a immigração, a emancipação, não perderam menos com essa ausencia de espirito provincial, do que os melhoramentos que mais ferem a vista, as estradas, os canaes, os vapores.

Negam ao paiz aptidão para governar-se por si, e o condemnam por isso á tutela do governo. É pretender que adquiramos as qualidades e virtudes civicas, que certamente nos faltam, sob a acção estragadora de um regimen de educação politica que justamente géra e perpetúa os vicios oppostos. Da mesma sorte, os defensores da escravidão, que avilta e desmoralisa suas victimas, apregoam-n'a como o meio efficaz de educar raças inferiores; e o termo deste barbaro tirocinio é sempre proscrastinado pela supposta insufficiencia do periodo de provação, ainda que tres vezes secular. « Depois de haver destruido no coração dos povos toda a altivez, toda a intelligencia, e até o gosto pelos publicos negocios, a centralisação — escreve Odilon Barrot — invoca isso mesmo como titulo para perpetuar-se!.... Quando sahiremos deste circulo vicioso? Toda a tutela prolongada produz infallivelmente uma certa incapacidade, e esta incapacidade serve de pretexto para continuar a tutela indefinidamente. E demais, esses tutores que nos são impostos, donde sahem? não sahem do meio dessa população que declarais radicalmente incapaz? Porque maravilhosa metamorphose succederá que esse homem, confundido na vespera nessa raça de incapazes, subito se torne um ente superior, dotado de todas as qualidades governamentaes, só porque recebe um diploma ou veste uma farda? [1] »

---

[1] *De la Centralisation*, p. 77.

Um falso systema politico que dá ao governo excessiva responsabilidade, não lhe permitte a compensação de auxiliares idoneos. Na estufa da centralisação não se desinvolvem as aptidões. Os verdadeiros estadistas, os habeis administradores, como generaes em campos de batalha, formam-se na luta incessante de uma existencia agitada. Duas cousas se percebem logo na triste situação do Brazil: isolado **na nação**, esmagado por uma carga superior ás suas **forças**, o governo, longe de desembaraçar-se de tarefa tão gigantesca, reparte-a com agentes incapazes. O que podia resultar dahi sinão a esterilidade do passado, seus erros e suas vergonhas, e, quanto ao futuro, o panico?

Tão evidente se affigura o perigo, que até os conservadores o indicam em linguagem que não é duvidosa [1]. Desgraçadamente, parecem os nossos ad-

---

[1] *Dezeseis de Julho*, de 16 e 19 de dezembro de 1869.—No parecer sobre a reforma das municipalidades (16 de agosto de 1869) dizia a commissão da camara temporaria: « ...... A prudencia e uma boa politica aconselhavam (em 1834) que se fizessem concessões á opinião predominante, que, agitada, clamava pelas franquezas provinciaes. Visavam estas exigencias a emancipação das instituições locaes, excessivamente escravisadas pela dependencia do governo central; a efficaz garantia do direito que a mesma constituição havia reconhecido no art. 71; em uma palavra, a descentralisação administrativa, que é a condição substancial da vida dos povos, o complemento e ao mesmo tempo o melhor correctivo da liberdade politica, o meio de elevar o espirito publico até ás virtudes civicas, o ponto de apoio da resistencia legal, e finalmente a melhor garantia de ordem e estabilidade para as instituições. Sem a descentralisação administrativa o paiz esmorece sob a tyrannia da uniformidade.......... A nossa provincia não é, e não póde ser nem a provincia do Baixo Imperio, circunscripção assignada ao proconsul para nella representar a magestade imperial e manter a submissão dos povos.... »

versarios bem longe de abraçarem com decisão uma doutrina larga. Limitam-se a retoques e a concessões que, álias uteis e urgentes, penetram só a superficie do systema, respeitando-lhe as bases. Quanto a nós, não bastaria despojar o poder executivo central de certas attribuições parasitas ; fôra preciso fundar em cada provincia instituições que efficazmente promovam os interesses locaes. É o programma deste livro, inspirado por um estudo sincero do Acto Addicional.

Instinctivamente repellem os conservadores as instituições de 1834, imaginando-as eminentemente republicanas. Vamos ver que as provincias ultramarinas de um grande imperio, a Grã-Bretanha, não se regem por outras; e, como os receios dos nossos adversarios procedem em parte de ser mal conhecido o systema federalista, a que se inclinaram os legisladores de 1834, e com o qual erroneamente o confundem, pareceu-nos necessario estudar a organisação interior dos Estados-Unidos. Ver-se-ha que, restauradas as franquezas da provincia, alargada a sua esphera no sentido genuino do acto addicional, ainda ficaremos a grande distancia dessa esplendida organisação.

Diga-se embora, como em 1831, que o Brazil ficará sendo « monarchia federativa » : não nos embaracem palavras. Centralisação e federação, cada um destes dous modos de governo soporta gradações. O typo mais perfeito do primeiro é o imperio francez. Do segundo incontramos, na propria Europa, variantes mais ou menos consideraveis. Está a velha monarchia da casa d'Austria prolongando a sua dolorosa existencia, graças ao regimen federativo na mais litteral expressão. Não é a Hungria mais do que um dos estados da união norte-americana? não tem ella, além das suas leis civis e criminaes, do seu poder judiciario proprio, da sua administração local, um parlamento seu, um ministerio, um exercito? São, com effeito, diversos os typos de um governo descentralisado: o que pedimos para o Brazil não é, de certo, a soberania do reino de Santo-Estevão, mas não é tambem a plena autonomia dos estados anglo-americanos, cujas instituições passamos a descrever. Este estudo fará comprehender melhor o pensamento que preside á segunda parte do nosso trabalho.

CAPITULO V

A FEDERAÇÃO NOS ESTADOS-UNIDOS

Quão oppostos aos tristes effeitos da centralisação os magníficos resultados da federação! Uma quebranta, outra excita o espirito dos povos. Uma extingue o sentimento da responsabilidade nos individuos, e esmaga o poder sob a carga de uma responsabilidade universal; a outra contém o governo no seu papel, e dos habitantes de um paiz faz cidadãos verdadeiros. Uma é incompativel com instituições livres; a outra só póde florescer com a liberdade. Uma tem por condição o funccionalismo hierarchico e illimitado, exercito permanente do despotismo. Bastam á outra poucos agentes, e em caso algum os requer para negocios dos particulares e das localidades. Uma revolve os estados; a outra equilibra as forças sociaes, e, não reprimindo nenhuma, prosegue sem receio das subitas reacções. Uma é a expressão moderna do imperio pagão; a outra é o ideal do governo na sociedade creada pela doutrina da consciencia livre e da dignidade humana.

Permittindo a expansão de todas as aptidões, de todas as actividades, de todas as forças, o systema federativo é sem duvida a maior das forças sociaes. Mata a centralisação os povos da Europa; funda a federação o poderoso estado da America do Norte e fundará o da Australia, as grandes potencias do futuro. Já illustres pensadores annunciam os grandes destinos reservados para os povos favorecidos por tão feliz organisação [1]. Tanto bastava para que lhe cedamos algumas das horas consumidas na esteril admiração da symetria franceza: um motivo particular recommenda, porém, esse estudo. Supponhamos nossas provincias reintegradas nas franquezas do acto addiccional e formando uma monarchia federativa com presidentes eleitos: acaso o systema politico do Brazil confundir-se-ia desde logo com o dos Estados-Unidos, prototypo das federações modernas, abstrahindo mesmo da fórma do nosso supremo governo? Vejamos, antes de tudo, dentro de que limites lá funcciona o poder central.

Na republica anglo-americana, o estado é entidade anterior á União; e esta só idéa basta para precisar o sentido do seu systema federal. Cada um dos estados possue as leis civis e criminaes que adoptou no tempo colonial ou que promulgou depois, uma magistratura que executa essas leis e uma administração civil propria, organisadas ambas sobre a base democratica, mas sem uniformidade absoluta, constituidas em summa pelas respectivas legislaturas. Assim, o governo interior se rege por instituições provinciaes, não por leis nacionaes symetricas; ali não ha lei judiciaria commum, lei eleitoral uniforme, codigos civis ou criminaes promulgados para todo o paiz. Eis um traço decisivo

---

[1] *La France Nouvelle*, pelo Sr. Prevost Paradol; liv. III, cap. 3°.

para caracterisar este systema: antes da recente guerra, um partido que largos annos exerceu o poder, o democrata, exagerando os direitos dos estados, pretendia que a escravidão era instituição domestica, dependente, portanto, das leis civis dos estados, fóra do poder do congresso. Era similhante pretenção o mais energico testemunho do principio federativo, comquanto della resultassem a perpetuidade do regimen servil no sul, as violentas agitações a proposito dos negros fugidos, e afinal a guerra civil.

Distinguem-se pelo alto caracter de interesses nacionaes as faculdades conferidas ao congresso ou poder federal.

Não lhe pertencem sómente as relações exteriores, declarar guerra e celebrar paz, manter exercito e armada, mas lhe incumbem tambem todos esses assumptos que em uma sociedade qualquer exprimem a unidade nacional. E' o congresso que fixa o padrão dos pesos e medidas; é elle que emitte moeda, e legisla sobre privilegios industriaes e litterarios.

Additamentos á constituição, promulgados em 1791, reconheceram, como garantias de todos os cidadãos, inatacaveis, portanto, pela legislação dos estados, a liberdade de religião, sendo prohibido estabelecer religião de Estado, a liberdade de imprensa, o direito de reunião, de petição, de trazer armas de defesa, o respeito da pessoa, da casa, da propriedade e das cartas, a prohibição de mandados de busca arbitrarios ou sem as formalidades precisas. Estatuiram, quanto á parte penal, que nos crimes capitaes ou infamantes preceda sempre ao julgamento o jury de accusação ou pronuncia; que ninguem seja condemnado sem processo formal; que em todo o procedimento judicial observem-se as formulas garantidoras da defeza do réo; que não se lancem multas excessivas, nem se exijam fianças exageradas, nem se imponham penas crueis e antiquadas.

A consagração destas doutrinas de direito publico e privado restringia, por ventura, a autonomia legislativa dos estados? não; era a base da livre sociedade que se fundava na America. Nenhum dos estados possa repudiar as ideas democraticas, nenhum fundar o despotismo: tal é o pensamento destes bellos principios propagados no fim do seculo XVIII pelos republicanos da America e França.

Dar ao poder nacional as attribuições indispensaveis, foi o primeiro pensamento dos autores da constituição. Para formar-se, porém, idéa exacta desse poder, cumpre não exagerar suas attribuições levando-as ás extremas consequencias logicas. Assim, sorprehende á primeira vista ler na constituição que « a legislatura de cada um dos estados prescreverá a época, lugar e modo das eleições dos senadores e representantes que formam o congresso [1] ». Comquanto ahi mesmo declare que o « congresso poderá sempre, por uma lei especial, fazer ou modificar esses regulamentos eleitoraes », bem demonstra a primeira parte do texto a sabedoria com que se quiz evitar a funesta

---

[1] Art. 1º, sec. 4 § 1.º

symetria nas leis de um paiz vastissimo, deixando aos legisladores dos estados graduarem o exercicio do suffragio segundo as peculiares circunstancias do povo de cada um [1]. Depois de revolvidos tantos annos, agora é que os radicaes, consequentes com a politica abolicionista triumphante, fizeram estender ao paiz inteiro o suffragio universal e a igualdade de raças ou côr. Tal é o objecto da ultima emenda constitucional. [2]

Outro exemplo patentear á melhor o espirito das instituições americanas. Dispensando os grandes exercitos permanentes, reduzindo o seu a uma dezena de mil soldados, os Estados-Unidos careciam de uma reserva nacional, e essa reserva se chamou milicia. Ao governo federal ficou pertencendo reunir a milicia em caso de rebellião ou invasão, assim como « organizal-a, armal-a, disciplinal-a e dirigir a parte della empregada em serviço da União. [3] » Suppôr-se-ia, á vista de phrases tão genericas, uma organisação similhante á da nossa guarda nacional; mas, entretanto, é o mesmo texto constitucional que expressamente declara « reservado a cada estado o direito de nomear os officiaes da sua milicia e de exercital-a na disciplina

---

[1] A diversidade das leis eleitoraes é, na verdade, consideravel; julgue-se por este exemplo: alguns dos estados permittem votar os estrangeiros ainda que não naturalisados. (Paschal, *Annotated constitution*, ns. 16 e 17, pags. 58 a 65.) No Massachusetts, subsiste a lei que exige do votante saber ler. Sem serem uniformes, as leis dos estados consagraram quasi o suffragio universal. Algumas fixaram um certo censo, comquanto baixo. A legislatura de Utah (territorio dos Mormons) acaba de conceder ás mulheres a capacidade eleitoral.

[2] Emenda 15ª, recentemente ratificada pelos estados.

[3] Art. 1º, sec. 8ª §§ 15 e 16.

A PROV.

prescripta pelo congresso.» Todas as questões a este respeito suscitadas entre o governo federal e os outros, deixaram bem claro o principio de que a nomeação dos officiaes e a formação dos corpos são assumptos meramente locaes.[1] As proprias constituições dos estados descrevem como compõe-se a respectiva milicia. A de New-York regulava este assumpto tornando electivos pelos guardas de cada companhia os officiaes inferiores e officiaes até capitão; por estes os officiaes superiores dos batalhões; e dos officiaes generaes, uns pelos officiaes superiores, outros por nomeação do governador sob audiencia do senado ou sem ella. Não é só, porém, no modo de compôr os corpos e de nomear os officiaes, não é só por serem os postos electivos, que a milicia dos Estados-Unidos differe da nossa guarda nacional; differe, principalmente, pela natureza do serviço, pois está aqui transformada em segunda linha do exercito e em corpos de policia, e não é certamente essa reserva nacional para os casos raros de invasão e rebellião. Cá é arma eleitoral nas mãos do poder executivo central; lá é uma serie de pequenos corpos de exercito formados na localidade, governado cada qual pelos chefes que elege.

[1] Kent, *Commentarios á constit.*, sec. 3ª § 6.— A milicia é milicia dos estados respectivos, e não dos Estados-Unidos. Quando chamada a serviço do governo geral, só assume o caracter de força nacional depois de reunidos os corpos no lugar designado pela autoridade, e não antes. (Paschal, n. 130.) De facto, são os estados que legislam sobre a formação das milicias; no caso de guerra o congresso as convoca por actos especiaes. Não ha, pois, **lei geral de organização da milicia,** como aliás faria crer o texto da constituição.

O poder federal nos Estados-Unidos não é certamente um poder fraco ; elle foi sabiamente constituido com as faculdades necessarias, mas não sobrecarregado inutilmente com funcções da administração interna. A somma das attribuições legislativa, executiva e judiciaria exercidas pelas assembléas dos estados, suas autoridades e seus tribunaes, mostra que, em si mesmo, cada membro da União ficou sendo uma republica independente com poderes politicos organisados segundo as constituições votadas pelo seu povo. O pensamento, egualmente fundamental, dos legisladores americanos, foi, portanto, consagrar, dentro do mais vasto circulo, a autonomia das republicas federadas. Um dos addittamentos de 1791 (art. 10) expressamente o diz: « Os poderes que a constituição não delegou ao governo federal, nem por ella são interdictos aos estados, a estes ficam reservados. » Quaes foram, com effeito, além dos principios geraes de direito publico ou privado, as restricções da constituição ? Ficou prohibido a cada um dos estados : « celebrar tratado, fazer alliança ou confederação, dar cartas de corso e represalias, cunhar moeda, emitir papel-moeda, dar curso legal para pagamentos a cousa diversa do ouro ou prata, promulgar leis de confisco, leis retroactivas ou contrarias ás estipulações dos contractos, conferir titulos de nobreza, levantar tropas ou manter navios de guerra em tempo de paz, e empenhar-se em guerra, excepto no caso de invasão ou de imminente perigo. [1] »

[1] Art. 4º. sec. 10.

Eis ahi traçada, por essas mesmas excepções, a esphera em que gyra o governo central da União. Consideremos agora como o povo dos estados, no gozo da mais plena independencia, organisou por si mesmo o seu governo interno.

Respeitando as leis geraes do regimen democratico, as constituições particulares não offerecem comtudo um typo uniforme, antes a mais curiosa variedade. Não fôra absurda, em verdade, a symetria do mecanismo politico em tão vasta região da America ? Si essas constituições actualmente aproximam-se de um typo commum, é quanto ao principio da electividade dos funccionarios. No mais, variam as combinações adoptadas: não é ali que se hade admirar a symetria de castores, como em certos povos modernos. E' o que vamos ver começando pelo PODER LEGISLATIVO.

Em alguns dos primitivos estados, os da Nova-Inglaterra, ambas as camaras legislativas são eleitas simultaneamente, e duram o mesmo curto periodo, um anno apenas [1]; em outros, ambas servem por dous [2]. Ha diversos onde elege-se a camara dos representantes por dous annos, e o senado por quatro, renovando-se este biennalmente. Em todos ha duas camaras, e faz-se por districtos, a eleição dos senadores.

São annuaes as sessões legislativas ; em alguns celebram-se duas cada anno ; mas ha tambem

[1] Maine, Massachusetts, etc.
[2] Ohio e Michigan.

outros onde a assembléa reune-se sómente de dous em dous annos, sendo votado o orçamento para exercicios duplos [1].

A camara dos representantes é, em regra, muito numerosa. No Maine compõe-se o senado de 31 membros e a outra camara de 151. No Hampshire, um dos menores, que em 1860 contava apenas 326,073 habitantes, os representantes são 333, elegendo um cada cidade, villa ou parochia: entretanto, os senadores não passam de 12, eleitos por districtos. Tambem o Vermont, outro pequeno estado, contava 30 senadores e 239 representantes. Ao contrario, o Delaware nomea 9 senadores e 21 representantes; e o grande estado de New-York, com 4 milhões de habiiantes, não tem mais que 32 senadores eleitos por cada um de 32 districtos, e 128 representantes eleitos egualmente por districtos de um só. Merece menção especial o senado de Rhode-Island, composto de 31 membros, ao qual pertencem o governador do estado como presidente, e o vice-governador, sendo secretario *ex-officio* o secretario de estado. [2]

Na maior parte dos estados, tem o governador a prerogativa do véto sobre as medidas votadas pela assembléa; mas em uns póde elle ser annullado por votação de dous terços dos membros de ambas

[1] A sessão legislativa é biennal no Maryland, Michigan, Indiana, Illinois, Iowa, California e Oregon. Na California dura 120 dias cada sessão.

[2] *National Almanac* de 1864, publicação modelo do editor Childs de Philadelphia.

as camaras legislativas, e em outros a simples maioria é sufficiente para isso. Em oito (Rhode-Island, Delaware, Maryland, Virginia, Carolina do Norte, Carolina do Sul, Tennessee e Ohio), não carece a lei de sancção do governador, e é promulgada pelos presidentes de ambas as camaras.[1]

Cuidar-se-ia á primeira vista que os territorios, por acharem-se sob a dependencia do governo federal, não teem assembléas legislativas: pelo contrario, posto que sem faculdades tão amplas, funccionam em todos elles. Assim, o povo de Arizona elege um conselho (ou senado) composto de 9 membros e uma camara de representantes de 18, que constituem a sua legislatura, da qual emanam leis meramente locaes. O mesmo em Dakota, Idaho e nos mais. Ahi, portanto, nos proprios territorios, o governador enviado pelo presidente não é um proconsul, arbitro e legislador supremo: ha assembléas que limitam o seu poder e o fiscalisam.

É na organisação, muito mais notavel, do PODER EXECUTIVO, que se reconhece o sello particular da democracia americana.

O povo é que noméa o governador dos 37 estados da União, e o seu substituto nos 17 onde ha este cargo especial: o povo, dizemos, por suffragio quasi universal, e não a assembléa legislativa, como o fôra até o começo deste seculo[2].

[1] *Statesman's Manual*; vol. IV.

[1] As primitivas constituições consagravam o principio da nomeação do governador pela assembléa *(O Federalista*, cap. 47): ella é que elegia tambem

Em seis delles, no Maine, New-Hampshire, Vermont, Massachusetts, Rhode-Island, Connecticut, nessas primitivas republicas dos *peregrinos*, o periodo de cada governador é um anno, renovando-se a eleição todos os annos. Muitos a repetem de dous em dous; raros de tres em tres, e alguns de quatro em quatro.[1]

Mas não é só o primeiro depositario do poder executivo que o povo elege. Os chefes dos differentes serviços administrativos, em regra, são tambem escolhidos pelo suffragio directo, e si não, a legislatura é que os designa: raros são os casos de pertencerem taes nomeações ao governador só. Secretarios de estado, directores de repartições, inspectores de obras publicas, ás vezes mesmo agentes secundarios, são assim investidos de funcções administrativas[1]. Similhante formação do poder executivo,

os altos funccionarios, o que ainda subsistia na época da viagem de Tocqueville á America (1831). Admittidos como estados os territorios do oeste, onde prevaleciam tendencias democraticas puras, os outros, a exemplo desses novos, estenderam o principio electivo. Oppõem-lhe, entretanto, resistencia os mais antigos estados, os da Nova-Inglaterra.

[1] O periodo das funcções de cada governador é de dous annos em New-York, Maryland, Virginia Occidental, nas duas Carolinas, Georgia, Alabama, Mississipi, Tennessee, Ohio, Michigan, Indiana, Missouri, Iowa, Wisconsin, Minnesota e Kansas. De tres, em New-Jersey e Pennsylvania. De quatro, no Delaware, Virginia antiga, Florida, Louisiana, Arkansas, Kentucky, Illinois, California e Oregon. Não temos informações acerca de Texas e dos novos estados, Nebraska e Nevada.

[1] Elege o povo: em New-Hampshire conselheiros do governador; no Vermont, alem destes, o thesoureiro do estado; no Massachusetts, Rhode-Island e Connecticut, não só esses funccionarios, como tambem o secretario de estado, o *auditor-general* (contador geral ou inspector da fazenda) e o *attorney-general* (promotor publico do estado, quasi secretario dos negocios da justiça e policia).

tão opposta ás idéas européas, revéla bem o que seja a democracia americana.

E não se repute exclusivo dos estados septentrionaes, onde não havia escravos, esse mecanismo republicano, essa imagem da constituição de Athenas e Roma. Nos do sul incontramos o mesmo padrão de um *governo do povo pelo povo*, na sua mais litteral expressão.[1] Ao oeste da republica, a mesma organisação prevalece, e em mais vasta escala [2].

Em New-York, a essa lista dos funccionarios electivos acrescem um inspector da fazenda, além do thesoureiro, um engenheiro do estado, e um agrimensor-geral, renovados cada dous annos; triennalmente, 3 commissarios dos canaes e 3 inspectores das prisões.

Na Pennsylvania, são eleitos em cada triennio o *auditor* e o agrimensor geral; no Maryland, o inspector da fazenda por dous annos, e por seis o commissario das terras.

No novo estado da Virginia Occidental, a respectiva constituição, promulgada em 1863 durante a guerra, confere tambem ao povo a eleição do secretario de estado, do thesoureiro, do *auditor* e do *attorney*.

[1] No Kentucky, elege o povo por quatro annos, não só o governador e o vice-governador, mas o *auditor-general*, o *attorney-general*, o commissario das terras do estado e o superintendente da instrucção publica, e por dous annos o thesoureiro do estado. No Mississipi e Louisiana seguiu-se identico principio.

[2] São eleitos : No Ohio por dous annos o thesoureiro, o secretario de estado e o *attorney-general*, sendo os dous ultimos em annos alternados; por tres, o inspector da fazenda e o commissario das escolas, e por quatro o *auditor-general*; no Michigan e Indiana, biennalmente o auditor, o thesoureiro, o superintendente da instrucção publica e os membros da respectiva junta, o commissario das terras, e o *attorney* : de oito em oito annos, dous regentes para a Universidade de Michigan.

No Illinois, o secretario de estado e o auditor por 4 annos, por dous o thesoureiro e o superintendente da instrucção publica ; no Missouri, o secretario de estado por dous annos; em Iowa, por igual periodo, o mesmo funccionario e mais o *auditor*, o thesoureiro, o *attorney*, o commissario das terras publicas; no Wisconsin, tambem biennalmente, os mesmos funccionarios e mais o superintendente da instrucção, um inspector dos bancos e um commissario das prisões ; em Minnesota, por dous annos, o secretario de estado, o thesoureiro, o

Onde ficam, á vista de um facto similhante, as estreitas doutrinas dos publicistas francezes sobre a symetria e hierarchia administrativas? onde fica o principio de que os agentes da administração dependem do poder executivo sómente, como delegados da autoridade, como mandatarios da sua confiança?

A democracia americana não consagrou, aliás, um principio inteiramente novo; a humanidade o viu em pratica nos primeiros povos livres de que falla a historia, nas republicas gregas e em Roma; viu-o depois e ainda o vemos na propria Europa moderna, na Inglaterra, d'onde os emigrantes puritanos o transportaram para a America. O povo inglez elege, nos condados e parochias, funccionarios meramente administrativos, com faculdades e poderes que excedem muito do circulo local, e dão-lhes a maior independencia. As constituições americanas alargaram e desinvolveram a idéa transplantada da metropole.

Merece advertir que ás legislaturas, não aos governadores, é que pertence escolher os altos funccionarios da administração naquelles estados onde não ficou isto reservado ao povo directamente [1]. Por ex-

attorney, e por tres o *auditor*; em Kansas, biennalmente, todos estes e mais o superintendente da instrucção publica; na California, por 4 annos, os mesmos e mais o inspector da fazenda, o agrimensor geral, o director da imprensa do estado *(State-printer)*, o secretario da *supreme court* (tribunal da relação do estado), e os commissarios do porto; no Oregon, por igual periodo, o secretario de estado, o thesoureiro e o director da imprensa: — são todos elles, chefes de diversos serviços administrativos, nomeados directamente nos comicios populares.

[1] No Maine, o senado e a camara dos representantes elegem annualmente os conselheiros do governo, o secretario do estado, o thesoureiro, o *attorney-general*, o ajudante-general e o commissario das terras, para o que se reunem

A PROV.

cepção a esta regra, o governador da Pennsylvania é que nomêa o secretario de estado. o *attorney-general*, o adjudante-general da milícia, o quartel-mestre-general, o superintendente das escolas e o bibliothecario do estado. A legislatura apenas nomêa, annualmente, o thesoureiro do estado. Em New-York, cujo povo directamente elege tão grande numero de funccionarios, o superintendente das escolas ficou reservado á legislatura, que o renova em cada triennio; o governador, com assentimento do senado, designa o fiscal dos bancos e o auditor da repartição dos canaes. São os diversos funccionarios que por sua vez escolhem, neste estado, os seus respectivos agentes e officiaes de escripta.

Finalmente, o principio da eleição popular tem sido applicado mesmo a certos altos funccionarios dos territorios. No Colorado, por exemplo, onde havia, além do governador, o secretario, o agrimensor geral, o collector das rendas internas, o commissario das terras e os dos indios, nomeados todos pelo presidente dos Estados-Unidos, eram eleitos pelo povo o thesoureiro, o *auditor-general* e o superintendente das escolas.

É, entretanto, digno de nota que o nordeste seja

em assembléa geral pouco depois de eleito o governador. Em New-Hampshire, é tambem a legislatura que nomêa esses funccionarios: o governador escolhe o *attorney-general*. No Vermont, onde o povo elege annualmente o thesoureiro, nomêa a legislatura o secretario de estado, o *auditor*, o superintendente e directores das prisões do estado, o commisario do hospicio dos alienados, o dos bancos, o dos caminhos de ferro, e o ajudante-general, o quartel-mestre-general e o *attorney*. Em Rhode-Island, a legislatura escolhe o *auditor*, e o governador nomêa o superintendente das escolas sob a approvação do senado.

a parte da republica onde o povo nomêe directamente menor numero de funccionarios administrativos. A' medida que se caminha para o sul e para o oeste, augmenta a autoridade dos comicios, descobre-se vigorosa a democracia da Nova America. O mesmo acontece quanto ao poder judicial.

O que dá relevo original ás instituições judiciarias dos Estados-Unidos, não é sómente o cuidado com que formou-se ali um poder independente da acção do governo, mas a parte importantissima que na politica e na administração cabe aos juizes. E' o poder judicial incarregado principalmente da defeza da Constituição; é o grande poder moderador da sociedade, preservando a arca da alliança de aggressões, ou venham do governo federal ou dos governos particulares. E', demais, o fiscal da lei na mais vasta accepção, conhecendo das queixas contra os administradores negligentes, e punindo os agentes culpados. [1] Mas não é esta alta missão constitucional, aliás caracteristico de uma verdadeira republica, que carecemos tornar saliente; propomo-nos sómente assignalar a composição da magistratura americana.

Ha nos Estados-Unidos uma dupla ORGANISAÇÃO JUDICIARIA: a dos tribunaes federaes e a dos tribunaes dos estados.

A dos primeiros é assaz conhecida. Creára a constituição um supremo tribunal de justiça, cujos membros fossem verdadeiros sacerdotes das leis nacionaes.

---

[1] Tocqueville, *De la democratie en Amérique*; cap. VIII.

Abaixo delle, funccionariam em primeira e segunda instancia outras jurisdicções igualmente federaes.

Além das altas questões nascidas da intelligencia da constituição e leis do congresso, assim como dos tratados, estendeu-se a competencia destes tribunaes a todos os casos concernentes a ministros estrangeiros e consules, ás questões do almirantado e maritimas, aos pleitos em que fôr parte o governo federal, ás contestações entre dous ou mais estados, entre cidadãos de estados diversos, entre um cidadão e subditos estrangeiros. [1]

Definida assim a jurisdicção federal pela natureza dos pleitos e pela qualidade das partes, ficaram sujeitos aos juizes dos estados todas as demais causas de direito commum, sejam lides civis ou processos criminaes.

Assimelham-se os dous systemas quanto ao principio descentralisador applicado aos tribunaes federaes, e, á imagem delles, aos dos differentes estados. Na America do Norte continuou-se o costume inglez, segundo o qual é quasi sempre o magistrado que sahe a percorrer o paiz distribuindo justiça aos povos, não os povos que vem reclamal-a de perto e de longe em um ponto dado do territorio. Com effeito, o supremo tribunal composto de 10 membros, inclusive o presidente, celebra uma sessão annual em Washington. Cada um desses membros é por seu turno presidente de cada um dos 10 tribunaes de appellação chamados *circuit courts*, cuja jurisdicção comprehende certo nu-

---

[1] Const. art. 3º. sec. 2ª § 1.; Add. art. XI.

mero de estados. Um estado fórma, segundo a sua extensão, um, dous ou tres districtos federaes do primeira instancia, em cada um dos quaes vem a *circuit court* funccionar duas vezes por anno. O outro membro desse tribunal de segunda instancia é o juiz presidente dos de primeira (*district court*). O *district court*, composto, além desse presidente, de um *attorney* (promotor) e de um official de execuções (*marshall*), é, portanto, o tribunal inferior federal. Sua jurisdicção abrange um só estado, como no Maine, ou parte delle como no Tennessee, que divide-se em tres districtos federaes com tres *district courts*. Estes tribunaes, porém, não funccionam em um ponto só do territorio da sua jurisdicção, mas em dous e tres, e duas vezes por anno em alguns delles. [1]

Differem, porém, os dous systemas judiciarios quanto ao modo da escolha dos juizes e á duração do seu mandato. Os membros do supremo tribunal e mais juizes federaes são nomeados pelo presidente da republica com o assentimento do senado; e, conservando o lugar *during good behaviour*, são de facto inamoviveis, podendo ser destituidos sómente em virtude de processo. Nos estados prevalecem agora principios diametralmente oppostos: os juizes, aliás incompati-

---

[1] Outro ponto de similhança acha-se na retribuição dos juizes. Nos Estados-Unidos, onde geralmente os funccionarios são mal pagos, onde a mór parte dos governadores dos estados vencem apenas 1,500 a 2,000 dollars, são os magistrados melhor aquinhoados. Os juizes da cidade de New-York, juizes de primeira instancia, vencem 5,000 dollars. Os da *district court* e *supreme court* do estado da California, 5 a 6,000. Esta ultima é a somma do salario de cada membro do supremo tribunal da União.

veis para todos os cargos politicos, são nomeados pelo povo, e temporarios, pois que exercem o mandato por um periodo fixo de annos, ás vezes muito curto, depois do qual renova-se a escolha popular.

Não era assim no começo da União, nem o foi tambem durante o primeiro quarto deste seculo. É aos Estados-Unidos, por isso, que se póde applicar com muita propriedade o conceito de Royer Collard: « Não são as constituições tendas levantadas para dormir. » Ali são ellas verdadeiros abrigos provisorios da democracia em marcha, que as remodela ou transforma á medida que surgem necessidades novas e o tempo caminha. A introducção do principio electivo na formação da magistratura não fez-se, com effeito, em um dia. Foi um estado do sul, o Mississipi, que primeiro adoptou-o em 1822, sendo o seu exemplo imitado por quasi todos os outros. Naquelles onde o povo não nomêa directamente os juizes, nomêa-os a legislatura: e raros são os que ainda conservam o antigo principio da escolha pelo governador, sob assentimento do senado [1].

[1] Eis os estados onde os juizes são exclusivamente filhos da eleição popular e amoviveis em periodos mais ou menos curtos: New-York, Pennsylvania, Maryland, Virginia occidental, Virginia antiga, Georgia, Florida, Mississipi, Louisiana, Texas, Tennessee, Kentucky,, Ohio, Michigan, Indiana, Illinois, Missouri, Wisconsin, Iowa, Minnesota, Kansas, California, Oregon. O prazo das funcções é, quanto acs juizes superiores, 12, 10, 9, 8, 7, 5 ou 4 annos, e, quanto aos mais, 2 a 6.

Os escrivães e officiaes de justiça, ou são nomeados pelos tribunaes, ou eleitos igualmente pelo povo.

Para a nomeação de membros dos tribunaes superiores, ha em alguns dos estados eleitores especiaes, e, nos mais novos do extremo occidente, *far-west*, os ha para a de todos os juizes.

Ha geralmente, em cada estado, justiças de paz, justiças meramente municipaes, juizes de primeira instancia e tribunaes de appellação, que pronunciam no civil e no crime, com jurisdicção tão extensa como a teem os nossos magistrados e relações de districto. Só lhes não pertencem os casos de caracter federal acima indicados. Sobre esta base commum incontram-se variantes mais ou menos consideraveis. Tomemos, por exemplo, o estado de New-York. Ha ahi:

1.º A *court of impeachments*, composta dos senadores e dos membros do tribunal de appellações, que conhece dos crimes do governador e altos funccionarios.

2.º A *court of appeals* (tribunal de appellações), que toma conhecimento dos pleitos em gráu de recurso. Compõe-se de 8 membros, quatro eleitos pelo povo para servirem oito annos, e quatro que são os membros mais antigos da *supreme court*.

3.º A *supreme court*, que serve de tribunal de appellação para os dos condados, e tambem exerce jurisdicção propria em quaesquer assumptos. O estado divide-se em 8 districtos judiciarios, cada um dos quaes elege quatro juizes para esse tribunal, cabendo cinco ao de New-York. Todos os seus 33 membros servem por oito annos.

Não eram tão democraticas as instituições americanas na epoca em que Tocqueville escrevêra o seu livro sem rival. As constituições dos estados (já o advertimos tratando dos agentes administrativos) eram então menos adiantadas; as republicas unidas não conheciam ainda o principio electivo aplicado em taes dimensões. A eleição dos funccionarios civis e dos juizes ou pelo povo directamente ou pelas assembléas de seus representantes, acha-se agora admittida tambem nas constituições dos cantões da Suissa e mesmo na constituição **federal**.

4.º *County courts* (tribunaes dos condados), que constituem a primeira instancia no cível e commercial, com magistrados eleitos por quatro annos.

5.º *Criminal courts*, dos condados, tribunaes privativos do crime, compostos de um juiz do respectivo districto da *supreme court*, do juiz do condado e de dous juizes de paz.

Na cidade de New-York, ha tambem tribunaes especiaes requeridos por sua grande população e largo movimento commercial e maritimo: a *superior court* com juizes eleitos pelo povo por seis annos, a *common pleas* (tribunal commum civil), a *court of peace* (criminal) e o tribunal maritimo (*marine court*), todos igualmente electivos.

A vasta organisação desse estado, que conta mais de 4 milhões de habitantes, não era seguramente necessaria para outros. Diversificando quanto ao numero, gráus, funcções e modo da escolha, todos os estados teem, entretanto, o seu tribunal supremo e seus magistrados de primeira instancia. [1]

[1] Da variedade e das combinações adoptadas julgue-se por este resumo: O Maine (628,276 habitantes em 1860), tem a *supreme judicial court*, composta de oito juizes e um relator, todos nomeados pelo governador sobre proposta do conselho do governo (corporação electiva differente do senado). Não são, porém, perpetuos esses juizes; suas funcções duram sete annos. Abaixo deste tribunal ha no Maine 16 de primeira instancia (*probate courts*), um para cada condado, composto cada qual de um juiz, um secretario, um promotor e um tabellião. Estes juizes, porém, e os secretarios são eleitos pelo povo dos respectivos condados para servirem quatro annos sómente. Elege tambem o povo, para servi.em igual periodo, os juizes municipaes e de policia, que ha nas diversas cidades e povoações.

Em New-Hampshire, o governador com o conselho noméa, além dos juizes da *supreme court*, os das *county courts*. Demais disso, todos são perpe-

Tal é a organisação interna dos Estados-Unidos. Tribunaes e administração são ali organisados soberanamente por cada um dos estados particulares. O juiz e o administrador sahem ali directamente do seio do povo.

Estes dous principios definem a democracia norte-americana, e a separam profundamente de outro qualquer systema de governo, mesmo sob a fórma republicana.

Os americanos do norte, dice-o um grande pensador, estão insaiando o ideal de governo do futuro. Uma descentralisação completa, combinada com a intervenção constante da soberania popular, eis os traços principaes do seu systema politico. E agora digam aquelles que da descentralisação receiam a fraqueza do poder, digam si o governo dos Estados-Unidos é fraco, si jamais nação nenhuma ostentou tanta pujança, si jamais os representantes de algum povo fizeram-se respeitar melhor no mundo. Emquanto no

---

tuos; mas, nesse como em outros estados, ninguem póde exercer o cargo de juiz depois dos setenta annos de idade.

No Vermont é tudo diverso: os seis juizes da *supreme court* noméa-os annualmente a legislatura. Cada um delles, com dous dos condados na qualidade de assistentes, fórma uma *county court*. Estes ultimos, porém, são eleitos annualmente pelo povo dos condados.

Em Massachusets, como no Hampshire, fazem o governador com o conselho as escolhas de todos os juizes. São electivos os membros dos tribunaes correccionaes, verdadeiras autoridades policiaes das parochias.

Em Rhode-Island, Connecticut e Alabama, nomea-os a legislatura; em New-Jersey, o governador com assentimento do senado. Só no Delaware (pequeno estado de 112,216 hab.), são os seus poucos juizes nomeados pelo poder executivo, e inamoviveis.

A PROV.

Brazil as mesmas raças, mais ou menos mixtas, estendem-se quasi igualmente por todas as provincias, celebrando o mesmo culto e fallando a mesma lingua, nos Estados-Unidos raças, linguas e cultos distribuem-se desigualmente por toda a superficie da União. O primitivo anglo-americano, o immigrante irlandez, o escossez, o allemão, o francez, e o hespanhol dos estados do sul, ahi se congregaram, naquelle mundo em miniatura, produzindo, sem a uniformidade de leis, sem a unidade de crenças, sem a identidade de linguas, a mais robusta republica que viram os seculos, o mais florescente dos estados do globo. Pois será acaso a autonomia administrativa das provincias que hade anarchisar o Brazil, onde álias subsistem tão poderosos elementos de unidade moral e social? Reflictam os timidos: nestas graves questões que interessam á felicidade dos povos, o exame sem preconceitos de escola é, como em todos os conhecimentos humanos, a condição de acerto e de progresso.

Carecemos advertir que não estamos offerecendo ao Brazil por modelo o complexo dessa organisação federal democratica? O estado actual do systema norte-americano é o producto de refórmas successivas, é a manifestação de uma democracia vigorosa que se affirma, que tem consciencia do seu valor moral e do seu poder [1]. Demais, de todo esse systema é esta

---

[1] « O que os francezes são em assumptos militares, são os americanos em toda a especie de negocios civis: supponde que um certo numero de americanos se ache sem governo; logo improvisam um, e mostram-se aptos para levarem ao cabo esse ou outro qualquer negocio publico, com sufficiente

a parte mais original, e que não parece ainda julgada por uma experiencia sufficiente. A electividade do juiz, aggravada pela sua amovibilidade, é seguramente um elemento de fraqueza e dependencia para o magistrado [1], e tanto basta para a corrupção da justiça. Não tem certamente tantos inconvenientes a eleição dos funccionarios administrativos. Mas, si para esse typo americano convergem na Europa a Suissa, na America a Republica Argentina e os estados do Golfo, no Brazil, não se póde dissimulal-o, um poder judicial electivo seria certamente pernicioso, e uma administração inteira igualmente electiva não parece aqui necessaria.

Tanto não aspiram, sem duvida, os liberaes do Brazil. Quando reclamam « a descentralisação no verdadeiro sentido do *self-government* » [2], pouco pedem, com effeito, si compararmos as suas aspirações com os factos dos Estados-Unidos. Muito pretendem, porém, si volvermos os olhos do largo systema americano para a nossa odiosa concentração polilica e administrativa. Sem prejuizo da força razoavel do poder e a bem da expansão da força social, ha de o Brazil ter mais liberdade civil e politica, e uma organisação onde o poder *collectivo* deixe de ser o avaro tutor de interesses *locaes*. O quadro das instituições anglo-americanas habilitará o leitor para julgar da inexac-

---

somma de intelligencia, ordem e decisão. E' isto que todo povo livre deve de ser. » Stuart-Mill, *On liberty* ; cap. V.

[1] *Histoire des Etats-Unis*, pelo Sr. Laboulaye ; vol. 3°, lição 18ª sobre a constituição.

[2] Programma do Centro Liberal; maio de 1869.

tidão com que, nas suas habituaes hyperboles, tentam os conservadores, para repellir a descentralisação, confundil-a com a federação democratica.

CAPITULO VI

AUTONOMIA DAS COLONIAS INGLEZAS

Sem o mais completo systema de garantias individuaes, sem a supremacia do parlamento, sem governo responsavel, sem descentralisação, sem este vivaz organismo anglo-saxonio, nada está construido solidamente, nada preserva os povos da ruina e da miseria. Abstrahindo de instituições que efficazmente assegurem a liberdade, monarchia e republica são puras questões de fórma. « Não ha mais que duas especies de governo, observa o Sr. Odilon Barrot, quaesquer que sejam aliás suas fórmas extrinsecas: governos que absorvem as forças individuaes, ou que lhes deixam pelo contrario a mais plena expansão: governos que tem a pretenção de tudo governarem, ou que muito confiam da espontaneidade individual. »[1]

Os destinos da monarchia no mundo moderno dependem da habilidade com que saibam os seus men-

---

[1] E' o mesmo pensamento de Benjamin Constant: « Entre la monarchie constitutionnelle et la république, la différence est dans la forme. Entre la monarchie constitutionnelle et la monarchie absolue, la différence est dans le fond. »

tores convertêl-a em instrumento flexivel a todas as exigencias do progresso. Emquanto ella se não congraçar cordialmente com as tendencias do seculo, não é acaso justa a imprecação dos povos exprobrando-lhe a tremenda responsabilidade de haver impossibilitado a fundação de instituições livres? Não basta para sua defesa allegar que algumas destas são incompativeis com a fórma monarchica, ou suppõem a republica: da necessidade faça a monarchia virtude; porquanto, si taes instituições não se lhe accommodam, sendo todavia necessarias á prosperidade geral, desappareça a monarchia por amor dos povos, e não se sacrifiquem os povos a interesses dynasticos. Mas essa incompatibilidade é meramente supposta: mostrem as colonias inglezas si a fórma de governo da sua metropole obstou ás amplas instituições democraticas e á autonomia dos membros de um grande imperio.

Em franquezas locaes, em liberdade politica, em autonomia legislativa e executiva, as provincias, parte integrante do Brazil, estão mui distantes de certas colonias, méras dependencias do Imperio Britanico. É este um facto tão geralmente ignorado, tão novo nos annaes do mundo, tão eminente entre os acontecimentos do nosso seculo, que não ha de parecer exagerada a attenção que lhe prestamos.

Desde o começo, por cartas patentes de Carlos I, os fundadores e habitantes das colonias da Nova-Inglaterra exerceram o direito de promulgar leis, e gozaram das franquezas e privilegios correspondentes á qualidade de cidadãos inglezes. Antes da sua emancipação, possuiam estas colonias, portanto, a liberdade civil e politica, e, constituindo-se em Estados-Unidos, apenas ganharam com a independencia a soberania, tomando lugar entre as nações. Com a independencia, porém, nossas provincias, bem como as das republicas hespanholas, conquistaram as liberdades civis e politicas, que nunca lhes permittíra a metropole. Succedendo a esta, a monarchia no Brazil reclamou como herança a suzerania que pertencêra aos reis de Portugal, encarando com ciume as tendencias descentralisadoras. Nossas provincias mudaram de amo, mas o systema de governo não mudou. Com a independencia perpetuou-se nesta parte da America a centralisação.

Si a côrte de Lisboa tivera intelligencia bem alta ou coração generoso para ver desinvolverem-se as forças locaes que já se insaiavam nos senados das camaras, nossa patria conhecêra, antes de 1822, um regimen menos compressor e debilitante: Portugal, porém, declinava para o absolutismo asiatico quando se estabelecia nas costas da America, ao passo que a Inglaterra, precursora da liberdade moderna, marchava para a civilisação quando os puritanos aportaram no Novo Mundo.

Ao envez das colonias dos povos antigos, e das de França, Hespanha, Hollanda e Portugal, minas do erario de suas metropoles a que pagavam enormes tributos, as colonias inglezas não contribuiram jamais para a defesa da metropole ou para o custeamento do seu governo civil. E si a Inglaterra reservou-se outr'ora o monopolio do commercio conforme as theorias do pacto colonial, é certo que renunciou-o mais tarde, deixando ás suas possessões a mais plena liberdade mercantil.

Já no fim do seculo passado, deliberando o parlamento sobre a organisação do Canadá, possessão havia pouco adquirida, Fox firmava o principio destinado a ser, meio seculo depois, a regra ingleza da administração colonial. « Estou convencido, dizia o grande orador, que os unicos meios de conservar com vantagem colonias distantes, é habilital-as a se governarem por si mesmas [1]. » Esse principio foi-se desde então desinvolvendo praticamente. Algumas possessões, méros presidios, iam-se povoando sem constituição civil de governo, sem liberdade politica; mas bem depressa adquiriram as livres instituições, que as antigas colonias da Nova-Inglaterra conheciam desde o seculo XVII, pois, como é sabido, os *peregrinos* que fundaram Boston, uniram-se debaixo de uma constituição verdadeiramente republicana. Hoje se póde dizer que cada colonia é um estado completo quanto ao seu poder legislativo, sua judicatura e sua administração. Com effeito, ha cerca de trinta annos, ficou estabelecido que, « em regra, é inconstitucional que o parlamento britanico legisle sobre assumptos ou interesses exclusivamente internos de uma colonia que possua assembléa representativa [2]. »

[1] *Constitutional history of England*, por Erskine May; cap. XVII.
[2] Despacho do ministro das colonias em 1839, citado por E. May.

Entretanto, esta autonomia das colonias, quanto aos proprios interesses, provocava conflictos que no Brazil poriam em risco o systema adoptado, e que lá não tiveram tão triste exito. Assim, emquanto na Inglaterra triumphava o principio da plena liberdade commercial abolindo-se a politica proteccionista, o Canadá adheria ao systema protector votando leis em tal sentido. Tinha a corôa o direito de véto sobre as leis relativas a taes materias, mas, refere o citado publicista, absteve-se o governo inglez de applical-o para não reviver as disputas e descontentamentos do passado : as leis do Canadá foram confirmadas. Appellou o governo inglez para o tempo, para a reflexão, para a experiencia das proprias colonias, esperando que suas assembléas livremente eleitas fariam afinal triumphar os verdadeiros principios economicos [1].

[1] Effectivamente, a condescendencia da metropole é illimitada. Para mostrar quão frouxos são os laços que prendem as colonias á Grã-Bretanha, indicava o *Times* a possibilidade do Canadà celebrar, si o quizesse, um tratado de reciprocidade com os Estados-Unidos, embora prejudicasse á industria metropolitana. « O Dominio do Canadá, dizia o *Times*, recebeu tão completa independencia que, si o ministerio e parlamento canadianos negociassem um tratado de reciprocidade com os Estados-Unidos, — cuja consequencia necessaria fôra a adopção no Canadá de uma tarifa hostil á Inglaterra para o fim de desinvolver mais livres relações mercantis com a União, — não deveriamos nós prohibir similhante tratado. Em uma palavra, é licito aos estadistas canadianos declararem, e pôrem por obra a declaração de que são para elles mais importantes os seus interesses commerciaes com os Estados-Unidos, do que com a Grã-Bretanha. » (Dezembro, 1869).

Poderia a Inglaterra exigir dessa colonia que prohiba a entrada, ou imponha fortes direitos de entrada sobre os livros de autores inglezes reimpressos nos Estados-Unidos? Não; responde o mesmo jornal: comquanto esse commercio muito prejudique á litteratura e imprensa da metropole,

Quanto differe similhante proceder da precipitação com que os nossos estadistas aproveitaram-se das primeiras difficuldades occorridas na execução do acto addicional, para o restringirem e annullarem seis annos apenas depois de votado! Que documento da sua tolerancia e paciencia davam esses apressados chefes da reacção de 1840!

Não interveio o governo inglez nem mesmo para suspender ou desapprovar as leis de tres das mais importantes colonias da Australia (Victoria, Australia Meridional e Nova Galles do Sul), que em 1857 e 1858 substituiram a eleição censitaria pelo suffragio universal (*manhood suffrage*) e escrutinio secreto. Vingaram, pois, medidas tão radicaes, aliás repudiadas na metropole, dando desde então ao governo das colonias uma base, não simplesmente representativa, mas democratica [1]. Era, diz E. May, uma deferencia para com os principios do *self-government* a abstenção da metropole. O que serão no Brazil, porém, essas despejadas violações constitucionaes que o governo central e os seus presidentes commettem, ou suspendendo leis provinciaes já promulgadas, ou inventando casos de inconstitucionalidade em outras, depois de segunda vez votadas por dous terços das assembléas? Cá é o crime grosseiro, que nem se pune, nem se

fòra a exigencia injusta, por contraria aos interesses do povo do Canadá que dos Estados-Unidos importa livros baratissimos.

[1] Tem as assembléas coloniaes a faculdade de reformarem as respectivas constituições politicas, embora com assentimento do governador ou da corôa.

defende; lá, um governo de gente honesta que congraçou-se seriamente com a liberdade, e que, depois de Cromwell, não conheceu mais esse humilhante systema politico, o absolutismo, em que um só pensa, falla e mente por todos.

Reconhecida a autoridade das colonias em tão vasto circulo de acção, outro mais radical principio, igualmente proclamado pelo proprio governo metropolitano, elevou-as á cathegoria de estados semi-soberanos, apenas unidos á Grã-Bretanha por um frouxo laço federativo. É o principio do *governo responsavel* admittido desde 1848 nos dous Canadás, em Nova-Escocia no anno seguinte, e depois de 1850 na Australia.

Isto exige uma breve explicação. O governador tinha outr'ora o direito de escolher livremente os seus conselheiros: ora, succedia muita vez incorrerem taes funcionarios no desagrado da maioria da assembléa colonial. Dahi lutas estereis, que embaraçavam a marcha do governo, tornando-se a prerogativa do representante da corôa fonte de dissabores e antipathia contra a propria metropole. Remover similhante obstaculo não era difficil para um governo bem intencionado, comquanto em certos paizes ditos representativos tenha sido um embaraço invencivel a obstinação dos principes em governarem por si mesmos, nomeando e demittindo *livremente* os ministerios. Estabeleceu-se, pois, que o governador escolheria os seus conselheiros (verdadeiros ministros, chefes da administração colonial) *do seio daquelle partido que estivesse em maioria na assembléa legislativa, e adoptasse a politica por elles recommendada* [1]. « Pela adopção deste principio, escreve E. May, uma constituição colonial tornou-se verdadeira imagem do governo parlamentar de Inglaterra. O governador, como o soberano a quem representa, mantem-se fóra e acima dos partidos, e administra por meio de conselheiros constitucionaes, os quaes são as pessoas que adquiriram ascendencia na legislatura colonial. Deixa elle os partidos contendores pelejarem livremente as suas batalhas; e, admittindo o mais forte aos seus conselhos, mantém a autoridade executiva em harmonia com os sentimentos da população. E, assim como o reconhecimento desta doutrina na Inglaterra tem praticamente transferido da coròa para o parlamento e o povo a suprema autoridade do estado, — assim nas colonias tem elle arrancado do governador e da metropole a direcção dos negocios coloniaes. Ainda mais: assim como a coròa tem ganho em isenção e popularidade o que perdêra em poder, — assim a metropole, accitando em sua plenitude os principios do governo representativo local (*local self-government*), firmou as mais estreitas relações de amizade e confiança entre si e as colonias [2]. »

[1] Tal é o pensamento de despachos do governo inglez relativos ao Canadá, citados por E. May, pag. 573 do vol. II (edição de 1863). De outro documento official transcreve o mesmo autor este texto positivo:

« O conselho executivo (ou ministerio) é uma corporação amovivel, em analogia com o uso que prevalece na Constituição Britanica.... devendo-se intender que os conselheiros que houverem perdido a confiança da legislatura local devem offerecer as suas resignações ao governador. » (*Rules and regulations for the colonial service*, cap. 2.º)

[2] Offerece-nos a mais plena confirmação desta theoria um recente in-

A que distancia o pretendido governo representativo do Brazil não fica do dessas possessões inglezas! O povo brasileiro, certamente, não conhece ainda o systema constitucional como é praticado até em colonias, cuja fundação foi posterior á nossa independencia [1].

cidente parlamentar da Terra-Nova. Na falla com que ha pouco abriu a parlamento desta colonia, encarecia o governador a vantagem da sua entrado na confederação do Canadá, idéa impopular na Terra-Nova: a falla foi recebida com desagrado, e votou-se logo uma moção de desconfiança, a que seguio-se a demissão do ministerio. Mas attenda-se ás curiosas circunstancias referidas pelo correspondente do *Times* em carta de 10 de fevereiro de 1870: « Depois de entregue o discurso do governador, adoptou-se um voto de desconfiança no governo, e nelle se nomeava um cavalheiro em que a assembléa declarava depôr confiança. Em resposta, o governador exprimiu o pezar de que, sem causa sufficiente, a camara se houvesse afastado do procedimento usual, tendo rejeitado a moção para se responder ao seu discurso; e de que tambem adoptasse o estylo inconstitucional de designar-lhe o membro da mesma camara que elle havia de convidar para formar a nova administração. Em seguida a esta mensagem, a camara votou uma resolução contestando que tivesse intenção alguma de obrar descortezmente, mas estabelecendo que o seu procedimento fundára-se em precedentes. » Estas occurrencias, que assaz patenteam o jogo das instituições britanicas, não foram acolhidas nem com sorpreza, nem com pueris hyperboles ou declamações contra a *anarchia*.

[1] O principio do governo responsavel prevalece, além do Canadá, em todas as colonias da Oceania, menos a Australia Occidental, unica que ainda é presidio de deportados. Em tres dellas (Australia Meridional, Tasmania e Victoria) o parlamento compõe-se de duas casas, ambas electivas, e os governadores são obrigados a escolherem os ministerios do seio dellas. A camara alta, que aliás renova-se periodicamente, não a podem dissolver os governadores. Nas tres outras (Nova-Galles do Sul, Nova-Zelandia e Queensland) só differe a organisação da camara alta; seus membros são vitalicios ou nomeados pela coroa. O Cabo da Boa-Esperança se póde reunir ao grupo das tres primeiras colonias: as duas casas do seu parlamento são ambas electivas e temporarias. *(The Statesman's year-book*, 1869; por F. Martin.)

Muitas outras possessões, sem gozarem do governo parlamentar, têm comtudo assembléas legislativas; taes são o Natal, a Guyana, a Jamaica, a

Não encanta e não conforta ver desabrocharem subitamente, regendo-se logo por instituições liberrimas, formando verdadeiras sociedades democraticas, as colonias da Australia, esses presidios penaes para onde, ainda ha pouco, se transportavam galés? Uma lei da Providencia parece cumprir-se permittindo que, d'entre tantos povos que illustraram a historia, fosse o anglo-saxonio aquelle a quem a grande honra coubesse de semear no extremo oriente as mais avançadas doutrinas de liberdade. « Uma antiga monarchia tornou-se progenitora de republicas democraticas em todas as partes do globo. A propria constituição dos Estados-Unidos não é mais democratica que as do Canadá e colonias da Australia. O periodo fixo de governo de cada presidente e os seus largos poderes executivos, a independencia e autoridade do senado, e a superintendencia do supremo tribunal federal, são correctivos oppostos á democracia do congresso. Mas nas mencionadas colonias a maioria da assembléa democratica, durante o periodo de sua existencia, *é senhora absoluta do governo colonial;* póde ella levar de vencida o conselho legislativo (a segunda ca-

---

Barbada e outras Antilhas, a ilha do Principe Eduardo, a Terra-Nova, a Colombia e Vancouver.

E' governado por delegados da corôa e conselheiros que delles dependem, o grande imperio das Indias orientaes, cuja população indigena, mal emancipada do despotismo asiatico, não parece habilitada para instituições representativas.

Dellas não gozam igualmente outras colonias pouco povoadas, ou simples presidios e estações maritimas.

mara), e dictar condições ao governador, e indirectamente á propria metropole [1]. »

Cada colonia é um estado, dicemos: orçamentos proprios, receitas peculiares, alfandegas suas, tudo possuem, até mesmo uma politica commercial differente: o Canadá protege suas industrias contra productos similares da metropole. Que se póde estranhar, pois, si teem exercitos seus, si teem até marinha de guerra? Desde 1861 havia o parlamento proclamado que o *self-government* impõe-lhes o dever de fazerem os gastos da propria defesa contra os inimigos externos. « Longe de parecer ciosa dos projectos de armamento que possam as colonias conceber, a Inglaterra impelle-as neste sentido, excita-as a formarem regimentos de voluntarios e a organisarem suas milicias, e até, si é preciso, lhes fornece armas, subsidios e instructores. Na sessão de 1865 votou-se o bill pelo qual a Inglaterra comprometteu-se a prestar subsidios e a facilitar por todos os meios ao seu alcance a creação de *marinhas militares* coloniaes.... A Inglaterra aspira a ser, não a soberana, mas a mãi dessa multidão de estados que fundou em todas as partes do mundo. Hoje muitas das colonias, o Canadá, o Cabo, a Australia, a Nova-Zelandia, tornaram-se verdadeiros estados cuja existencia acha-se d'ora em diante assegurada na familia das nações. Salvo o direito de paz e guerra, gozam de todos os que pertencem a estados independentes [2]. »

[1] E. May.
[2] *Révue des deux mondes*, 1' de março de 1866.

Assim, a suzerania que a Grã-Bretanha actualmente exerce, não durará sinão emquanto convenha ás proprias colonias. Inspirada por taes sentimentos, ella contribuiu ha pouco para se unirem as possessões situadas ao norte da America, das quaes formam desde 1867 uma verdadeira confederação o alto e o baixo Canadá, a Nova-Escocia e o Novo Brunswick. Foi-lhes cedido depois o vasto territorio que pertencêra á companhia do Hudson [1]. Um parlamento e um ministerio responsavel perante elle funccionam em Ottawa, capital da nova União. Á' autoridade federal competem as prerogativas da soberania quanto á legislação civil e criminal, a navegação, os correios, os caminhos de ferro, as alfandegas, e os orçamentos da receita e despeza. Cada um dos estados, porém, conserva a sua autonomia interna e suas assembléas particulares [2].

A Inglaterra prepara-se para adherir paternalmente, sem ira e sem ciume, á emancipação das suas colonias. Na Australia discute-se a idéa da separação completa, formando outra confederação as provincias oceanicas. No proprio parlamento britanico estadistas eminentes declaram que chegou o dia annunciado em 1850 por lord John Russell, e que é do interesse da Grã-

---

[1] Refusaram entrar na união a Terra-Nova e a ilha do Principe Eduardo (costa do Atlantico), a Colombia Britanica e ilha de Vancouver (littoral do Pacifico). Respeitou-se a deliberação destas colonias, que assim contrariavam a politica da metropole.

[2] Segundo o plano, offerecido em 1864 pelos delegados coloniaes, o chefe do poder executivo seria eleito pelo povo; não prevaleceu a idéa: a corôa continúa a nomear o governador.

Bretanha livrar-se dessas possessões; outros, inclusive um dos secretarios de estado (o Sr. Forster), advogam a idéa de uma vasta federação do reino unido e colonias. Ainda mais: commissarios da Colombia e ilha Vancouver comparecem na Casa-Branca para manifestarem ao presidente Grant o seu desejo de annexarem-se aos Estados-Unidos, em cujo seio esperam gozar de uma prosperidade que lhes não consentiria a longinqua confederação, á cuja testa se acha o Canadá. Cuidar-se-ha que isto excite ciumes? Pelo contrario, a grande imprensa justifica o procedimento dos habitantes da Colombia [1], e não tardará ver satisfeita a sua aspiração.

Este espectaculo tão novo da constante generosidade de uma grande potencia inspirou um bello panegyrico a um dos seus mais eloquentes admiradores. « O governo de quasi todas as colonias, escreve o Sr. Guizot, entregou-se ás colonias mesmas; a corôa e o parlamento não são a respeito dellas mais que vigilantes cuja intervenção é limitada e rara. Demasiado intensa e pesada tornára-se a responsabilidade do po-

---

[1] O *Times* dice a proposito: « Suppondo que os colonos (da Colombia) se reunam e, depois de deliberarem, cheguem á conclusão de que elles se acham a mui grande distancia do Reino-Unido, e praticamente quasi tão longe do Canadá; e que todos os naturaes motivos de contiguidade, similhança de interesses e facilidade de administração os induzem a julgar mais conveniente entrarem na União (Estados-Unidos) do que no Dominio (Canadá). Haviamos nós oppôr-nos á sua determinação? Todos sabemos que não tentariamos resistir-lhe, si fosse clara e intelligivelmente pronunciada. De facto, pois, longe de serem tesas, as relações deste paiz com a Colombia Britanica são de tal sorte frouxas que os habitantes della poderiam rompel-as quando quizéssemos. » (**Dezembro de 1869.**)

A PROV.

der; para desembaraçar-se della, aceitou o poder a liberdade dos subditos. Um facto mais raro ainda consumou-se ha pouco: a Inglaterra restituiu ás Ilhas Jonias a sua completa independencia, de que logo se prevaleceram para annexarem-se á Grecia. Em vão procuro na historia outro exemplo de um grande estado renunciando assim a uma de suas possessões, livre e gratuitamente, sem necessidade imperiosa, nem pressão estranha [1].»

A politica centralisadora da monarchia brasileira não contrasta, por ventura, com a politica da corôa britanica relativamente a possessões espalhadas por todos os mares da terra, e que aliás não são, como as nossas provincias, partes integrantes de um só Estado?

Apreciai as vantagens incomparaveis da administração independente, das liberdades civis e politicas: com menos da metade da nossa população, o Canadá, essa terra hyperborea da neve, dos lagos e rios gelados, tinha, ha quatro annos, um movimento commercial igual ao nosso. As sete colonias da Australia, a quem aliás se dão sómente 2000,000 de habitantes, mais favorecidas pela natureza, mas tambem muito mais distantes, já faziam em 1866 um commercio duplo do do Brazil, e seus governos já dispunham de rendas superiores ás nossas, applicando milhares de contos a estas duas grandes forças modernas, a estrada de ferro e a instrucção popular. Pungente parallelo!

[1] *La France et la Prusse devant l'Europe*; 1868.

Aqui as provincias desfallecem descontentes; lá as colonias prosperam e breve serão estados soberanos. Aqui vive o governo central a inquietar-se com os mais innocentes movimentos das provincias; lá, essa attitude de um poder suspeitoso, porque é injusto e fraco, não conhece-a o governo britanico. E si uma monarchia antiquissima procrêa republicas democraticas, póde na America uma monarchia exotica converter os seus estados em satrapias silenciosas?

PARTE SEGUNDA

INSTITUIÇÕES PROVINCIAES

CAPITULO I

O ACTO ADDICIONAL

Em 1831 uma revolução nacional tentára quebrar o molde antigo que comprimia o Brazil, e imitar francamente os modelos americanos. O grande prestigio desse movimento memoravel é a idea que o illuminou e dirigiu.

Havia então nos homens politicos espontaneidade, ardor, fé viva na liberdade aquecida ao sol da America. Não os retinham as falsas noções de governo que formam a triste atmosphera dos nossos dias. Alguns houve até que procuravam dar ao systema em experiencia do acto addicional o rigor logico das instituições federaes, que em germen continha. A camara dos deputados votára que o Brazil seria monarchia federativa. Propuzeram-se tambem, posto não o votasse a camara, duas significativas medidas: uma para que cada provincia tivesse a sua constituição particular, feita por snas assembléas; outra para que o governo fosse provisoriamente vitalicio na pessoa do imperador D. Pedro II, e depois temporario na pessoa de um presidente das provincias confederadas do Brazil. Com tanta energia circulavam as novas ideas, que outra proposta, álias igualmente rejeitada, se offereceu para que fosse a religião negocio de consciencia, e não estatuto de lei do estado. Principios tão energicamente affirmados, hoje espantam pelo vigor que revelam nas almas varonís da geração de 1831!

Chegou a vez da historia: reivindiquemos com altivez esses titulos do espirito nacional. Agora que os contemporaneos medem por seus effeitos o vicio da monarchia centralisada, póde-se recordar-lhes a maneira como illustres brazileiros, adeptos aliás da fórma monarchica, intendiam o regimen federal.

Nessa época os dous partidos influentes, moderado e exaltado (o restaurador estava á margem), concordavam ambos em adoptar as bases democraticas de um governo descentralisado; discordavam sómente na *fórma* da instituição central, inclinando-se muitos para a republicana. Depois é que o partido do régresso, composto dos servidores de Pedro I e dos liberaes convertidos, restabeleceu as theorias européas da monarchia unitaria, fazendo da fórma realidade formidavel. Regressámos, com effeito; volvemos desde então ao systema imperial.

Ainda depois de 1840, depois de dilacerado o acto addicional, a muitos espiritos leaes parecia que a reacção era um facto transitorio, que os brazileiros resgatariam bem cedo as ludibriadas conquistas da revolução. Era com estranheza e grande emoção que se via restaurado nas camaras e no governo o systema vencido em 1831. Debalde lutou-se, porém: cada anno, o genio da monarchia, o ideal de um governo forte pela centralisação symetrica, fazia maiores conquistas nas leis, na prática da administração, digamos mesmo, por vergonha nossa, no espirito das populações. Vinte annos depois, ainda promulgava-se a lei contra o direito de reunião, a lei afrancezadá de 22 de agosto de 1860, esse diadema da omnipotencia monarchica. Foi o seu zenith, e o mais alto gráu do scepticismo politico.

Animosos preparavam-se os brazileiros em 1834 para o jogo de instituições livres. Hoje, nosso espirito cede instinctivamente a uma influencia perversa, que o corrompeu e degrada. Não somos um povo, somos o *Imperio*. Temos, temos infelizmente que fazer uma educação nova. Mas, si não foi impossivel insaiar a liberdade em terra que surgia da escravidão, sel-o-ha por ventura restabelecer doutrinas que já foram lei do Estado ou aspiração nacional?

§ I.--- *A tentativa de descentralisação.*

A geração que effectuou a independencia e influiu nos conselhos e assembléas do primeiro reinado, iniciou a obra coroada mais tarde pelo acto addicional. Idólatra da symetria franceza, a geração seguinte inspirou e inspira a politica reaccionaria do segundo reinado.

Organisando em 1823 os conselhos de governo das provincias, a Constituinte lhes dava attribuições politicas: era, por exemplo, da competencia delles deliberar sobre a suspensão de magistrados e do commandante da força armada. Os conselhos geraes no anno seguinte creados pela constituição foram a semente das assembléas próvinciaes. Transformando instituições decrepitas do antigo regimen, a lei que aboliu o Dezembargo do Paço foi uma lei de descentralisação [1]. As da mesma epoca sobre administração da fazenda publica, juizes de paz, camaras municipaes, e organisação judiciaria ou codigo do processo, acommetteram e destruiram o systema politico e administrativo anterior á independencia.

Mas a constituição outorgada por Pedro I atára as provincias á capital do imperio : os conselhos legislativos que creára, não tinham competencia propria e definitiva ; seus actos dependiam a final do governo supremo ou do parlamento. Não podia tal centralisação resistir á prova da experiencia. Apoderou-se do assumpto a paixão politica que os erros de D. Pedro suscitaram : dar ás provincias poder legislativo proprio foi idéa que propagou-se rapidamente antes mesmo da abdicação.

No espirito de alguns homens illustres, a idéa assumia as largas proporções do systema federal. Na sessão de 24 de maio de 1832 o deputado Hollanda Cavalcanti (visconde de Albuquerque) offerecia um

---

[1] Vasconcellos, esse homem de genio que devia redigir o acto addicional para ao depois repudial-o elle proprio, descreve em uma só phrase a reforma descentralisadora de 1827: « As attribuições que com tanto vexame publico eram exercidas pelo Dezembargo do Paço, são distribuidas pelos juizes territoriaes, camaras, presidentes de provincia, relações, tribunal supremo e ministro de estado. » *Carta aos eleitores mineiros*, 1828 ; p. 91.

projecto de lei para o governo das provincias, cujo art. 1º dispunha: « A administração economica de cada provincia do imperio não é subordinada á administração nacional, sinão nos objectos mencionados e pela maneira prescripta na constituição. »

Os subterfugios dos absolutistas do senado, cuja maioria hesitante protelava o projecto das reformas votado em 1831 pela camara temporaria, provocaram o movimento de 30 de julho de 1832. Para a eventualidade de um golpe de estado, varios chefes liberaes de Minas e S. Paulo haviam preparado e fizeram circular a *constituição reformada* impressa em Pouso-Alegre. « O poder legislativo, dizia o seu artigo 13, é delegado á assembléa geral com a sancção do imperador, e ás assembléas provinciaes com approvação dos presidentes das provincias. » A's assembléas dava muitas das attribuições que conferiu-lhes o acto addicional, accrescentando a seguinte: « Marcar o valor das causas civis, em que tem lugar o pedir revista das sentenças ao tribunal supremo de justiça. » (Art. 72 § 12.) Os presidentes, cujo ordenado aliás seria fixado pelas assembléas (art. 156), adquiriam pela constituição de Pouso-Alegre as seguintes faculdades: proviam os beneficios ecclesiasticos sob proposta dos prelados, nomeavam e suspendiam os magistrados da primeira instancia, e em lista triplice propunham ao imperador os que devessem servir nas relações. (Art. 154 §§ 6, 7 e 8.)

Foi o acto addicional (1834) redigido sobre a constituição preparada em 1832. Com quanta inexactidão, pois, affirmar-se-ia que elle é obra **da precipitação** e do acaso, concessão ás paixões do dia, não fructo de idéas amuderecidas! Embora a obscureçam algumas ambiguidades e vicios, aliás de facil reparação, abençoemos a gloriosa reforma que consumou a independencia do Brazil.

Não foi o acto addicional, não, um pensamento desconnexo e isolado na historia do nosso desinvolvimento politico. Foi elaborado, annunciado, por assim dizer, pela legislação que o precedêra.

Inspirou-o a democracia. Elle aboliu o conselho de estado, ninho dos retrogrados auxiliares de D. Pedro; decretou uma regencia nomeada pelo povo, e permittiu que nossa patria insaiasse o governo electivo durante um grande numero de annos: fez mais, creou o poder legislativo provincial. Não é licito menosprezar obra similhante.

A vehemencia com que os conservadores ainda acommettem a reforma de 1834, é uma profanação. Não attendem que o jogo das instituições representativas dadas pelo acto addicional ás provincias, não podia desde logo funccionar regularmente. Nem no primeiro reinado, nem durante a regencia, era bem conhecido o mecanismo do systema politico que succedêra ao regimen colonial. Ministros de estado, elles proprios, mal comprehendiam as suas attribuições. Homens superiores havia então, como Antonio Carlos e Alves Branco, como o marquez de Olinda e Vasconcellos, mas quasi sós: os demais faziam o tirocinio parlamentar. Votado o acto addicional, entrou-se em duvida acerca de innumeras questões;

quasi se não podia dar um passo na assembléa geral por medo de intervir nas attribuições das assembléas provinciaes.[1]

Referindo varios casos desse genero, presumia o visconde de Uruguay patentear a *anarchia* legislativa daquella época[2]. E' o preconceito com que se defende a reacção de 1837. A historia julgará por modo bem diverso esse honesto proceder das camaras; ella dirá si era anarchico deduzir da reforma constitucional as suas consequencias logicas, e proferirá solemne juizo sobre os que repudiaram as franquezas provinciaes e as liberdades civis conquistadas pela revolução de 7 de abril.

A prudente abstenção dos poderes geraes, escarnecida pela satyra conservadora, explica-se aliás satisfactoriamente. Era mais difficil, com effeito, determinar no Brazil o systema descentralisador inaugurado pelo acto addicional, do que nos Estados-Unidos o systema federal. Este é mais positivo, presta-se a conclusões rigorosas. O systema do acto addicional,

---

[1] Eis aqui alguns exemplos:

A camara dos deputados em 1836 adia certa proposta do governo sobre *habeas-corpus* até que se adoptasse uma medida sobre a lei de 14 de junho de 1835 da assembléa provincial de Pernambuco.

Adia em 1837 um projecto sobre a formação da culpa até que se decidisse a questão sobre empregados geraes e provinciaes. Adia, no mesmo anno, outro que elevava a renda para ser jurado, por duvidar-se da competencia da assembléa geral para legislar sobre esse cargo.

O proprio senado, em 1836, adiára projectos de suas commissões relativos a juizes de paz, municipaes e de direito, considerando muitos dos oradores a materia privativa das assembléas provinciaes.

[2] *Ensaios de direito administrativo*; vol. 2., pag. 207 e seg.

porém, occasionava maiores difficuldades práticas, porque não estabelecia a federação, mas um regimen que participava de ambos os systemas, centralisador e descentralisador. Por exemplo: na União Americana a assembléa legislativa de cada estado promulga os codigos e organisa a magistratura. Aqui, pelo acto addicional, ficavam sendo leis nacionaes os codigos, e provinciaes sómente os cargos da magistratura local.

Mas si não cessasse o respeito, com que as duas camaras do parlamento encaravam outr'ora as attribuições das assembléas provinciaes ; si tão patriotica tendencia se consolidasse, e não fosse a reacção de 1837 favorecida pela apostasia, a interpretação do acto addicional far-se-hia certamente em sentido inverso da lei de 1840. O que cumpria, com effeito? Cumpria intender o acto addicional á luz do principio que presidíra á sua confecção: assim remover-se-iam as duvidas, e preencher-se-ia o systema. Mas as confusões que occorreram na pratica de instituições novas, a inexperiencia dos homens publicos, a exageração com que fazia-se avultar os erros de funccionarios ignorantes, o calculo dos que viram com tristeza arrebatar-se da capital grande somma de poder e de influencia,— tudo concorreu precipitadamente para o descredito do largo pensamento esboçado na reforma de 1834. Uma interpretação reclamou-se, logo dous annos depois, no sentido centralisador.[1]

---

[1] Em 1836 o deputado Souza Martins apresentou o primeiro projecto de interpretação ; na sessão seguinte, o Sr. Paulino de Souza (visconde de

Fôra, entretanto, o primeiro impulso do proprio governo geral promover os logicos desinvolvimentos das franquezas concedidas ás provincias. Citaremos um facto. Expediu o regente Feijó um notavel decreto contendo instrucções aos presidentes para a bôa execução da recente reforma, no qual francamente firma o direito das provincias organisarem uma certa administração interna, creando agentes administrativos nas localidades [1]. Sem discutir aqui a necessidade de taes agentes [2], consignemos este pleno reconhecimento da competencia do poder provincial. Ao governo não inspirava então ciume a liberdade com que cada provincia constituisse sua administração interior; pelo contrario, o governo as estimulava a entrarem nesse caminho. Quão longe estamos dessa epoca de renascença!

Resultado de uma profunda agitação politica, as

Uruguay) offereceu outro mais largo, que foi votado depois, e é a lei de 12 de maio de 1840.

[1] Decreto de 9 de dezembro de 1835, § 10 : « Entre os objectos que muito convém promover, merece ser mencionada a creação de delegados dos presidentes em todas as povoações, como o meio mais proprio de serem breve e exactamente informados do que se passa em todos os pontos do territorio sujeito á sua administração; de inspeccionarem e advertirem as autoridades locaes; de fiscalisarem a conducta dos funccionarios subalternos; e de assegurarem a prompta e fiel execução das suas ordens; mas para se colher toda a vantagem que desta instituição se deve esperar, é indispensavel que as pessoas nomeadas para servirem aquelles cargos, sejam escolhidas entre a classe mais estimavel dos respectivos logares, e que cóntem com alguma estabilidade... O governo não duvida lembrar aqui, como modelo, os *prefeitos* e *sub-prefeitos* creados pela assembléa legislativa da provincia de S. Paulo, persuadido que elles preenchem as necessidades da administração da provincia. »

[2] V. o § IV *infrà*.

instituições do periodo regencial accusam em seus autores a mais plena consciencia da liberdade. Não eram doutrinas ou recordações escolasticas, que elles punham por obra: cousa notavel! espiritos formados nos estudos classicos do velho Portugal foram aqui os precursores da democracia e pregoeiros das constituições americanas, da fórma federal dos Estados-Unidos.

§ II. — *A reacção: influencia do conselho de estado. Contra-reacção.*

Um dos chefes da reacção iniciada em 1836 allega, para justifical-a, dous motivos principaes: a insufficiencia de recursos contra os abusos das assembléas provinciaes, e a extensão dos excessos que commetteram até promulgar-se a lei de 1840 e ainda depois [1]. Exageração, exageração fatal, em ambos os casos.

Quanto ao primeiro, é exactamente esse escriptor quem expõe e encarece, na parte final da sua obra, a somma de poderes de que os presidentes e o parlamento estavam e estão armados contra as leis provinciaes abusivas. O que ha a lamentar, e elle o lamenta com razão, é a negligencia de presidentes que consentiram, ou não souberam obviar taes excessos; é o descuido com que o governo deixa de promover a revogação da lei inconstitucional.

Mas acaso tem na realidade havido uma longa

---

[1] *Administração das provincias*, pelo visconde de Uruguay: Introducção.

série de actos provinciaes tão funestos á união, que devam levantar clamores epicos? Grande exageração nos parece affirmal-o. Algumas leis, em negocios de pouca monta, incorrem na censura de falta de competencia das assembléas; rarissimas se poderá dizer que são altamente perniciosas. A reacção clamou principalmente contra as alterações realisadas na justiça e policia pelas *leis dos prefeitos* de Pernambuco e outras provincias. Quanto a nós (permittam-nos antecipar esta reflexão), eram taes leis corollario do systema do acto addicional, assim como a interpretação que elle carecia era a que firmasse a competencia das assembléas para as promulgarem [1]. Sem excluir essa famosa creação dos prefeitos, póde-se assegurar que as assembléas nada fizeram que justifique perante a historia a gravissima accusação de tentarem dissolver a união: hyperbole a que recorrem sempre os conservadores para attenuarem o golpe de estado de 1840.

Percorremos os actos legislativos de algumas das maiores provincias no periodo de 1835 a 1840. Encontrámos leis organisando as novas repartições, erigindo cadêas, fundando templos, abrindo escolas, construindo estradas e melhorando rios: ahi palpitam solicitude pelos interesses locaes e confiança na prosperidade futura [2]. A autonomia das assembléas des-

---

[1] V. os caps. V, §§ 1· e 2·, e VII § 1.·

[2] Algumas são leis mui notaveis. Entre estas, seja-nos licito citar a de Alagôas, n. 20, de 9 de março de 1836, que mandava levantar o *mappa* estatistico e topographico da provincia. A assembléa fixaria as despezas com os necessarios trabalhos geodesicos. Os engenheiros percorreriam a provincia

pertava-lhes o sentimento da responsabilidade, estimulo dos homens publicos. Tinham as provincias iniciativa para abrir caminho ao progresso; de si mesmas dependia o seu porvir: não ficariam a desfallecer aguardando o illusorio impulso do governo central.

Quando resurgiram as preoccupações monarchicas do poder forte pela centralisação, a coragem que as assembléas ostentaram no periodo de 1831 a 1840 refluiu de repente, deixando-as inanimadas. Volveram as provincias á condição de pupillos: immenso prestigio tinha o tutor; os proprios liberaes declaravam maior o joven imperante. *Surge et impera*, dizia-se então: ergueu-se com effeito, e tudo avassalou o principio monarchico restaurado com applauso quasi universal.

A lei chamada da interpretação foi, todos o sabem, o acto mais energico da reacção conservadora: limitando a autoridade das assembléas provinciaes, permittiu a creação da policia uniforme em todo o imperio e a militarisação da guarda nacional, instituições posteriormente organisadas com symetria a que só faltam os retoques propostos recentemente. Não in-

---

inteira « sem dispensar a mais pequena parte della, ainda que inculta seja, para se demarcar com *precisão astronomica* as longitudes e latitudes dos diversos municipios e mais lugares notaveis. » A utilidade immediata do mappa seria a que indica o art. 4·: « O mappa mostrará em delineação quaes as estradas mais convenientes a fazer-se; a origem, curso e foz dos rios e lagos, afim de de se conhecer a utilidade que póde tirar a navegação, os obstaculos que a esta se apresentam e a projecção dos mais faceis canaes de navegação, e finalmente os limites mais naturaes dos municipios e comarcas. » Eis a intelligencia e a previsão com que estreava uma assembléa. Iguaes exemplos poder-se-ia apontar de outras.

terpretava-se, amputava-se o acto addicional; e tudo sem os tramites de uma reforma constitucional: obra por esses dous motivos igualmente odiosa.

Si o art. 7º dessa lei de 12 de maio de 1840 adoptava uma razoavel intelligencia estendendo o véto suspensivo do presidente ao caso de offensa á constituição; si o 5º e o 6º regulavam o modo da assembléa suspender ou demittir o magistrado provincial, é incontestavel que os outros quatro centralisavam a policia, a justiça, a guarda nacional, e mais assumptos descentralisados pela reforma de 1834.

A execução da lei de 1840 excedeu da expectativa dos seus autores. Apurou-a, requintou-a o conselho de estado na mesma época restaurado. Instituição alguma, neste segundo reinado, ha sido mais funesta ás liberdades civis e ás franquezas provinciaes. D'ali Vasconcellos, Paraná e outros estadistas aliás eminentes, semearam com perseverança as mais atrevidas doutrinas centralisadoras. Fizeram escola, e tudo que de nobre e grande continham as reformas, perverteu-se ou desappareceu. Nos Estados-Unidos ha um tribunal, a côrte suprema, que preserva a inviolabilidade da constituição, já impedindo que as assembléas dos estados transponham a sua esphera, já oppondo-se ás invasões do congresso. Mas a côrte suprema offerece as garantias de um poder independente: o nosso conselho de estado, porém, creatura do principe, dedicou-se á missão de ageitar as instituições livres ao molde do imperialismo.

Amesquinhar o poder creado em 1834 foi o pensamento constante da reacção. Facil fôra citar uma longa serie de consultas e decisões do governo que confirmam esta apreciação. Em alguns casos não se duvidou mesmo desprestigiar a instituição das assembléas. Apontamos factos. Algumas teem, no exercicio de seu direito positivo, suspendido ou demittido juizes: como procede então o governo imperial? perdôa a pena, annulla o decreto da assembléa, subtrahe-lhe, portanto, a faculdade conferida pelo acto addicional [1].

Tudo se ha posto em duvida. Póde, por exemplo, haver lei sem pena para os transgressores? Pois bem: até contestou-se ás assembléas o direito de impôrem penas correccionaes. Na Belgica era esta uma questão ha muito resolvida: por direito expresso, as assembléas provinciaes podem lá, para assegurarem a execução das suas leis e ordenanças, decretar prisão ou multa. Aqui pretendeu-se que nem nos regulamentos da instrucção publica, nem nos da força policial e outros, cabia-lhes prescrever meios coercitivos especiaes.

Nem a insignificancia dos objectos permittiu que o governo se abstivesse do habito contrahido de tudo disputar ás provincias. Clama o conselho de estado e o governo expede aviso para que se não guardem, nos archivos creados pelas provincias, originaes ou cópias authenticas de actos do governo geral, nem mesmo actas de eleições para deputado ou senador!

---

[1] V. os casos deste genero referidos nos §§ 512 a 515 da obra citada do visconde de Uruguay.

Este espirito delirante de uma reacção que não recuava siquer diante do infinitamente pequeno, tocou ao zenith quando os decretos de 1860 concentraram no poder executivo o direito de autorisar a incorporação das sociedades anonymas.

E mais longe que seus antecessores devêra de ir o gabinete de 16 de julho. Seus delegados suspendem leis sanccionadas e promulgadas. Uma circular de 1868 determina aos presidentes que não sancionem lei alguma creando novas comarcas, e lhe declara que o governo não proverá de juizes as que não obstante se crearem. A reacção afronta a legalidade, desafia as provincias.

Grande serviço pudéra prestar um ministerio liberal, esclarecendo a intelligencia das reformas de 1834. Longe de ainda admittir duvidas em certos assumptos, como sejam alguns dos que devia estudar a commissão parlamentar proposta em 1861,—cumpria-lhe instruir os presidentes sobre a verdadeira doutrina em muitos dos pontos litigiosos. A exemplo da regencia que expedíra instrucções para a execução do acto addicional, porque não se havia remover da mesma fórma duvidas suscitadas pelo espirito de partido? Para isso não fôra mister lei; hoje a tarefa da lei é muito maior e differente: é alargar as bases do acto addicional, ou completal-o.

Instrucções bastavam para reivindicar a bôa doutrina dentro dos limites do direito vigente. Ahi está a razoavel jurisprudencia admittida em muitos casos pelo proprio autor da lei reaccionaria, o visconde de

Uruguay. Seu livro, estampado em 1865, é, em alguns pontos, reacção contra a reacção de 1840. Já no titulo preliminar, já em capitulos especiaes que combatem exagerações do conselho de estado, patentêa-se a benefica influencia que o estudo das instituições americanas exercêra no espirito do autor.

Feitas as devidas reservas, consideramos os *Estudos praticos sobre a administração das provincias* como um protesto da reacção contra si mesma. Elle se elaborava na época do universal predominio do imperialismo, quando a idéa liberal perdia-se nas amplificações de uma vulgar logomachia politica. E' que, dentre os lugares communs, um existe cuja verdade a historia contemporanea attesta todos os dias: não morre a idéa liberal, resiste e sobrevive á ruina dos seus representantes, e acaba por dominar os proprios vencedores. Eis ahi um destes, e dos mais notorios, emittindo opiniões contrarias ás doctrinas do seu partido,— do governo imperial. O visconde de Uruguay sustenta, com effeito, que podem as assembléas:

Legislar sobre aposentadorias, jubilações e reformas dos empregados provinciaes, já por medida geral, já por decretos especiaes (§ 407);

Conceder pensões por serviços feitos á provincia, assim como o governo e assembléa geraes as concedem por serviços ao estado (§ 411);

Estabelecer o processo que hão de observar na decretação de suspensões ou demissões de magistrados (§ 521);

Permittir aos seus estabelecimentos litterarios e

scientificos conferirem o gráu de bacharel (§ 172);

Lançar, nos regulamentos sobre instrucção, penas contra as contravenções, embora não prevenidas fossem pelo codigo criminal (§ 173).[1]

Condemna tambem o autor da lei de 1840 cada um dos expedientes administrativos, lembrados pelo conselho de estado, para se embaraçar ou mutilar a illimitada faculdade das assembléas quanto á divisão civil e judiciaria (§ 165).[2]

Finalmente, é ao illustre publicista americano Story, que elle pede as salutares regras de interpretação, com que repelle as restricções postas por te-

[1] Ainda recentemente, por aviso de 19 de junho de 1861, desconheceu o governo este direito, sem o qual nada valeriam os regulamentos provinciaes de qualquer natureza.

[2] Não obstante, pedia esse autor uma *lei* geral que prescrevesse as regras de divisão segundo o numero de habitantes, a superficie e a riqueza de cada parte do territorio, e o modo de se verificarem taes circumstancias. E não é idéa abandonada; repete-se no projecto de reforma municipal apresentado em 1860 (art. 12). Uniforme para todo o Brazil, preoccupação do systema francez, fôra inconstitucional similhante lei de divisão administrativa. Pretendem os conservadores que o poder geral, por isso que paga o funccionario, deve intervir na creação do emprego. Nós ao contrario intendemos que, uma uma vez que pertence, nem póde deixar de pertencer á provincia a faculdade de crear o emprego pela divisão das circumscripções, pertença-lhe tambem pagar os respectivos funccionarios. E, si os paga, é logico que os nomée, é logico que legisle a respeito das suas attribuições. Assim, o poder provincial créa a comarca, e por isso deve pagar e nomear o magistrado. O mesmo dizemos do parocho. Com effeito, até 1842 os juizes de direitos ou todos os juizes territoriaes foram nomeados pelo presidente das provincias, e por estas pagos. Os parochos o foram até 1848. Propondo um senador em 1861 emenda ao projecto dos vencimentos da magistratura para só se tornarem *effectivas* as novas creações de comarcas depois de votados os fundos pela assembléa geral, bem se lhe ponderou que a incongruencia não era do acto addicional, pois que leis geraes posteriores é que alliviaram as provincias dessas despezas com juizes e parochos, produzindo a desharmonia actual.

merarias consultas ás mais claras attribuições das assembléas; e então escreve estas palavras: « O fim do acto addicional (fim santo e justissimo) foi depositar nas provincias sufficiente força, sufficientes meios, bastante autoridade para poderem por si aviar, sem as longas morosidades de um só centro, certos negocios provinciaes, e a respeito delles, uma vez que se contivessem nas raias da constituição, tornal-as independentes até da assembléa geral. » Pése-se bem esta phrase: nos negocios meramente provinciaes, o poder legislativo provincial não tem superior; mas quantos abusos contra esta sã doutrina! e não da assembléa geral, porém do poder executivo.

§ III. — *Precedentes estabelecidos pela reacção.*

Inutil para o leitor penetrado da idéa que domina a lei das reformas de 1834, fôra fastidioso o exame de cada decisão do governo opposta á indole das nossas instituições provinciaes. Indiquemos, entretanto, algumas das doctrinas do conselho de estado para assignalar melhor o ponto a que chegou a reacção, e a tenacidade com que disputa o terreno conquistado.

Creára-se, ninguem o contesta, uma administração provincial separada da geral. O seu primeiro agente é a secretaria: pois bem, depois de se converter o secretario em empregado nacional, contestou-se ás assembléas o direito de organisarem a repartição de que elle é chefe.

Ainda mais : o que são officios de justiça sinão cargos eminentemente municipaes? Pois bem : está decidido que só ao governo central pertence prover os officios de justiça, separar os que estão reunidos, reunir os que foram separados, tornar privativo o que é cumulativo, e *vice-versa*.

Não é a cadêa estabelecimento local? não declara o acto addicional que ás assembléas compete construir casas de prisão e correcção, e estabelecer o seu regimen? (Art. 10 § 9º.) Pois duas restricções fizeram-se, depois de 1840, a esta positiva attribuição dos poderes provinciaes. Primeiro, devolveu-se aos chefes de policia, delegados do poder executivo, a faculdade de nomear e demittir os carcereiros ; e, depois, ficou pertencendo ao governo marcar os ordenados dos de todo o imperio. E, entretanto, ás assembléas é que compete regular a nomeação dos empregados das prisões e fixar os seus ordenados. Estão os carcereiros convertidos em funccionarios geraes ; não deve isto maravilhar-nos, porquanto avisos ha, baseados em consultas do conselho de estado, mandando submetter á approvação do governo imperial o plano das obras de prisões !

Quando se não pretexta a natureza do cargo, recorre-se a uma subtileza em razão da materia. Compete, é certo, ás assembléas crear estabelecimentos de instrucção ; mas, segundo o conselho de estado, não podem ellas abrir um curso de obstetricia, nem conferir ás mulheres que o frequentarem diplomas de habilitação nessa arte. Minas, Alagoas, Ceará, Bahia e outras provincias legislaram sobre boticas e sobre o exercicio da pharmacia e da medecina. Que abuso! clamou o conselho de estado: não está, dice elle, a materia regulada pelo governo geral, e preventa a jurisdicção das assembléas provinciaes? — Melhor fôra certamente deixar plena liberdade ao exercicio de todas as profissões; mas, continúe ou não o actual regimen preventivo, não é dos poderes centraes que deve depender o regulamento da salubridade publica. Estender ás provincias a autoridade de uma junta de hygiene da capital é manifesta usurpação. O fiscal da saúde publica é a municipalidade. Na propria França, o decreto de 25 de março de 1852 (art. 2º) delegou aos prefeitos, sem mais dependencia do ministro, a policia sanitaria e a industrial. Como admittir, em nossa terra extensissima, que a patente de pharmaceutico dependa dos provedores das capitaes de provincia, ou do ministro do imperio sob parecer da junta central? Porque razão tambem é o governo do Rio de Janeiro que nomêa um medico commissario-vacinador para cada provincia?

São do mesmo genero os embaraços postos ás leis provinciaes que, sob proposta das municipalidades, mandam nos domingos fechar officinas e casas de commercio. Entretanto, estas moralisadoras medidas pertencem á policia local, e sua legitimidade parece incontestavel quando a regra se não estende aos chamados dias-santos. Reduzidas ao domingo, tem ellas caracter meramente hygienico, sem intenção religiosa, nem offensa da liberdade dos cultos. E' por haver deslocado a questão, que o conselho de estado as considera privativas do poder geral com accordo do ecclesiastico, conforme os decretos da igreja admittidos no imperio. Decretos da igreja invocados hoje para regularem interesses temporaes sujeitos ao governo civil de cada localidade ! [1]

Constituida nas provincias uma administração separada, a quem pertence sinão ás assembléas, sob proposta das camaras, regular as questões concernentes ao trabalho, suspensão delle no dia de descanço, numero de horas segundo as idades, hygiene das officinas, e policia da industria e commercio? Não o permitte, porém, a centralisação actual; e de facto não ha administração separada, nem as provincias se governam por si mesmas. Cargos e funcções, negocios municipaes ou intereses provinciaes, tudo lentamente foi absorvido na monstruosa jurisdicção central.

Desse trabalho perseverante apenas dão mui ligeira idéa os exemplos que citámos. Muitos outros e mais graves referiremos ao tratar de obras publicas e impostos [2]; ver-se-ha então que, ainda depois de mutilado o acto addicional, não cessára, todavia, a tarefa das consultas e avisos.

---

[1] A camara municipal do Rio de Janeiro, em um recente edital (15 de novembro de 1869), parece duvidar da sua competencia, limitando-se a *convidar* ós seus municipes á guarda do domingo ; e, pela mesma confusão de idéas do conselho de estado, appellando para o sentimento religioso dos catholicos, estende o convite aos dias srntificados.

[2] Parte III, caps. V e VI.

E' deploravel que o proprio autor dos *Estudos praticos*, que com tanto acerto afasta-se algumas vezes das exagerações do conselho de estado, siga muitas outras a trilha da rotina [1]. Entretanto, sustentando doutrina que na actualidade merece recordar-se, condemna energicamente a usurpação que o governo geral algumas vezes praticára suspendendo leis provinciaes sanccionadas ou legalmente publicadas (§ 612). Que espanto não causaria ao chefe da reacção de 1840 o arbitrio com que, não o poder executivo central, mas os presidentes, delegados do actual ministerio, suspenderam por si sós leis provinciaes ! attentato que não cauza maior estranheza, que o escandalo da sua impunidade.

Ao governo, porém, não aos presidentes, intende o escriptor citado que deve uma *lei* conferir a faculdade de revogar provisoriamente, até decisão da assembléa geral, a sancção dada por aquelles funccionarios ás resoluções offensivas dos direitos de outras provincias, dos tratados ou da constituição (§ 629). Quanto a nós, nem essa lei seria necessaria: para reprimir quaesquer excessos, basta a faculdade que a assembléa geral tem de revogar as leis provinciaes em casos similhantes. Demais, só uma grande confusão de idéas póde inspirar tal doutrina em nosso re-

---

[1] Olvidando as proprias regras de interpretação que adoptára, adheriu esse autor a clamorosas restricções. Ou seja tratando de obras publicas, ou referindo contestações relativas a impostos, assumptos de que tanto dependem a vida e a prosperidade das provincias, admitte elle opiniões manifestamente illegaes. Basta dizer que transcreve sem exame nem censura o aviso de 4 de janeiro de 1860. (V. Parte III, cap. V § 1.)

gimen: a assembléa provincial é ramo do poder legislativo; como póde então o executivo revogar uma lei provincial? Argumenta-se com o exemplo da Belgica; mas a sua organisação é differente da nossa. A lei belga permitte certamente ao governo suspender os actos do conselho ou assembléa contrarios ás leis e regulamentos de administração geral, ou que ferirem o interesse publico, que contiverem excesso de attribuições, e que offenderem os direitos dos cidadãos. Nestes casos, porém, o *governador* não está investido do direito (diz o escriptor a quem tomamos estas informações) de pronunciar-se sobre os actos do conselho; limita-se a recorrer para o governo. As medidas votadas pelo conselho não dependem da sancção do governador. Na Belgica, portanto, o poder central goza da faculdade da revogação, porque não tem o governador o direito de véto: as duas faculdades não devem coexistir. Entre nós, acima da assembléa provincial e do presidente, para conter os excessos da primeira e corrigir a negligencia do segundo, só póde haver uma autoridade superior, o parlamento nacional.

Todavia, não desistem os estadistas da escola conservadora de medidas, que, como essa, refôrcem o systema montado pela reacção. Querem coroal-o com algumas reformas francamente unitarias. Vejamos até onde se estendem as suas aspirações.

§ IV.— *Novos projectos centralisadores: conselhos de provincia, agentes administrativos.*

Não bastou converter em departamento francez a provincia do acto addicional, amesquinhando a sua autonomia legislativa: pretende-se agora conferir a delegados do poder executivo o conselho e a acção em negocios puramente provinciaes e até municipaes. Sob os nomes de conselhos de provincia e de agentes administrativos, tem sido vulgarisada, quer por meio de projectos de lei, quer por certos livros, esta nova tentativa de centralisação.

Tal é para o mal enorme que opprime as provincias, a solução proposta pelos doutrinarios da escola imperialista. Examinemos esses complementos das leis pelos conservadores promulgadas durante o actual reinado.

Será necessario, por ventura, crear conselhos, da nomeação do governo imperial, que preparem os negocios a decidir pelos presidentes, e julguem em primeira instancia questões contenciosas?

Em nosso conceito, similhantes conselhos trariam os seguintes manifestos inconvenientes: augmentar a excessiva influencia do governo central, mediante novos funccionarios delle dependentes; difficultar o processo dos negocios, cujo andamento é hoje demasiado lento; entorpecer a acção do presidente e diminuir-lhe a responsabilidade; annullar praticamente as assembléas provinciaes.

Demais, sejam ou não uteis os conselhos, é evidente a inconstitucionalidade da sua creação por lei geral. Teriam elles que preparar ou discutir, na mór-parte dos casos, negocios provinciaes ou municipaes; ora só ás assembléas pertence crear funccionarios com attribuições sobre negocios que não cabem na competencia do governo geral. O parlamento não poderia decretar isso sem ostentar o maximo desprezo pelo systema da constituição reformada em 1834.

Invoque-se embora o pretexto de que os conselhos seriam auxiliares dos presidentes só no preparo e despacho daquelles assumptos da administração geral, cujo processo se faça nas provincias: para tão pouco não é mister uma nova corporação. Segundo a natureza desses negocios, até hoje aos presidentes não faltou a consulta do inspector de fazenda, do procurador fiscal, do procurador da corôa onde ha relação, de magistrados, dos directores de arsenaes, do commandante de armas, e de outros funccionarios. Quer ouvidos isoladamente, quer em sessões periodicas que a prática poderia estabelecer, as informações e auxilio que os presidentes carecessem, delles alcançariam facilmente sem dar-lhes o caracter pomposo de um conselho formal e obrigatorio.

Uma lei da Constituinte (20 de outubro de 1823) organisára os conselhos chamados de presidencia, que, compostos de seis cidadãos maiores de 30 annos, reuniam-se por dous mezes annualmente. Estas corporações, que álias precederam aos conselhos geraes creados pela constituição, duraram até 1834, sendo então supprimidos (lei de 3 de outubro), porque já estavam decretadas as assembléas provinciaes. Na mente do legislador, as assembléas, substituindo os conselhos geraes, dispensavam os de presidencia. Como, pois, se havia agora de restabelecer por lei ordinaria uma instituição excentrica do systema da reforma constitucional de 1834?

E a proposito: com que ousadia avança a reacção monarchica! o conselho de presidencia e o conselho geral eram ambos corporações *electivas*: seus membros eram nomeados da mesma fórma por que se elegem os deputados: quasi meio seculo depois, pretende-se conferir ao poder executivo a nomeação dos conselheiros de provincia.

Inutil para os negocios geraes, inconstitucional quanto aos provinciaes, qual o objecto da nova entidade sinão robustecer a monarchia centralisada?

As proprias assembléas é que poderiam crear, para auxiliares dos presidentes, conselhos méramente provinciaes. Em 1858, reformando-se a administração da provincia do Rio de Janeiro, estabeleceu-se que os chefes das repartições seriam reunidos e ouvidos pelo presidente, quando intendesse preciso. Assim, sem maior dispendio, sem o atropello de mais um intermediario entre o povo e a administração, assentou-se a prática de conferenciarem os presidentes com os chefes dos diversos serviços administrativos sobre os negocios que por sua importancia o mereçam.

Mas diz-se: « As questões do contencioso administrativo carecem nas provincias de um tribunal de primeira instancia, sendo a segunda o conselho de estado; e os projectados conselhos preencheriam esta missão. » Mais um sophisma! Carecemos, não de tribunaes de primeira e segunda instancias para o chamado contencioso administrativo, mas de erradicar esta parasita franceza enxertada no regulamento do conselho de estado. Além disso, para o julgamento de questões contenciosas relativas a negocios puramente provinciaes, ainda felizmente não foi supprimida a competencia dos juizes ordinarios. Nos negocios geraes da fazenda já existe o processo contencioso, quer perante as thesourarias, quer perante o thesouro; e de sóbra se tem regulado e centralisado esta parte do assumpto. Querer applicar o mesmo systema a todas as pendencias entre a administração e os particulares, originadas nas provincias, não é alliviar, é opprimir os cidadãos.

Abandone-se a prática franceza, fique competindo aos tribunaes o julgamento do contencioso geral, seja nas provincias, seja na côrte a séde da questão. A Inglaterra e os Estados-Unidos não conhecem o contencioso administrativo, e nem por isso os seus systemas de governo parecem peiores que o nosso.

O que se pretende, pois, sinão augmentar funccionalismo superfluo, sem necessidade positiva que o demande, por méra imitação dos conselhos de prefeitura de França?

Os publicistas da escola conservadora crearam uma prevenção exagerada contra a organisação administrativa das nossas provincias. Ella contém lacunas certamente; mas, para preenchel-as, a solução dos liberaes é mui opposta e diversa, é completar e fortificar o systema do acto addicional, rodeando-o de instituições efficazes, como seriam os senados provinciaes e as commissões permanentes, de que abaixo trataremos.[1]

Duas palavras bastem para julgarmos dos projectados agentes administrativos.[2]

Executores das posturas municipaes, auxiliares dos presidentes, seriam, como estes, nomeados por decreto do imperador. Sua inconstitucionalidade, porém, é manifesta.

A constituição e o acto addicional entregaram ás camaras, corporações de eleição popular, os negocios municipaes. Ora ha, com effeito, urgencia de reformar a instituição municipal, não no sentido centralisador, mas no sentido inverso, restituindo-lhe a autonomia e tornando mais prática a execução das suas deliberações. O agente administrativo, nomeado pelo imperador ou pelo presidente, para o fim de in-

---

[1] Cap. II.
[2] E' antiga a idéa de taes auxiliares. O projecto de constituição da assembléa constituinte creava em cada districto um sub-presidente. No da administração provincial (1826), Feijó instituia em cada villa a mesma autoridade, proposta, em lista triplice, pelas camaras municipaes ao presidente. Vergueiro, no das municipalidades (do mesmo anno), dava-lhe o nome de intendente municipal, igualmente apresentado pelas camaras, mas em lista quadrupla. O projecto da camara temporaria para as reformas constitucionaes (1831) dizia no § 12: « Nos municipios haverá um intendente que será nelles o mesmo que o presidente nas provincias. » Todos estes projectos, porém, eram anteriores ao acto addicional. Depois delle, crearam algumas provincias prefeitos com attribuições mais amplas que as simplesmente administrativas: véde o cap. V, § 2.

tervir nos negocios municipaes, seria a derradeira conquista do imperialismo.

Mas, dizem, os presidentes não teem agentes subordinados que os auxiliem nos negocios geraes ou provinciaes. Em nosso intender, é exagerada e inexacta esta affirmação.

D'entre os assumptos propriamente geraes, cita-se, como exemplo justificativo, o recrutamento. Mas não se tem feito até hoje este barbaro serviço por meio da policia ou de commissarios especiaes? e não deve elle desaparecer em breve deante da condemnação universal?

Os serviços de caracter geral nas provincias teem todos elles chefes proprios, administração particular, sujeita aos presidentes; a fazenda, o exercito, as capitanias de portos, a guarda nacional, as obras publicas, etc., todos esses ramos da administração, os dirigem agentes subordinados ao presidente da provincia. Não são, pois, os negocios geraes que carecem de um novo intermediario. Só a preoccupação do systema francez, só um falso amor da symetria, como notou-o J. J. Rocha condemnando em 1858 o projecto da commissão presidida pelo Sr. Uruguay, só a falta de plena consciencia das nossas instituições nacionaes, explicam esse plagio dos sub-prefeitos de França.

Quanto aos negocios provinciaes, cumpre advertir que, si taes agentes fossem mister, só as assembléas poderiam creal-os. Não suppomos, porém, que a experiencia recommende a creação de um agente administrativo que concentre em cada divisão da provincia, seja o municipio, seja a comarca, seja outra qualquer, a superintendencia de todos os negocios que nessa divisão se tratem. Teriam certamente as assembléas competencia para fazel-o, mas a lei da divisão do trabalho oppõe-se a tal novidade. Em cada districto de uma provincia são de natureza muito diversa os seus proprios interesses: ha as obras publicas, ha a instrucção, ha a arrecadação dos impostos, etc. Fôra mais util delegar isso tudo a um só agente em vez dos funccionarios especiaes, engenheiros, collectores, inspectores, que hoje desempenham taes funcções? Não nos parece.[1]

Entretanto, seja ou não mais conveniente isso do que a prática até hoje seguida, fique bem assignalado o caracter odioso de um acto do parlamento que assim interviesse no governo interior das provincias. Superfluos quanto aos negocios geraes, os agentes administrativos seriam, como os conselhos de presidencia, perniciosos por augmentarem o pessoal dependente do governo, e illegaes por usurparem um direito até hoje respeitado.

Em 1867, porém, intendeu-se que ainda se podia renovar a tentativa que dez annos antes falhára. Para a obra reaccionaria não fallece, com effeito, a perseverança, que tanto tem faltado ao verdadeiro

---

[1] Sustenta a competencia das assembléas, mas admitte a conveniencia dos novos funccionarios o Sr. Cons. Ribas, *Direito Administrativo*, p. 197. O governo geral já havia reconhecido essa competencia em 1835 *(§ I supra)*.

progresso e ás reformas liberaes. Em longas sessões do conselho de estado discutiu-se um systema de projectos centralisadores, com agentes administrativos e conselhos de presidencia. O espirito desses projectos era o da centralisação franceza: a fonte, a legislação contemporanea de Portugal, onde houve tambem, entre as notabilidades politicas, quem, prestando-se a esmagar as liberdades locaes, coadjuvasse a incorrigivel tendencia absorvente dos principes. Havemos ver tomarem-se aqui por modelo as imitações portuguezas de regulamentos francezes? aqui onde, por largos annos, estudára-se a organisação dos Estados-Unidos como o ideal dos povos modernos?

V.—*Missão do partido liberal.*

A illegalidade das doctrinas e dos precedentes estabelecidos pelos governos conservadores não é mais duvidosa para nenhum espirito esclarecido, para alguns dos nossos proprios adversarios. Alargou-se a tarefa dos liberaes da nova geração. Cumpre-lhes agora, não já disputar ao conselho de estado e aos avisos do governo fragmentos de concessões liberaes; cumpre-lhes propôr o regresso ao espirito genuino do acto addicional; cumpre-lhes exigir as consequencias logicas que delle souberam tirar algumas provincias antes de 1840.

Quanto a nós, não nós limitaremos a pedir a execução da lei e o abandono de práticas perniciosas;

vamos tambem propôr o complemento do systema esboçado no acto addicional. Este systema suppõe nas provincias um poder legislativo e uma administração proprios: que falta para que funccionem com regularidade? até onde devemos chegar no empenho de rehabilital-os? quaes as circunscripções da descentralisação que os liberaes promovem?

Responderemos apresentando, uma a uma, cada instituição provincial, não conforme uma theoria preconcebida, mas segundo os traços que nos legaram os estadistas de 1831. Tal é o nosso methodo: Em vez de offerecer reformas sem filiação historica, preferimos inspirar-nos nas tradições de um passado memoravel. Em questões que interessam á liberdade, reconhecida e consagrada outr'ora, mas aniquilada hoje, immensa força tem o partido que clama pela restauração das leis mutiladas. Si faltassem exemplos, o da Hungria contemporanea patentearia a vantajosa posição de um povo que exige, em nome do direito antigo, não em nome sómente da theoria politica, o restabelecimento de suas instituições esmagadas.

A doutrina liberal não é no Brazil fantasia momentanea ou estratagema de partido; é a renovação de um facto historico. Assim considerada, tem ella um valor que só a obcecação póde desconhecer. Como a França voltando-se agora para os principios de 89. nós volvemos a um ponto de partida bem distante, o fim do reinado de Pedro I; queremos, como então queriam os patriotas da independencia, democratisar nossas instituições.

E' tempo! De sobra temos visto uma nação joven offerecer aos olhos do mundo o espectaculo da decrepitude impotente. Na America, onde tudo devêra de ser novo, pretendem que o despotismo se perpetue perpetuando a centralisação. O que somos nós hoje? somos os vassallos do governo, — da centralisação. Ouçamos o que á sua patria dizia em iguaes circunstancias o autor da *Democracia na America.*

« Algumas nações ha na Europa, escreve Tocqueville, onde cada habitante considera-se uma especie de colono indifferente ao lugar que habita. Sobrevém as maiores mudanças no seu paiz sem o seu concurso; não sabe mesmo precisamente o que é passado; tem disso apenas uma vaga idéa; por acaso ouviu elle referir-se o acontecimento. Ainda mais: a prosperidade da sua povoação, a policia da sua rua, a sorte da sua igreja e do seu presbyterio, não lhe importam; cuida que essas cousas todas lhe não respeitam de nenhum modo, e que pertencem a um estrangeiro poderoso chamado governo. Quanto a elle, o habitante, goza de taes bens como usufructuario, sem espirito de propriedade, sem projecto algum de melhoral-os... Quando as nações chegam a tal ponto, é forçoso que mudem de leis e de costumes, ou que pereçam; pois a fonte das virtudes civicas está nellas esgotada; ahi se incontram vassallos, já não se veem cidadãos. Taes nações estão preparadas para a conquista. Si não desaparecem da scena do mundo, é que similhantes ou inferiores a ellas são as nações que as cercam... Mas, accrescenta o mesmo illustre publicista, si não depende das leis reanimar crenças que se extinguem, das leis depende interessar os homens nos destinos do seu paiz. Das leis depende despertar e dirigir esse vago instincto da patria que jamais abandona o coração do homem, e, prendendo-o aos pensamentos, ás paixões, aos habitos diurnos, fazer desse instincto um sentimento reflectido e duradouro. E não se diga: «é tarde demais para tental-o»: pois as nações não envelhecem da mesma sorte que os homens. Cada geração que surge no seio dellas é como um povo novo que vem offerecer-se á mão do legislador.»

CAPITULO II.

A ASSEMBLÉA.

Amesquinharam o poder legislativo provincial as doutrinas da reacção; mas o annullaram repetidos attentados dos agentes do governo. Ou sofismando o acto addicional, para declararem contrarios á constituição e os suspenderem projectos de lei votados por dous terços, como o orçamento provincial da Bahia, e o municipal do Paraná que nem de sancção carecia; ou, mais francamente ainda, suspendendo leis já promulgadas, como no Piauhy e Mato-Grosso, alguns delegados do gabinete de 16 de julho excederam os limites da decencia.

A urgencia do momento é, pois, zelar as prerogativas das assembléas; mas não é menos importante completar a instituição do acto addicional. A influencia, o prestigio e a efficacia do poder legislativo provincial dependem, em nosso intender, da divisão em duas camaras e das commissões permanentes.

§ I.— *Senados provinciaes*.

O art. 3º do acto addicional permitte ao parlamento «decretar a organisação de uma segunda camara legislativa para qualquer provincia, a pedido de sua assembléa, podendo essa segunda camara ter maior duração que a primeira.»

Tão possuidos do systema federativo norte-americano estavam alguns dos membros da camara constituinte de 1834, que na sessão de 25 de junho o deputado Souza Martins propuzera desde logo senados provinciaes para Pernambuco, Bahia, Rio de Janeiro, Minas e S. Paulo, sendo facultativos para as demais provincias. Eleitos por quatro annos, renovados por metade biennalmente, os senados compor-se-iam de 18 membros, sendo 36 os da outra camara, chamada dos representantes como nos Estados-Unidos.

A alguns escriptores da escola conservadora não tem escapado a conveniencia de uma segunda camara legislativa nas provincias [1], e ha poucos annos, sob o governo dos nossos adversarios, a assembléa de Pernambuco representára neste sentido.

Seriam os senadores provinciaes, por sua edade (trinta annos, por exemplo, no minimum), pela maior duração do seu mandato, pelas tradições administrativas que guardariam, os verdadeiros conselheiros do

---

[1] *Direito publico brasileiro*, pelo Sr. V. de S. Vicente; § 195.

presidente, levantando ao mesmo tempo um dique ás rapidas transformações da opinião na camara dos representantes.

Nas colonias inglezas experimentou-se a necessidade de taes senados logo que nellas começou a funccionar o systema representativo. Ali se está agora adoptando a divisão da legislatura em duas camaras, que é a base da organisação legislativa nos Estados-Unidos.

E' a divisão do poder legislativo em dous ramos indispensavel á sua dignidade, não raras vezes compromettida pelos inevitaveis excessos e actos irreflectidos de uma assembléa unica.

Muitos dos habituaes conflictos entre o presidente e a assembléa evitará a segunda camara. E' sem duvida melhor e mais regular que os projectos de lei sejam corrigidos ou repellidos por outra camara, representante igualmente do povo, do que pelo orgão do poder executivo.

Quanto contrastam as assembléas unicas das revoluções francezas com o admiravel mecanismo legislativo dos norte-americanos! A experiencia havia sido decisiva para estes ultimos, que nos primeiros tempos da confederação insaiaram na Pennsylvania a unidade legislativa, ao depois abandonada.

« Dividir a força legislativa, moderar assim o movimento das assembléas politicas, crear um tribuñal de appellação para revisão das leis, taes são, diz Tocqueville, as vantagens resultantes da actual constituição de duas camaras nos Estados-Unidos. O tempo e a experiencia fizeram conhecer aos americanos que a divisão dos poderes legislativos é ainda uma necessidade de primeira ordem.... Pode-se d'ora avante considerar como verdade demonstrada a necessidade de repartir a acção legislativa por muitas corporações. Esta theoria, quasi ignorada das antigas republicas, introduzida no mundo por um acaso, como a mór-parte das grandes verdades, desconhecida de varios povos modernos, passou afinal como axioma para a sciencia politica dos nossos dias.» [1]

Os senados provinciaes não representariam, pois, o interesse da liberdade sómente; seriam, antes de tudo, um elemento conservador. Seu merito principal consiste, porém, na efficacia, prestigio e dignidade que dariam ao poder legislativo provincial. Custa crer que nossos adversarios desprezassem esta garantia sabiamente facilitada pelo acto addicional, preferindo as medidas arbitrarias e os correctivos illegaes que hão empregado contra as assembléas.

§ II.— *Commissões permanentes.*

Sentem os homens experimentados que se não tenha introduzido entre nós a prática das commissões permanentes. As distancias no Brazil, difficultando a reunião das camaras, aconselham que se nomêe cada

---

[1] *De la démocratie en Amerique*; cap. V.— Véde tambem a 12ª lição do Sr. Laboulaye sobre a constituição dos Estados-Unidos.

anno uma commissão legislativa para, na ausencia dellas, tomar conhecimento de certas propostas urgentes do governo, e preparar os trabalhos da sessão annual.

Iguaes razões recommendam isso nas provincias. A Belgica fornece um exemplo digno de imitar-se, e que já foi seguido pela Hollanda. Ali o conselho provincial elege uma *deputação permanente* composta de seis membros, para represental-o no intervallo das sessões, deliberar sobre as questões ordinarias da administração, fiscalisar o emprego dos fundos votados pelo mesmo conselho, e tambem para, em caso de urgencia, tratar de negocios privativos delle.

Na organisação belga, as deputações permanentes correspondem aos conselhos de presidencia, que aqui se pretende compôr de membros nomeados pelo Imperador. E' tanto assim que, como jurisdição contenciosa (na Belgica adoptou-se o systema francez nesta parte), a deputação estatue, em primeira ou em ultima instancia, sobre contestações que tenham por objecto direitos politicos ou administrativos, derivados de eleições geraes, provinciaes e municipaes, ou relativas á guarda civica, á milicia, ás instituições de beneficencia, etc. Como *agente do poder central*, pois que seus membros são retribuidos pelo Estado, embora nomeados pela assembléa, de que fazem parte, a deputação intervém na execução das leis e medidas de interesse geral. Seu presidente é o governador da provincia, que nella tem voto.

Varios publicistas francezes contemplam a mesma idéa entre os projectos de reforma administrativa.[1]

Em nosso conceito, as commissões permanentes das assembléas, provisoriamente votando medidas de urgencia, preparando os trabalhos da sessão legislativa, facilitando o despacho dos negocios secundarios, prestariam maiores serviços que nenhum conselho administrativo.

Ellas permittiriam tambem remover uma difficuldade geralmente reconhecida. E' o governo cental quem approva ou annulla as eleições de juizes de paz e vereadores: os presidentes mandam reformar as viciadas, quando a demora não permitta aos novos eleitos funccionarem no dia legal. Similhante centralisação mancha uma das leis mais liberaes que possuimos. Para evitar o arbitrio com que presidentes facciosos procediam outr'ora nas decisões eleitoraes, commetteu a lei de 1846 o duplo erro de centralisar o conhecimento definitivo destas questões e de ainda permitir áquelles funccionarios intervenção provisoria. Abundam os casos de violentas decisões, quer dos presidentes, quer do proprio governo imperial. Ainda quando no Brazil fosse o poder tão escrupu-

---

[1] Odilon Barrot, obra citada; Prevost Paradol, *La France nouvelle*, liv. II, cap. 2.—Segundo o Sr. Béchard, a cujas opiniões já nos referimos (Parte I, cap. II), cada conselho geral de departamento teria, não uma, mas varias commissões permanentes, quer durante as sessões do conselho, quer na sua ausencia, a saber: commissão de obras publicas, de imposições, de tomada de contas, de estabelecimentos de caridade, de prisões, de salubridade, das communas, de cultos e instrucção publica, e objectos diversos e extraordinarios.

loso que jamais deixasse de respeitar o voto do povo, seria acaso praticavel concentrar no Rio de Janeiro o estudo e julgamento das eleições de juizes de paz de todos os districtos e as de vereadores de todas as camaras municipaes? Essa tarefa é, com effeito, mui penosa para a administração central, e, tomando um logar que outros deveres preencheriam melhor, mostra a seriedade das occupações dos nossos governos. Demais, deve, por ventura, competir a autoridades executivas attribuição desta natureza, que importa o julgamento dos comicios populares? Por outro lado, não é um dos direitos da assembléa provincial a suprema inspecção da parochia e do municipio? Só a ella se poderia, portanto, confiar essa grave attribuição, e, no intervallo das sessões legislativas, á commissão permanente, que, a exemplo da Belgica, deve de resolver todos os negocios municipios urgentes.

§ III.— *Eleição*.

Além dos seus notorios defeitos, o systema eleitoral vigente, quanto á representação provincial, offerece o grave inconveniente de tirar aos membros das assembléas o caracter municipal, que devêram ter. Nove das provincias formam cada uma um só districto eleitoral, e nas outras são estes demasiadamente extensos.

Quanto a nós, os membros da primeira camara provincial, a dos representantes, seriam eleitos pelos municipios, votando os eleitores em parochias. Cada municipio nomearia trez representantes, cabendo a cada eleitor dous votos sómente.

Os membros do senado provincial, porém, haviam ser nomeados pelos eleitores da provincia inteira, votando igualmente em parochias e em dous terços dos nomes. Duraria seu mandato quatro annos, renovando-se pela metade em cada eleição da outra camara. Exigir-se-ia a condição de uma edade minima, trinta annos por exemplo. O numero de senadores, certamente limitado, nunca devêra ser menor de doze.

Si ajuntassemos ás attribuições da assembléa a de nomear os senadores do imperio, por maioria de votos de ambas as camaras provinciaes reunidas, dous por cada provincia, com mandato por oito annos e renovação parcial de quatro em quatro, ter-se-ia communicado ao nosso systema politico uma energia desconhecida até hoje. Então veriamos, nas provincias e na capital, verdadeiras lagislaturas democraticas succederem ás camarilhas de presidentes e ministros.

CAPITULO III

O PRESIDENTE

O preclaro escriptor que ao começar deste seculo vulgarisára no Continente as doctrinas constitucionaes, expoz á França uma larga theoria descentralisadora, que nos importa invocar.

« A direcção das negocios de todos, diz elle, pertence a todos, isto é, aos representantes e aos delegados de todos. O que não interessa mais que a uma fracção, por essa fracção deve ser decidido; o que sómente importa ao individuo, não deve estar sujeito sinão ao individuo. Não se póde repetir demasiado — que a vontade geral não é mais respeitavel que a vontade particular, desde que ultrapassa a sua esphera propria. Tem-se até hoje considerado o poder local como ramo dependente do poder executivo; pelo contrario, si não deve nunca embaraçar a este, o poder local não deve tambem depender delle...... Não hesito em dizel-o, é preciso introduzir em nossa administração interior muito federalismo. » [1]

O classico publicista determina assim o caracter das instituições administrativas dos povos modernos,

---

[1] Benjamin Constant: *Politique Constitutionelle*; 1ª parte, cap. X.

a indole do *self-government*, que é a ardente aspiração dos pensadores da França e uma realidade em vastas regiões do mundo. [1]

Não bastou ás colonias inglezas regerem-se por leis proprias decretadas por suas assembléas. Incompativel com estas tornára-se a autoridade discricionaria de um governador enviado pela metropole. Poder executivo independente, elle praticamente annullava o poder legislativo colonial. Ou a separação, ou ministerio responsavel á imagem do governo parlamentar da metropole, tal foi o grito de guerra nas agitações politicas do Canadá e outras possessões. Era inevitavel o dilemma: a sabedoria do governo britanico attendeu ao clamor dos povos; fundou-se o systema representativo nas mais importantes colonias. [2]

A mesma crise, por motivo identico, se está pronunciando no Brazil.

§ I.— *Eleição do presidente; independencia dos funccionarios geraes.*

A assembléa e o governador, dous poderes que se completam, não podem descender de origens oppostas. Si a fonte d'onde emana o segundo dá-lhe absoluta independencia em relação ao primeiro, este fica nullificado. Por isso é que parlamento com rei absoluto

[1] Parte I, cap. II.
[2] Parte I, cap. VI.

é, na phrase de Cromwell, *casa para alugar*; por isso é que nas monarchias constitucionaes o ministerio é commissão do parlamento, que de facto o noméa.

A experiencia das possessões inglezas assaz patentéa a incompatibilidade de uma assembléa popular com um administrador imperial. «Antes de adoptado o principio do governo responsavel, diz Erskine May, quaesquer que fossem as fluctuações da opinião na legislatura ou na colonia, qualquer que fosse a impopularidade das medidas ou das pessoas incumbidas de propol-as, continuavam estas a dirigirem os conselhos da colonia...... Acontecia então que os conselheiros (ou secretarios) do governador seguiam uma politica, a assembléa outra. Medidas elaboradas pelo poder executivo eram rejeitadas pela assembléa; medidas votadas pela assembléa eram repellidas pelo conselho ou recebiam o véto do governador... Não havia em taes casos meios constitucionaes para restabelecer a confiança e boa intelligencia entre os poderes contendores. Frequentes dissoluções das assembléas exasperavam o partido popular, e geralmente redundavam em seu final triumpho. Tornou-se chronica a hostilidade entre a assembléa e os funccionarios permanentes que cahissem em impopularidade.... Instituições representativas em collisão com um poder irresponsavel, ameaçavam anarchia: estava assim provada a incompatibilidade de dous antagonicos principios de governo.»

Estes são, em verdade, principios diametralmente

oppostos. Assembléa eleita pelo povo exige, como complemento, administração que se possa remover conforme o voto do povo ou dessa assembléa. Varios projectos se offereceram em 1832 e 1834 para que o presidente fosse electivo. Por lei, porém, ficou este ponto resolvido de modo incongruente com a idéa da reforma constitucional. Ao passo que se consagrava a autonomia legislativa da provincia, confiava-se o poder executivo a um delegado do governo central. Só os vice-presidentes entraram na esphera provincial, sendo biennalmente escolhidos pelas assembléas, concessão aliás que a reacção não se esqueceu de supprimir, arrancando-lhes esta faculdade, que representava, inda que parcialmente, um grande principio. Assim, pediam as provincias e deu-se-lhes poder le-legislativo independente para prover aos seus interesses meramente locaes; careciam, mas recusou-se-lhes poder executivo proprio para cumprir as suas leis particulares, relativas a esses interesses locaes.

Facil fôra prever a desordem gerada por tamanha inconsequencia. A experiencia das estereis lutas entre as assembléas e os delegados do imperador tem de sobra patenteado o engano daquelles que reputaram feliz a combinação de dous principios antinomicos: uma legislação local executada por funccionario estranho á localidade. [1]

---

[1] Um facto recente illumina esta questão. Havia a assembléa liberal de S. Paulo decretado a liberdade do ensino; aulas particulares, escolas nocturnas para adultos fundavam-se na capital e no interior, quando sobrevém um regulamento creando embaraços ao pensamento do legislador. « A execução da

Urge obviar tão notorio inconveniente. Para os conservadores, o remedio consiste em aperfeiçoar-se a obra reaccionaria de 1840, annullando-se indirectamente as assembléas, ou extinguindo-as resolutamente [1]. Para os liberaes, a solução está, convém repetil-o, em aceitarem-se francamente as consequencias logicas do systema adoptado, restaurando-se a assembléa do acto addicional, e dando-se-lhe por complemento o presidente electivo.

Seguramente, erguer-se-ha aqui o fantasma da anarchia, com que se intimida o povo e afugenta qualquer idea nova. O estado presente é que é a anarchia. Supponha-se, como ainda ha pouco, a coexistencia de presidentes conservadores com assembléas liberaes. Quantas lutas inconvenientes! que espectaculo offerecem os poderes publicos á população maravilhada! O menor prejuizo é a total paralysia da administração. Não obteve orçamento? proroga o presidente o anterior, de autoridade pro-

lei, clamava o presidente da assembléa, corre o perigo de ser baldada. Este estranho facto robustece a minha antiga convicção de que as esperanças geradas pelo acto addicional não podem ser realisadas completamente, sinão quando o delegado do poder executivo na provincia estiver em perfeita harmonia com a respectiva assembléa. Em vão se quiz ahi consignar o dogma do governo da provincia pela provincia na orbita dos interesses puramente provinciaes: a actual organisação administrativa, que não poderá ser duradoura, inutilisa tão salutar dogma.» (Discurso proferido pelo Sr Cons. Carrão, presidente da assembléa de S. Paulo, ao encerral-a em julho de 1869.)

[1] Um projecto do Sr. ministro do imperio (1869) transfere a assembléas chamadas municipaes, compostas de membros não electivos, importantes attribuições das assembléas provinciaes. Mais longe ia um deputado que em 1859 lembrava a divisão do imperio em pequenas circunscripções iguaes, meramente administrativas, como os departamentos de França.

pria. Medidas tomadas pelos antecessores, seus adversarios, annulla-as; obras em via de execução, abandona-as. Projectos votados pela assembléa hostil, recusa sanccional os; e, si aquella insiste, suspende-os por qualquer pretexto, recorrendo para o governo: e alguns fizeram mais, suspenderam a execução de leis effectivas, anteriores, ja promulgadas. Ha mais patente desordem? ha maior anarchia?

Harmonisemos dous poderes condemnados, pela incoherencia da sua organisação, a um perpetuo conflicto. Assentem na mesma base, decorram da mesma origem. A sabedoria do legislador constituinte está em dar aos poderes que construe todas as faculdades necessarias para viverem a vida plena das instituições de um povo livre. Querem uma administração provincial differente da administração geral? pois dê-se-lhe toda a autonomia correspondente á sua tarefa. O contrario, o que estamos vendo, é um aleijão, sem elasticidade, sem vida real.

Para tornar a instituição provincial susceptivel de todo o desinvolvimento, não satisfaria, perguntar-se-ha talvez, a combinação adoptada nas colonias inglezas? Ahi, como já vimos, a exemplo do systema parlamentar da metropole, resolveu-se o problema cercando o governador de secretarios ou conselheiros tirados da maioria da assembléa, ficando elle de facto um soberano constitucional e passando a realidade do poder executivo a esses delegados da legislatura. Si imitassemos o exemplo, o presidente, como os lords governadores, seria um embaixador do governo central junto ás provincias. Sua ostentosa missão exigiria um salario correspondente. Certo, haviam ser então aproveitados, para esta elevada e brilhante posição, homens superiores, chefes politicos, que muita vez ficam sem tarefa nem responsabilidade no governo depois de escolhidos os sete ministros. Estas, entretanto, nos parecem vantagens secundarias. Subsistiria sempre o inconveniente notado; aconteceria muitas vezes haver um presidente de partido opposto á assembléa; e, por outro lado, um ministerio da confiança da assembléa, mas antipathico ao presidente. A consumada prudencia dos governadores inglezes e a moderação do carater britanico attenuam nas colonias esse grave inconveniente; mas acaso conseguiriamos, em nossas provincias, cuja politica interna se liga estreitamente á politica geral, remover os inevitaveis conflictos nascidos de tal combinação? Poder-se-ha realizar nas provincias esse typo de systema parlamentar que tão difficil tem sido aclimar nas altas regiões do governo?

No modo de eleger o presidente procuraram os projectos liberaes de 1832 e 1834 remover os escrupulos daquelles a quem esta novidade espantava. Esses projectos, nenhum dos quaes obteve maioria, coincidiam em tres pontos: lista triplice, escolha e demissão pelo governo central. A divergencia estava em proporem, um, a nomeação pelos eleitores da provincia; outro, a apresentação pelas camaras municipaes; e um terceiro, pelas assembléas legislativas. Fixava-se em um delles o periodo presidencial em dous annos [1]. Recen-

[1] Foram os seguintes:

temente lembrou-se a conveniencia de serem os presidentes tirados d'entre os membros da assembléa provincial. Esta combinação, que álias deixa ainda ao governo grande liberdade, tem o inconveniente de confiar ao acaso uma escolha acertada. Em nosso intender, não cabe aqui solução intermedia: o governador não póde ser sinão delegado do governo ou mandatario do povo. A eleição, uma vez preferido este systema, é que póde ser directa, como actualmente nos Estados-Unidos, ou indirecta pelos membros reunidos de ambas as camaras da legislatura. Era assim naquella republica ao começar deste seculo, e, quanto a nós, razões de prudencia recommendam que façamos do mesmo modo a experiencia do novo systema. O prazo de cada administração é

Do deputado Paula Albuquerque, em 26 de maio de 1832:—«Os presidentes das provincias.... serão propostos pelas camaras municipaes dellas em listas triplices, e nomeados então pelo poder executivo na forma da constituição do imperio.» (Art. 1.)—Poderiam ser demittidos a arbitrio do governo, fazendo-se a nova nomeação ou por outra lista triplice ou pela mesma (Art. 5).

Do deputado Fernandes da Silveira, a 9 de julho de 1834, em emenda ao projecto do acto addicional:—«Estes presidentes das provincias serão nomeados pelo imperador sobre lista triplice organisada pelas assembléas provinciaes.» Emenda regeitada na sessão de 12 do mesmo mez, tendo obtido 11 votos.

Do mesmo deputado, a 4 de agosto seguinte (1834), em outra emenda ao projecto de lei das attribuições dos presidentes:—«O presidente da provincia.. será nomeado da mesma fórma que os senadores.»

Do deputado Cornelio Ferreira França, a 27 de junho de 1835:—« Os presidentes de provincia serão nomeados pelo Imperador sobre proposta de tres cidadãos brasileiros feita pelos eleitores no mesmo tempo que se elegerem os deputados ás assembléas provinciaes. (Art. 1).—Estes presidentes servirão todo o tempo da legislatura provincial, emquanto não forem removidos pelo imperador, mas neste caso o imperador mandará na mesma occasião fazer nova proposta para ter lugar a nova nomeação.» (Art. 2.)

que podia estender-se a quatro annos, não podendo ser o mesmo individuo nomeado duas vezes seguidas. Em todo o caso, não deveria a lei impedir que cada provincia adoptasse o methodo que mais conveniente lhe parecesse depois.

E não se diga que a eleição do presidente repugna á indole das nossas instituições. O presidente exerce hoje uma dupla autoridade: delegado do governo central, administra e inspecciona os negocios geraes na provincia; executor das resoluções da assembléa, dirige e promove os interesses peculiares da provincia. Confundidas actualmente nas mãos de um só funccionario, essas duas fontes de poder conspiram para convertel-o em um verdadeiro vice-rei. Quanto a nós, o que pretendemos não é perpetuar a confusão que produz tamanho poder, mudando apenas o delegado do centro em mandatario do povo; pelo contrario, pensamos que os negocios geraes que nas provincias se tratem, só devem de ter por administradores os respectivos commissarios da administração central, da mesma sorte por que só um representante da localidade póde bem gerir os negocios locaes.

Assim, ao lado do presidente electivo, primeira autoridade executiva da provincia, coexistiriam, independentes delle, o inspector da fazenda nacional, o das alfandegas, e todos os agentes do thesouro, o commandante das armas e chefes militares, os commandantes das divisões navaes, os directores de arsenaes, etc. Então, pela natureza das cousas, e consequencia necessaria da mudança de systema, nenhum destes funccionarios geraes (federaes nos Estados-Unidos) estaria hierarchicamente subordinado ao presidente: dependeriam directamente dos respectivos ministros de estado. Sua correspondencia não far-se-ia mais, como hoje acontece, por intermedio do presidente. Não poderia este conhecer dos negocios geraes affectos áquelles funccionarios, que por si os decidiriam, marchando então o serviço publico com a precisa celeridade, e sendo mais effectiva a responsabilidade de cada chefe de serviço especial.

Continuaria, entretanto, o presidente a ser reputado primeira autoridade da provincia, na phrase da lei de 3 de outubro de 1834, não em absoluto, mas quanto aos negocios provinciaes. Esta separação de funcções, essencial aos estados federaes, é o que se verifica rigorosamente nos Estados-Unidos. Ella não impede, todavia, o poder central de commetter ao governador electivo o exame de determinados assumptos, de pedir-lhe esclarecimentos e conselho, ou de exigir o seu auxilio e cooperação. A constituição argentina o diz expressamente no art. 110: « Os governadores de provincia são agentes naturaes do governo federal para fazer cumprir a constituição e as leis da nação. »

§ II.— *Vantagens da eleição do presidente.*

Electivo, o presidente exerceria as suas funcções por um prazo fixo, quatro annos por exemplo, como em grande numero dos Estados-Unidos. Cessaria então a deploravel instabilidade das administrações provinciaes, mal desconhecido no antigo regimen, pois serviam por triennios os governadores nomeados pela metropole, e muitos houve que duraram mais tempo.

Na republica norte-americana, os governadores, secretarios e altos funccionarios que o presidente noméa para os *territorios*, servem quatro annos, com quanto possam ser exonerados antes. Nos estados constituidos, todos os altos funccionarios teem um periodo fixo, excepto si destituidos em virtude de processo. Imagina-se a segurança que d'ahi resulta para a marcha administrativa, e sua benefica influencia na promoção dos melhoramentos publicos. No Brazil, porém, a immobilidade se perpetúa com a rapida successão de scenas e figuras do quadro administrativo.

Cada anno vê-se aqui, de viagem para as provincias, um enxame de presidentes, chefes de policia e outros empregados, que, sem demora, emprehendem novas viagens em demanda de novos climas. [1]

Não procede isto sómente da inconstante politica que não cessa de nomear e demittir ministerios, os quaes por sua vez revolvem todo o funccionalismo; pois tem-se visto um mesmo ministerio, no curto periodo da sua existencia, fazer e desfazer o quadro dos

---

[1] Baste um exemplo, quanto aos presidentes. No espaço de 45 annos (1824 a 1869) o Maranhão conta 73 administrações, exercidas por 53 cidadãos diversos. O meio termo é 7 mezes e 11 dias para cada uma. A maior foi de 3 annos e 9 mezes, serviço effectivo. O mesmo se póde repetir de quasi todas as provincias, e depois de 1850 o mal aggravou-se consideravelmente. Nas maiores provincias, em regra, o presidente renova-se em cada verão, depois de incerradas as camaras.

presidentes. Todavia, essa mesma instabilidade é ás vezes conveniencia politica para o poder e allivio para o povo, quando ambos libertam-se de administradores cuja conservação fôra insoportavel ou perigosa. No systema actual, ella é, pois, um mal necessario, derradeira esperança das provincias e supremo recurso do governo.

Que enormes sacrificios impõe, entretanto, organisação tão viciosa! E' uma vulgaridade, repetida cem vezes nas lamentações da imprensa e da tribuna, que carecem as provincias de impulso efficaz para estrearem uma éra nova de melhoramentos reaes; que nenhuma, excepto talvez o Rio de Janeiro, possue carta topographica digna de fé; que todas clamam por um plano de estradas; que não se navegam, nem se limpam os rios, nem os portos se escavam; que as finanças se compromettem em obras de luxo nas capitaes, em emprezas começadas por vaidade ou continuadas sem energia; que em orçamentos, planos, projectos e pura phraseologia official se perde o tempo e consomme a paciencia do povo; que faltam á instrucção primaria professores idoneos, casas, livros de escola, e não existe a secundaria quasi em parte alguma, não obstante assignalar-se cada presidencia por um novo regulamento para as escolas publicas; que, finalmente, em officios, intrigas eleitoraes e viagens de recreio passam esses breves governos de uma estação. O logar commum é aqui a viva expressão da realidade.

Não é menos unanime a queixa contra a qualidade dos sujeitos a quem se abandonam as provincias. Quando a hypocrisia vai buscal-os, por pretendida moderação, fóra dos partidos, é então que justamente se escolhem peiores: porquanto, em um regimen politico que assenta na vida activa dos partidos, não é longe delles que se ha de incontrar cidadãos mais dignos e capazes.

Inhabeis e futeis são tantos dos presidentes nomeados pelo governo imperial, que sem hyperbole poder-se-ia dizer — que o povo, inda que quizesse, não elegeria peiores. Alguns conhecemos literalmente ignorantes de qualquer sciencia ou arte; outros que nem aprenderam a grammatica; muitos que não brilhavam por seus costumes privados... Não; peiores não póde haver que os governadores d'aqui enviados a perverter, atrazar, individar e desgovernar as provincias. [1]

Ora, nem sempre tem o governo liberdade para demittir um máu presidente; outras vezes a sua conservação lhe é imposta por interesses politicos, e até por uma erronea preoccupação do principio da autoridade. Este falso sentimento de dignidade forçou o gabinete de 16 de julho a manter presidentes e vice-presidentes que violaram o acto addicional, entregaram a policia a criminosos notorios, e intervieram

---

[1] « Os presidentes que teem sido consignados a partidarios para segurarem ou levantarem influencias pessoaes, teem feito peior (que as assembléas), teem desmoralisado muito as provincias.... O governo geral deve mandar presidentes que pelo seu caracter honesto e espirito de justiça moralisem em vez de desmoralisarem, que não sejam meros e despreziveis instrumentos eleitoraes. » V. de Uruguay: *Administração das provincias*, vol. 2°, p. 233.

nas eleições de um modo raras vezes igualado neste paiz classico da corrupção e oppressão do voto. De sorte que é perfeitamente illusoria a vantagem, que álias permitte o actual regimen, da prompta destituição do administrador culpado ou incapaz.

No dominio de ambos os partidos, acharam-se varios presidentes sob o peso das mais graves accusações; e, si nem todos mereceram o vilipendio publico, não consta tambem que sobresaissem muitos eminentes administradores d'entre os centenares nomeados desde 1822. Si a inconstancia politica e a rapida mudança consentiram a mui poucos revelar dotes superiores, a todos acanhava o espirito do governo central, que os inspirava, retinha e comprimia. Como quer que seja, parece justo perguntar:—que juizo se deve fazer de um regimen, que, em épocas diversas, offerece frequentemente o facto de confiar-se a administração provincial a jovens inconsiderados ou a caracteres corruptissimos? no que consiste a sua vantagem quando não é isto compensado por um numero consideravel de administradores idoneos, que, por seu genio, probidade e serviços, resgatassem a esterilidade, os vicios e os crimes dos outros?

Corrompido pelo excesso de poder, pela centralisação, não póde mais o governo exercer com vantagem publica a faculdade de nomear o presidente. Alliviando-o de uma responsabilidade que exagéra e excita a impopularidade em que cahiu o governo, a eleição do presidente pelo povo estimularia o caracter nacional.

Fôra então possivel procurar os administradores fóra do limitado circulo dos clientes de homens politicos, dos bachareis em direito e dos funccionarios submissos. Como a administração deixaria de ser, no systema que imaginamos, sciencia vedada aos profanos, tornando-se arte accessivel a todo o homem de senso e probidade, é mui natural que as provincias prefirissem, para governa-las, alguns dos seus mais notorios habitantes, pessoas cuja virtude e patriotismo fossem indisputaveis. Em todo o caso, havia ser mais difficil a um homem nullo ou improbo recommendar-se á maioria dos eleitores que o conhecem, do que a um ministro que o despache a rogo de protectores pouco escrupulosos

Ainda que a escolha da provincia recahisse em sujeitos tão deshonestos como alguns nomeados pelo governo, é mais provavel que se emende ou modere no primeiro caso, que no segundo. Exija a lei, como nos Estados-Unidos, a condição do eleito ser natural da provincia ou della domiciliario: basta a circunstancia de presidir aos seus conterraneos, entre os quaes continuará a viver, e cujo odio ou desprezo hão de amargurar-lhe a existencia, para que seja mais cauteloso e digno, e em caso nenhum ostente essa protervia, esse escandalo, que tantas vezes os delegados do imperador dão em espectaculo ás provincias. Sabem estes ultimos que, passado um breve semestre, desempenhada a sua commissão eleitoral, volvem á côrte, ao seu emprego, ás vantagens do antigo valimento, sinão promovidos a maiores honras, ou elevados ao ministerio. De longe vê a provincia ludibriada coroar-se o seu Verres. Ausente, á grande distancia, que receia elle do odio impotente da sua victima? E, por outro lado, no decurso de sua administração, será acaso sensivel ao juizo dos que governa? póde isto contel-o? Nada o contém, sinão o aceno da côrte; mas quando esta manda vencer a eleição, como ha de moderar ou punir o instrumento da corrupção politica?

E aqui chegamos ao ponto ardente da questão, ao argumento decisivo. O presidente é, no Brazil, um instrumento eleitoral. E' por meio delles que se elege periodicamente a chancellaria do nosso absolutismo dissimulado. Montar, dirigir, aperfeiçoar a machina eleitoral, eis a sua missão verdadeira, o seu cuidado diurno e nocturno. Interesses materiaes, melhoramentos moraes, finanças, justiça, policia, as regras salutares da administração em terra civilisada, o respeito ao direito, a homenagem á virtude, tudo se esquece ou conculca diante da suprema necessidade de uma maioria parlamentar ou de uma camara unanime. Então, é o governo logico nomeando quem pareça mais habil ou mais despejado para fabricar-lhe nas vinte provincias uma assembléa que sustente a politica preferida pelo imperador. Assim tem sido pela força das cousas; e desta sorte, si não conseguiu formar um pessoal administrativo idoneo, este regimen adéstrou veteranos da corrupção das urnas.

Emquanto, nomeado pelo imperador, o presidente, vice-rei irresponsavel, fôr independente da amesquinhada assembléa provincial, é inevitavel que intervenha, dirija, opprima e vença as eleições. Não ha impedil-o, sejam embora magnificas as garantias escriptas no frio texto das leis. Eleito pelo povo, igual, não superior á assembléa, fique o presidente circunscripto ás modestas funcções da administração local: —e quebrar-se-ha para sempre esse formidavel instrumento de corrupção. Os deputados cessarão de ser representantes da côrte consagrados por um voto extorquido. Livre será o parlamento, e não sel-o-ha tanto o poder moderador.

§ III.—*Orgãos da administração provincial.*

Desinvolver a administração provincial, dar maior dignidade aos chefes dos seus diversos serviços, é corolario das reformas descentralisadoras.

Electivo, o presidente devêra de ter um conselho composto dos seguintes secretarios: o secretario do governo, o inspector da fazenda, o chefe da policia e justiça, o director das obras publicas, o da instrucção, o commissario dos immigrantes, etc. Pouco importam nomes: o essencial é que cada assemblea crêe, una ou separe esses cargos superiores, conforme o permittam os recursos da provincia e o recommende a lei da divisão do trabalho.

A idea de differentes secretarios para o governo provincial não é nova. Um projecto offerecido em 1832 pelo deputado Hollanda Cavalcanti (visconde de Albuquerque), dizia: « Compete ao presidente da provincia... nomear secretario ou secretarios para o expediente da administração provincial.» Na constituição reformada de Pouso-Alegre, o art. 157 dispunha: « Haverá em cada provincia as secretarias necessarias. Seu numero, empregados e ordenados, e obrigações, serão provisoriamente regulados pelos respectivos presidentes, até que as assembléas provinciaes resolvam definitivamente.»

Com estes complementos, qual não seria então a vida dos poderes locaes! Assembléa legislativa dividida em duas camaras, e reintegrada nas faculdades confiscadas em 1840; poder executivo proprio, com os orgãos ou agentes necessarios:—tanto bastára para renovar nas provincias aquelle espirito da épocha regencial, quando Minas, S. Paulo, Bahia, Pernambuco eram fócos de vitalidade, onde homens eminentes floresciam na primavera da nossa liberdade politica.

Mas dir-se-ha: « Vós aniquilais o poder da corôa, vós a reduzis a um symbolo vão, ao papel de imperador da Allemanha.» E' a objecção dos fanaticos da monarchia á emancipação das provincias. Não! a corôa brazileira dispõe dos mais vastos poderes. Tem o véto suspensivo durante duas legislaturas, o que praticamente equivale ao véto absoluto; tem o direito de fazer as grandes nomeações; tem o de suspender as garantias politicas na ausencia da assembléa geral; tem o de declarar a guerra e celebrar a paz; tem o de negociar tratados de qualquer natureza, dos quaes, e em tempo de paz, só não podem ser ratificados sem voto do parlamento os que involvem cessão ou troca de territorio; tem, em summa, tudo quanto é grande e formidavel, a substancia do poder nacional. Em nenhuma das nomeações de seus agentes, a não serem os ministros, está a corôa directamente sujeita ao véto do corpo legislativo. Assim, quão distante da organisação democratica dos Estados-Unidos, por exemplo, onde é tão limitado o poder central e tão circunscripta a sua autoridade executiva, não ficaria o Brazil, ainda que se tornassem electivos os presidentes das provincias! [1]

[1] V. Parte 1, cap. V.

CAPITULO IV.

A MUNICIPALIDADE.

O regimen das municipalidades, a policia e a força policial, a justiça local ou a de primeira instancia, devem ser da competencia do poder legislativo provincial, e assim o quizera a lei das reformas de 1834.

Certo, esta opinião affronta as práticas e os prejuizos actuaes: nada mais facil, porém, do que pôr em evidencia o inconveniente de leis uniformes do parlamento para cada um desses serviços, eminentemente municipaes.

Bem o sentiram, quanto á justiça e á policia principalmente, algumas das provincias do Norte, que, depois do acto addicional, promulgaram leis adaptando estas instituições ás suas proprias circunstancias. E, na verdade, quão esmagadora é a uniformidade nas organisações da justiça, da policia e das municipalidades, proclamada pela reacção de 1840! Descentralisemos os interesses locaes assim centralisados: restituamos ás provincias a faculdade de que algumas souberam valer-se, em nome do acto addicional, para formarem a policia, a justiça e administração municipal, que melhor lhes convinha.

« Heresia! » a estas palavras bradarão os declamadores de lugares communs. Mas, antes de fulminarem o anathema, dêem os espiritos reflectidos alguns momentos ao exame dos preceitos que certos doutrinarios lograram insinuar como principios organicos do nosso systema politico.

E' idea falsa, producto de uma escola perniciosa, a doutrina que os conservadores fizeram circular desde 1836, estabelecendo que são *essencialmente geraes* cargos e funcções até então reputados provinciaes por sua natureza e em virtude do art. 10 § 7º do acto addicional. Com effeito, nessa épocha se consideravam municipaes ou provinciaes os cargos de juiz de direito, juiz municipal e de orphãos, juiz de paz, jurado, promotor e vereador. Pois bem: em virtude da lei de 1840 as *attribuições* destes funccionarios ficaram excluidas da competencia das assembléas, a quem só foi conservada a faculdade de fixar o *numero* delles, ou a de dividir as circunscripções administrativas. Esses taes, diz o parecer da commissão de 1837, « são empregados *provinciaes e municipaes* creados por leis geraes, para execução de leis tambem geraes, relativas a objectos sobre que não podem legislar as assembléas de provincia. » Que logomachia! Para dar á lei de 1840 a apparencia de interpretação, era mister este esforço de subtileza e obscuridade.

São, diz o parecer, funccionarios *locaes*, do municipio ou da provincia; mas é lei *geral* a que deve creal-os.

Desempenham serviços locaes, mas as leis que lhes

definem as attribuições, as leis que os regem, não podem ser provinciaes.

São commissarios de interesses da localidade, mas é o parlamento que ha de regulal-os, sobre elles não podem legislar as assembléas de provincia!

Exige a importancia do assumpto o desinvolvimento de cada um dos pontos indicados: encaremos o governo municipal na sua mais larga accepção.

§ I. — *O vicio da uniformidade. Diversidade dos municipios: competencia das assembléas.*

A administração dos interesses collectivos que constituem o municipio, o serviço das vias de communicação, as ruas, os jardins, os lugares de logradouro publico, a illuminação, as aguas, a irrigação, os esgotos, os incendios, a escola, o hospital, o cemiterio, e tantos outros, não offerecem em parte alguma typos uniformes em importancia ou grandeza.

A extensão e riqueza dos municipios urbanos ou ruraes, o gráu de adiantamento dos povos, as circunstancias physicas e a densidade da população variam profundamente em cada uma das partes do imperio, no norte, no centro, no sul, no oeste; variam mesmo, com feições pronunciadissimas, nas differentes comarcas de uma mesma provincia.

Essa diversidade de circunstancias locaes devêra influir no modo de organisar-se o governo interno de cada provincia. Algumas careceriam de mui aperfeiçoada divisão dos serviços locaes, separando-se, por exemplo, a administração municipal civil (a dos interesses acima indicados) da policia preventiva e da justiça correccional; outras haveria, porém, onde fosse mais adequado, á falta de pessoal idoneo ou pela estreiteza da localidade, confundir esses varios serviços nas mãos das mesmas autoridades. Pelo contrario, em uma grande cidade não bastaria somente separar e confiar a agentes diversos as funcções, mais ou menos distinctas, que aliás tanto se confundem e devem praticamente harmonisar-se, da administração civil, da policia e da justiça:—nessas maiores povoações, com effeito, seria preciso, para conseguir resultados efficazes, subdividir e entregar a commissarios especiaes ramos particulares de cada um destes interesses. Assim, nas vastas agglomerações de povo, nas metropoles commerciaes ou politicas, seria a instrucção objecto exclusivo de uma administração privada; os incendios, de outra; e de outra igualmente a policia das ruas e praças.

Em alguns lugares a propria municipalidade executaria as obras e dirigiria o serviço dos aqueductos, dos esgotos, da illuminação, que outras aliás incumbiriam a emprezarios com maior vantagem.

Onde o espirito publico, illustrado e moralisado, inspirasse confiança, a eleição periodica fôra o meio regular para a escolha de todos os funccionarios municipaes. Onde, porém, a ignorancia e a negligencia do povo assignalassem a sua inferioridade, o principio electivo, aliás eminentemente moralisador e fecundo de patrioticos incentivos, não merecêra ser applicado na mesma escala a todos os funccionarios e a todos os ramos da administração.

Respeitar a diversidade de circunstancias entre as pequenas sociedades locaes que constituem uma mesma nacionalidade, tal deve ser a regra suprema das leis *internas* de cada Estado. Neste sentido, a variedade sob o systema federativo leva decidida vantagem á uniformidade administrativa, quer da monarchia centralisada, quer da republica uma e indivisivel.

Supponha-se uma lei municipal vasada no molde mais perfeito de um liberalismo consumado; supponha-se a mais larga em suas bases e nos seus meios de acção: talvez não seja essa a melhor para o Brazil inteiro, talvez redunde em grande decepção. Por ventura, o municipio no Brazil, ou em outra parte qualquer do mundo, offerece um typo commum, que regular-se possa por lei uniforme do parlamento nacional? Onde está, dizei-nos, esse typo commum, identico, em Inglaterra e nos Estados-Unidos, cujas parochias e municipios são aliás cousas reaes, não entes de razão?

Sabemos que escriptores descrevem, compondo-o de traços particulares de municipios distinctos, o que elles chamam o *systema municipal* dos Estados-Unidos, da Inglaterra, da Allemanha: mas isto é uma generalisação do escriptor, é creação do publicista. As leis não conhecem municipios tão uniformes e perfeitos; as leis os organisaram differentemente sob a lenta acção do tempo, ao influxo de necessidades e interesses que variam, variando as leis. «Como a familia, existe a communa antes do estado, dizia Royer Collard; a lei politica a incontra, mas não a crêa.»

A uniformidade nos mata. Não! não é de lei uniforme, por mais liberal que seja e mais previdente, que depende ressuscitar o municipio; depende isto de leis promulgadas por cada provincia, conforme as condições peculiares de cada municipio.

Leito de Procusto, a legislação symetrica é um sonho enganoso: effeito da paixão niveladora, ella só gera decepções. [1]

---

[1] Reflexão identica faz o Sr. Odilon-Barrot quanto á propria França, onde sem duvida ha muita mais cohesão nacional e a superficie da civilisação não offerece tão extraordinarias differenças de nivel. «A pretenção de submetter ao mesmo regimen administrativo todas as communas de França, foi sempre, diz elle, o grande obstaculo a qualquer reforma séria do governo municipal entre nós. Entretanto, cumpre reconhecer que nada se parece menos com um grupo de quarenta a cincoenta fogos escondidos n'alguns valles dos Cévennes, dos Alpes ou dos Pyrineos, do que cidades da ordem de Pariz, Lyão, Marselha e Bordéos. A pretenção de sujeitar umas e outras ao mesmo regimen administrativo, é simplesmente contraria á natureza das cousas; e é todavia essa pretenção que obstinadamente se quer prevaleça em todo o nosso systema administrativo.... Seria mais liberal que houvesse um regimen municipal para as grandes cidades e outro regimen apropriado ás communas ruraes.» (*La centralisation*, p. 212.)

A vantagem de certa variedade nas instituições administrativas do paiz é attestada por um acto do proprio governo imperial. O decreto de 19 de janeiro de 1867, organisando o serviço das colonias do Estado, deu-lhes administração municipal mui differente da lei de 1828, creando uma junta nomeada por eleição e presidida pelo director, que é o agente administrativo desses nucleos de immigrantes. Comquanto se note a singularidade do poder executivo organisar por decreto seu o governo municipal de uma parte do nosso territorio, é forçoso confessar que as colonias careciam, com effeito, de uma administração economica especial. (V. a Parte III, cap. IV.)

Na orbita municipal entram serviços de diversa natureza, que podem andar unidos ou separados. Não offerecendo todos um typo commum, as leis que os organisassem seriam despoticas, si fossem uniformes: e desde que, pela variedade das formas que tomam, os interesses municipaes não pódem ser previstos por lei nacional symetrica, só ás legislaturas das provincias deve caber a faculdade de regulal-os.

Organisadas as municipalidades por lei de cada assembléa, não sobre a base de imaginario typo commum, attender-se-iam certamente as condições peculiares de cada localidade. As leis municipaes seriam as cartas de cada povoação doadas pela assembléa provincial, alargadas conforme o seu desinvolvimento, alteradas segundo os conselhos da experiencia. Então, administrar-se-ia de perto, governar-se-ia de longe, alvo a que jamais se attingirá de outra sorte.

Comprehende-se que haja em cada provincia lei prescrevendo certos principios geraes do regimen municipal, como sejam a electividade de alguns cargos ou pelo menos a dos conselhos deliberantes, a materia das imposições, as despezas e serviços obrigatorios ou essenciaes: mas leis especiaes permittam a uma vasta cidade, ou a um rico municipio, aquellas franquezas e aquella organisação que mais efficazes forem ahi.

Depois do acto addicional, algumas das assembléas de provincia intenderam-se no direito indisputavel de alterarem a organisação symetrica dada aos municipios pela lei do 1° de outubro de 1828. Por exemplo, creando prefeitos e sub-prefeitos, uma lei de S. Paulo (de 11 de abril de 1835) incumbia-os de executar as posturas municipaes, de nomear os fiscaes, agentes a elles subordinados, e de propôr ás camaras as medidas necessarias a bem do municipio. E essa mesma lei, cumpre notal-o, sentiu a necessidade de reunir nas mãos dos prefeitos attribuições policiaes, inclusive a de prender os delinquentes. Seria acaso infundada esta accumulação de funcções distinctas? talvez, pelo contrario, então fosse isso mister naquella provincia; talvez lhe parecesse então que era o mais efficaz meio de realisar praticamente o governo economico das cidades e villas promettido pela constituição.

Outras leis de outras provincias, na mesma época, insaiaram iguaes medidas. O que isto provava? provava eloquentemente que o typo da lei de 1828 não parecia accommodado ao paiz inteiro; provava que cada provincia recorria a esses complementos práticos e alterações para obter melhores resultados; provava que, nesse como em tantos outros assumptos, o paiz, entregue a si mesmo, libertado da centralisação monarchica derrubada a 7 de abril de 1831, entrava no periodo fecundo da experiencia. Passado esse periodo das vacilações, tentativas e erros, o paiz gozaria afinal o resultado immenso da experiencia consumada, attingindo, depois de varios tentames, ao nivel da paz e da segurança sob instituições livres, apropriadas ás suas circunstancias, producto da elaboração popular, com o prestigio do cunho nacional.

§ II.— *O acto addicional e as municipalidades.*

Foi o acto addicional que anniquilou as camaras municipaes? O visconde de Uruguay a cada passo exclama que os liberaes de 1831 exaltaram a provincia á custa do elemento local, accusação que até se incontra repetida por escriptores da nossa escola.[1] E' uma grave censura á obra de 1834; examinemol-a sem prevenções de partido.

Qual foi o pensamento dos arts. 10 e 11 do acto addicional? Conferir á assembléa, não ao presidente, a superintendencia sobre as camaras: idéa capital, pensamento justo.

Mas como exerceria a assembléa essa superintendencia sobre as localidades da sua provincia? De dois modos: por medidas geraes ou por actos parciaes.

---

[1] O Sr. ministro do imperio, justificando o seu projecto de reforma municipal (1869), fez, pelo contrario, a seguinte justa reflexão: « Attribue-se ao acto addicional ter aniquilado o municipio, manietando-o ás assembléas provinciaes, que o deixaram em abandono, substituindo a iniciativa local pela ausencia de direcção. Ha razão, mas só apparente, nossa accusação. O systema do acto addicional, seu espirito, suas tendencias descentralisadoras, as intenções de seus autores, não justificam a intelligencia que, com relação ás municipalidades, se lhe tem dado na prática. »

Apreciando esse projecto do governo, dizia o relator da commissão da camara: « Accusam-no (o acto addicional) de haver suffocado as municipalidades. Tal não fôra o intento de seus autores. Pelo contrario, em seu pensamento descentralisador se continha virtualmente o alargamento da instituição municipal, como continuação e complemento da obra realizada a respeito das provincias. »

Praz-nos reconhecer a sinceridade com que se pronunciam alguns dos nossos adversarios.

Assim, em virtude do acto addicional, fôra permittido a cada assembléa publicar leis regimentaes, obrigatorias para todas as camaras da respectiva provincia, sobre:

Desapropriação (art 10 § 3º);

Policia e força policial do municipio (§ 4º);

Interesses propriamente economicos (§ cit.);

Fontes de receita, e despezas obrigatorias ou facultativas (§ 5º);

Prestação de contas (§ 6º);

Emprestimos (art. 11 § 3º);

Funccionarios municipaes, e vencimentos dos que forem estipendiados (art. 10 § 7º).

Supponhamos o acto addicional em inteiro vigor, sem as restricções da lei de 12 de maio de 1840: acaso essas largas disposições, intendidas á luz do principio descentralisador que dictou-as, não forneceriam ás provincias a precisa liberdade para constituirem o seu regimen municipal, conforme ás suas peculiares circunstancias?

O espirito da reforma constitucional era certamente investir as assembléas da superintendencia sobre as camaras; mas, na esphera das amplas faculdades relativas aos municipios, legislando sobre a sua economia, policia, funccionalismo, receita e despeza, cabia ás assembléas applicarem ás localidades de cada provincia o systema de governo mais proveitoso. E algumas o tentaram, com effeito: já citámos a lei municipal de S. Paulo; no lugar proprio mencionaremos as leis judiciarias e policiaes de varias provincias do Norte[1]. Fosse ou não acertado o systema administrativo que as assembléas inauguravam, não se deve negar que as verdadeiras instituições locaes do Brazil iam brotar á sombra do acto addicional. O tempo aperfeiçoaria lentamente a creação espontanea da iniciativa provincial; a experiencia dar-lhe-ia o cunho das instituições duradouras.

Mas... ahi veio a lei de 12 de maio de 1840. Amputou-se o acto addicional; a provincia desceu da sua dignidade em nosso systema de governo: substituiu-a o *departamento* francez. Diceram: «as assembléas, usando das faculdades constitucionaes, anarchisam o paiz. Restabeleça-se a centralisação!» E, em verdade, depois do golpe de estado de 1840, não puderam mais as assembléas legislar, por medida de caracter geral, sobre a economia e a policia municipal. Só o pódem agora fazer diante de cada hypothese, a proposito de cada postura, de cada obra, de cada orçamento municipal. Tal é o fim da exigencia de prévia proposta das camaras (art. 1º da lei de 1840). Muito menos pódem alterar a symetria dos serviços locaes, crear novos empregos ou supprimir os antigos, dar e tirar-lhes attribuições (artigo 2º). Desde então, pois, a autoridade das assembléas sobre as camaras somente se faz sentir pelo lado máu, pela excessiva dependencia e concentração dos negocios nas capitaes das provincias.

Privadas as assembléas de poderem regular os in-

[1] Caps. V e VII.

teresses municipaes por medidas de caracter geral, por leis organicas adaptadas ás circunstancias de cada região, ficou sua missão reduzida a uma impertinente tutela, requintada pelas perniciosas práticas introduzidas desde 1840 na administração publica.

Si o acto addicional subsistisse no seu vigor primitivo, si uma excessiva timidez sobre a sorte da integridade do Brazil não houvesse affrontado as consciencias, si em vez da subita vertigem reaccionaria fosse permittido á experiencia julgar da obra de 1834, — não duvidamos que, á sombra desta lei gloriosa, teriam as provincias fundado a liberdade municipal, primeira condição do governo do paiz pelo paiz. Sob a influencia de sentimentos oppostos ás doutrinas centralisadoras que depois prevaleceram, por si mesmas renunciariam as assembléas a uma tutela vexadora e perniciosa; e marchariam as provincias para o ideal dos Estados-Unidos, onde a municipalidade é escola de liberdade e governo [1].

Lamentam hoje os conservadores o aniquilamento dos municipios, e accusam os autores do acto addicional. Pois bem: porque motivo em 1840 não emendaram a lei das reformas? porque a revogaram sómente naquillo que prejudicava á centralisação? Demais, nessa época não mostravam elles sentir essa necessidade de franquezas municipaes, que põem hoje por diante para esconderem um de seus maiores es-

---

[1] « Para a liberdade que ellas põem ao alcance do povo, são as instituições municipaes o mesmo que para a sciencia as escolas primarias. » *Tocqueville.*

tragos, a ruina do poder legislativo provincial. E quem promulgou as leis restrictivas que subsistem no Rio de Janeiro, onde tem elles governado quasi sem interrupção?[1] Ahi, de facto, não existe poder municipal, comquanto em nenhuma parte do imperio se incontre mais espirito municipal. É desta provincia a lei que prohibe ás camaras, sem prévia approvação, executarem obra superior a 500$000! É isto por ventura exigencia do acto addicional?

---

[1] «Quer a camara municipal construir um cemiterio? Ao presidente da provincia compete approvar o plano, sem o que não póde a camara construil-o.

» Quer desapropriar um terreno para uma rua, estrada ou logradouro publico? Ao presidente da provincia compete declarar si a desapropriação é de utilidade.

«Quer fazer uma obra de evidente utilidade publica? Não o póde sem prévia licença do presidente da provincia, si fôr de custo excedente a 500$000.

« Dá-se um caso extraordinario que interessa á segurança ou saude publica, e que pede prompto remedio, exigindo uma despeza não prevista no orçamento municipal, ou determinando a necessidade de exceder uma verba decretada? Não o póde fazer a camara sem prévia licença do presidente da provincia.

«Finalmente, para não ir mais longe, não podem as camaras nomear um simples guarda de cemiterio sem sujeitar essa nomeação á approvação do presidente da provincia.

« E, como si não bastassem todas essas dependencias, ainda se pretende que o empregado da camara municipal, por ella demittido, póde ser reintegrado por uma simples portaria do presidente da provincia.

«Tal é, em geral, o estado actual de nossas municipalidades. Não é preciso commenta-lo, basta expôl-o.» Sr. Cortines Laxe, *Commentarios á lei do 1º de outubro*; prefacio.

§ III.—*Autonomia do municipio; bases de reforma.*

A censura que se faz á lei de 1834, cabe melhor, em verdade, á de 1840. Entretanto, devemos confessal-o, a experiencia havia manifestar a necessidade de interpetrar os citados §§ do acto addicional; havia ella patentear que se devia tirar ás assembléas dominadas da paixão centralisadora pretextos para embaraçarem a autonomia do municipio. A interpretação, que então se fizesse, seria certamente para um fim mui diverso da de 1840.

Para fazerem despezas municipaes de qualquer natureza; para remunerarem os respectivos empregados. para applicarem suas rendas a obras locaes de qualquer importancia ; para fixarem as taxas dos impostos existentes ou crearem novas fontes de renda, salvo o direito da assembléa revogar as que prejudicassem ao interesse provincial ou nacional ; para decretarem posturas a bem da economia e policia puramente municipaes ; até mesmo para contrahirem emprestimos, nos casos e com a fórma prefixados por lei provincial; ou para desapropriações, na fórma igualmente de lei anterior : fosse reconhecida a plena autonomia das municipalidades.

O interesse particular ficaria em todo o caso garantido contra os abusos pelo recurso perante os tribunaes de justiça: e os interesses economicos do municipio inteiro pelo recurso perante o voto nas eleições periodicas, que por isso deveriam ser, quando muito, biennaes.

Alguns intendem, porém, que a reforma precisa reduz-se á creação de um agente administrativo, a quem se delegue a parte executiva das actuaes attribuições das camaras, e certas funcções que a ellas se recusam. « A deliberação pertence a varios, a acção a um só: » eis o axioma com que se justifica essa opinião. Mas, posto seja verdadeiro o principio, póde-se errar na sua applicação. E aqui nos fornecem os Estados-Unidos mais um exemplo notavel.

Nas *townships* da União, em regra, cada membro da corporação municipal é, por seu turno, o administrador *activo*, e executor das deliberações tomadas por todos conjunctamente. Na França, pelo contrario, o conselheiro communal é apenas legislador da sua cummuna. Assim, nos Estados-Unidos, a assembléa dos *select-men* (administradores municipaes) subvide-se em commissões, incumbidas cada uma da execução de medidas tomadas sobre certa especialidade; ahi se dispensa, geralmente, a entidade chamada *maire*, que em França é o complemento do conselho communal. Geralmente, dizemos, por quanto algumas das maiores cidades, por suas peculiares circunstancias, possuem, sob o nome de *mayor*, um funccionario que exerce algumas das attribuições de agente executivo e presidente municipal.

Reportando-nos ás considerações que já fizemos sobre a incompetencia do parlamento para a creação do cargo proposto [1], ajuntaremos sómente que o mais acertado fôra não adoptar typo algum exclusivo.

Marcassem as assembléas provinciaes a cada municipio um numero de vereadores correspondente á sua população. Os vereadores pudessem, não só dividir-se em commissões executivas, como eleger um ou mais administradores, retribuidos ou não, tirados dentre si ou dos votantes do municipio [2]. Dessa regra ficassem exceptuadas unicamente certas localidades interiores, cujo atrazo não permittisse tantas franquezas. Fugissem, porém, as assembléas de conferir ao presidente a nomeação do administrador municipal, seja embora a escolha circunscripta á lista dos vereadores. Não adoptassem nem a idéa, que se ha tambem indicado, de converter em *maire* o mais votado delles. No primeiro caso dar-se-ia ao poder mais uma intervenção nos negocios locaes; no segundo, commetter-se-ia o erro de pedir ao acaso uma escolha acertada, como já o notámos em hypothese identica.

Insistamos na idéa de deixar a cada assembléa a maior liberdade na apreciação das circunstancias dos municipios; insistamos na conveniencia de ellas mesmas não promulgarem leis uniformes para todos, mas *cartas* constituitivas de cada um, que se refor-

---

[1] Cap. I, § 4º.

[2] « O senso prático dos inglezes e norte-americanos, escreve Vivien, sugeriu-lhes methodos bem diversos. Nesses paizes os negocios das communas não estão accumulados sobre uma só cabeça. Cada cidade tem agentes especiaes para o calçamento, para a illuminação, para os actos de beneficencia, etc. »

mem e melhorem parcialmente, segundo os conselhos da experiencia.

Nenhuma reforma municipal, expedida do Rio de Janeiro, poder-se-ia adaptar perfeitamente ás peculiares condições de cada região deste vastissimo imperio: cumpre, entretanto, confessar que, dentre os projectos até hoje submettidos ao parlamento, alguns conteem providencias de incontestavel vantagem.

Tentando reorganisar as camaras, um projecto do governo (1862) propunha-se emancipal-as em parte da tutela que as opprime, permittindo-lhes tomar *resoluções* definitivas sobre a applicação da sua receita aos differentes serviços municipaes, e entre estes enumerando alguns que ainda se consideram geraes ou provinciaes [1]. Creava, porém, um administrador municipal escolhido pelo governo e os presidentes dentre os vereadores; e tantas attribuições lhe dava que neste agente administrativo se convertia o poder municipal.

Por outro lado, e não obstante a garantia derivada da presença do representante da autoridade, não se deixava o municipio inteiramente livre, como deve sel-o, na votação dos seus orçamentos, que continuariam dependentes da approvação annual. Entretanto, na propria França, ha muito se reconhece a necessidade de conceder ás communas maior liber-

---

[1] V. o artigo 12 desse importante projecto, offerecido ao senado na sessão de 30 de agosto de 1862. Elle reconhecia a necessidade de augmentar o numero dos vereadores, que elevava a 11, 13, 15 e 21, segundo os lugares.

dade a este respeito. Projectos da assembléa legislativa, em 1851, davam-lhes o voto definitivo dos orçamentos que não incluissem receita extraordinaria, e que occorressem sómente ás despezas obrigatorias, não passando estas além de um exercicio. E com razão pergunta Vivien: « quando a communa satisfaz a todas as prescripções da lei, quando não empenha o futuro, que risco póde haver em reconhecer-lhe o direito de regular o emprego dos seus recursos disponiveis? »

Demais, facil fôra premunir o interesse geral contra os abusos locaes. Assim como alguem propoz que, no caso do municipio não votar os fundos precisos para occorrer ás suas despezas obrigatorias, a autoridade superior os levante mediante denuncia, como se pratíca em Inglaterra [1];— assim defira-se á assembléa o direito de annullar os actos e medidas das municipalidades contrarios ao interesse publico. Dizemos *annullar*, repellindo a idéa da approvação prévia.

Para corrigir os notorios inconvenientes da tutela exercida por meio da approvação prévia, propõem alguns escriptores que se adopte o expediente de intender-se confirmada a medida que dentro de certo prazo não fôr suspensa ou revogada: decorrido o prazo, escreve o Sr. Batbie, seja de pleno direito a execução da medida não annullada. Eis como, adoptado o sys-

---

[1] V. do Uruguay. *Ensaio sobre o dir. adm.*, vol. 2º, p. 255.

tema preventivo, poder-se-ia attenuar os inconvenientes da prévia approvação.

Em todo o caso, para facilitar o exame dos negocios, fôra indeclinavel crear a commissão permanente das assembléas [1], unica autoridade a quem competisse exercitar a grave attribuição da superintendencia sobre os municipios, salvo, conforme a materia, o recurso que ás partes coubesse para os tribunaes de justiça. Desta sorte, embora se deixasse a maior amplidão ao governo municipal, o interesse geral seria sempre resguardado, não por vexadoras medidas preventivas, mas por actos repressivos do abuso denunciado pela parte queixosa, ou verificado pela autoridade superior.

Sem dar ao municipio a autonomia que pedimos, o projecto formado em 1869 pelo Sr. ministro do imperio contém, todavia, uteis providencias. Elle confere ás camaras (arts. 33 e 37) resolução propria em alguns negocios, comquanto não comprehenda no seu numero outros de maior importancia; e, fazendo regedor da parochia o vereador eleito por ella, resolve, de um modo liberal, a questão dos agentes administrativos Entretanto, a assembléa municipal, entidade nova que ahi surge, composta de membros não electivos, é imitação dos conselhos geraes de França, sem necessidade que a isso obrigue; e, si maior autoridade consente este projecto á camara do

---

[1] Cap. II, § 2º.

municipio neutro (art. 87), impõe-lhe um prefeito nomeado pelo imperador. Seu defeito capital, porém, é o vicio, commum a todos os anteriores, da organisação symetrica para o imperio inteiro. Isto, que por si só estragaria qualquer reforma, nesta chega ao ponto inexcedivel de preceituar as condições para a divisão parochial e municipal, faculdade exclusiva das assembléas provinciaes. [1]

Duas palavras sobre o municipio neutro.

« Em todos os paizes onde radicou-se profundamente a liberdade municipal, estão as cidades sujeitas a outras fórmas e são investidas de outros poderes, que os campos. » Esta observação de Vivien é especialmente applicavel a grandes nucleos de população como o Rio de Janeiro.

As leis vigentes não offerecem a esta metropole uma administração satisfatoria. O povo do Rio de Janeiro paga impostos, que se convertem na receita do imperio, e goza de melhoramentos locaes, que por elle paga toda a nação. Por outro lado, é o povo fluminense excluido de uma parte da autoridade que exerce sobre certos serviços o das outras cidades.

Remediava a esta dupla injustiça um projecto elaborado em 1861. Transferia á administração do municipio neutro os serviços da illuminação, aguas, esgotos, passeios, jardins, vaccina, etc.; e consequentemente lhe deferia as receitas arrecadadas hoje para

---

[1] Cap. I, § 2º, nota.

o thesouro nacional (decima urbana, terças partes de officios, emolumentos de policia, casas de leilões e modas, patente do consumo de aguardente, imposto do gado de consumo, meia sisa de escravos, imposto sobre carros e seges, sello das heranças e legados, e rendimento dos bens do evento).

Entre a receita e a despeza privativas da cidade do Rio de Janeiro, ha, em verdade, um deficit, maior de 800 contos, supprido pelos impostos geraes lançados sobre os contribuintes das provincias [1]. Si é injusto que estes paguem serviços meramente locaes da capital do imperio, tambem não é razoavel recusar ao povo fluminense franquezas municipaes que possue o das demais cidades.

Além disso, por causa dessa confusão das receitas geral e municipal, está a mais rica das cidades do Brazil privada de contrahir emprestimos, e de levantar impostos que os amortisem, destinados a obras urgentes para o seu ornamento e salubridade. Não podem os habitantes do Rio de Janeiro melhorar as suas condições de existencia, que tanto deixam a desejar, nem podem fiscalisar por mandatarios seus os trabalhos que, á sua custa e á custa do paiz inteiro, empre-

---

[1] No exercicio de 1867-68 entraram no thesouro publico 2,689:986$000 provenientes de impostos não geraes cobrados nesta cidade e seu termo. Orça por 700 contos a renda arrecadada pela camara municipal. A somma, portanto, da receita local do municipio neutro é cerca de 3,400 contos.

Segundo o balanço de 1866-67, despenderam os ministerios do imperio, justiça e obras publicas, com serviços especiaes da cidade e seu districto, 3,555:236$. A camara municipal gasta cerca de 700 contos. E', pois, de 4,250 contos a despeza effectiva do municipio neutro.

A PROV'

hende o governo imperial com a timidez e a negligencia que caracterisam a nossa administração. O Rio de Janeiro sem duvida pagaria de bom grado imposições, que em breves annos transformassem as suas condições moraes e materiaes. Quando se vê o orçamento municipal de Pariz subir ao algarismo, aliás excessivo, de 240 milhões de francos; quando sabe-se que as dividas das grandes metropoles crescem na proporção das suas vastas emprezas[1]; quando se admira a coragem com que as cidades dos Estados-Unidos despendem sommas enormes, gastando New-York, por exemplo, 5,000 contos annuaes só com as suas magnificas escolas: deve-se em verdade lamentar a paciente lentidão com que marcha o Rio de Janeiro.

O provisorio, esse expediente dos governos que não teem fé nos seus destinos, vai perpetuando o adiamento de graves questões. Assim é que ainda não foi decidido qual seja o sitio da capital definitiva do imperio[2]. Mas, entretanto, é acaso justo dilatar sem termo previsto o actual systema municipal desta cidade? Urge dar-lhe organisação mais larga e mais efficaz do que possue. Uma administração municipal que desde já moveria orçamento maior de

---

[1] A directoria das obras publicas de Londres (corporação electiva) devia ultimamente cerca de 7 milhões esterlinos, contrahidos para melhoramentos da cidade (aguas, esgotos, caes, jardins, parques, etc.). Taes emprestimos são gradualmente amortisados por meio de elevadas taxas locaes.

[2] Os arts. 72 da Const. e 1º do Acto Add. excluem da jurisdicção da assembléa provincial o municipio *em que estiver a côrte*, sem designar nenhum.

4,000 contos, superior ao de qualquer provincia, com autoridade sobre vasto, sinão demasiado territorio, careceria sem duvida de um mecanismo particular.[1]

Não havia consistir a reforma nessa regulamentação excessiva, de que é um exemplo mais o decreto de 31 de dezembro de 1868, relativo aos orçamentos e balanços e á prestação de contas da camara municipal da côrte. Pelo contrario, renunciasse o governo á tutela que exerce sobre o municipio do Rio de Janeiro, e lhe désse o parlamento organisação, que o aproximasse, por assim dizer, de uma verdadeira provincia.

Não se argumente com o exemplo de Washington, cuja municipalidade aliás tem certa autonomia: não ha similhança entre a cidade federal levantada no deserto para guardar o Capitolio digno de um povo que confiava nos seus destinos e na sua união, e a séde provisoria de um governo que não revelou-se até hoje bastante seguro do porvir, nem tranquillo sobre a integridade nacional.

---

[1] E' muito menor o districto federal de Columbia, pois comprehende sómente 70 milhas quadradas; mas as duas cidades nelle situadas (Washington e Georgetown) teem cada uma a sua municipalidade independente.

CAPITULO V

A POLICIA

Uma lei se incontra em nossos codigos, de cuja existencia podéra duvidar a posteridade. E' esse acto violento de um partido victorioso, a lei de 3 de dezembro de 1841. Em virtude d'ella, o codigo de 1832, monumento da revolução de 7 de abril, ficou mais do que mutilado, aniquilado, ao menos na parte primeira, a da organisação judiciaria.

O codigo do processo reconhecêra que a policia local deve de pertencer a uma autoridade local e electiva, e incumbiu-a ao juiz popular, o juiz de paz. A lei de 3 de dezembro centralisou o Imperio nas mãos do ministro da justiça, generalissimo da policia, dando-lhe por agentes um exercito de funccionarios hierarchicos, desde o presidente de provincia e o chefe de policia até o inspector de quarteirão.

O codigo do processo incumbíra o juiz electivo da punição correccional de contravenções e delictos secundarios, com recurso para as juntas de paz. A lei de 3 de dezembro privou-o d'essa attribuição meramente local para devolvel-a aos delegados e subdelegados, com recurso para os juizes de direito.

O codigo do processo deixára á policia local o encargo, que a ella pertence, de formar a culpa e prender o culpado. A lei de 3 de dezembro passou esta faculdade aos agentes do poder supremo.

O codigo do processo confiára ao juiz de direito, ao magistrado perpetuo e inamomivel, cercado das precisas garantias, a attribuição de confirmar ou revogar a pronuncia do juiz de paz com assistencia do jury. A lei de 3 de dezembro, que por um lado deferia aos subdelegados e delegados a formação da culpa, entregou por outro a confirmação da pronuncia a mais um agente do governo, o juiz municipal.

O codigo do processo, quanto ao cível, investira da funcção de julgar o magistrado constitucional, o juiz de direito, e déra-lhe por substituto em seus impedimentos, e por executor de seus mandados e sentenças nos termos, um magistrado local, apresentado em listas triplices pelas camaras municipaes, renovado de tres em tres annos, e escolhido pelo governo na côrte e pelos presidentes nas provincias. A lei de 3 de dezembro privou o magistrado perpetuo da funcção de julgar no cível, e confiou os destinos da honra, da propriedade e familia do cidadão a um outro agente do poder central, o juiz municipal, magistrado temporario, sem garantias de independencia e aptidão.

O codigo do processo creára um juiz municipal, mas escolhido pelo governo sob proposta das camaras, proposta que deveria recahir em bacharel formado, advogado habil ou pessoa idonea,—e déra-lhe jurisdicção policial cumulativa com o juiz de paz, de sorte que para a negligencia da autoridade popular houvesse um correctivo sufficiente. A lei de 3 de dezembro, sob o pretexto de que essa negligencia não incontrava correctivo efficaz, montou a machina centralisadora, que desce do imperador ao inspector de quarteirão.

O codigo do processo, em summa, instituíra uma policia local, delegada a uma autoridade electiva local, e lhe déra por substitutos os seus immediatos em votos. A lei de 3 de dezembro organisou uma policia hierarchica, com um exercito de supplentes igualmente nomeados fóra da acção local.

O codigo do processo entregára a funcção de julgar ao magistrado perpetuo, com assistencia do jury no crime, e ao juiz popular nas contravenções e delictos secundarios. A lei de 3 de dezembro creou esse monstro de juizes commissarios do governo, que prendem, processam, punem, executam as proprias sentenças, decidem da honra, da propriedade, da familia, da sorte inteira do cidadão.

A posteridade perguntará maravilhada como é que, durante um largo periodo que já excede de quarto de seculo, tendo possuido, mesmo sob a tyrannia da metropole, as vantagens da magistratura vitalicia rodeada de certas garantias, poude o Brazil descer, depois da sua independencia, a tão odiosa, inquietadora e humilhante organisação judiciaria!

Rever a lei de 3 de dezembro de 1841 é sem duvida das mais urgentes reformas, aquella que primeiro invocam liberaes, aquella porque derramaram sangue.

Similhante ao regimen francez, do inspector de quarteirão sóbe gradualmente nossa policia até o ministro de estado. Si ha centralisação bem caracterisada, é essa hierarchia policial; si podem resistir-lhe a liberdade do voto e a independencia do cidadão, digam os espectaculos que se patenteam aos nossos olhos. Acabemos com este despotismo!

Mas o que se ha de substituir-lhe? Ahi nascem as divergencias. Este ponto merece alguns minutos de reflexão.

§ I,—*A uniformidade da policia. Caracter local das instituições policiaes.*

A actual organisação da policia é, quanto a nós, condemnavel por dois motivos igualmente: porque está um poder immenso, o poder de pender, processar e julgar, confiado ás mãos de instrumentos do governo,—systema primitivo, systema de povos barbaros; e porque, regendo-se por lei uniforme em todo o imperio, acha-se a policia constituida sobre o principio da hierarchia administrativa: dupla e formidavel centralisação. Nossa policia é despotica, e é excessivamente centralisada. Taes são os seus defeitos capitaes. E o primeiro resulta principalmente do segundo.

Não bastaria dizer: «façamos electivos os commissarios de policia em todo o imperio.» A electividade melhoraria consideravelmente a sorte do cidadão em muitas localidades do Brazil; está, porém, averiguado si tal systema fôra perfeitamente accommodado ao paiz inteiro? Como quer que seja, é este um ponto duvidoso, onde se dividem as apreciações. Para cortar a difficuldade, só um juiz fôra competente, em nosso intender: esse juiz é o legislador da provincia, que, pesando as suas condições sociaes e as representações dos povos, désse a cada uma o mecanismo conveniente.

Certo, o melhor dos projectos de reforma judiciaria e policial é o que o Centro Liberal acaba de converter em programa do partido. Fructo de severos estudos, conciliando as aspirações mais geraes, tentou elle combinar os dois extremos, a policia centralisada e a policia electiva. Na ausencia de pleno accordo sobre o vasto programa descentralisador de 1834; emquanto se reputam nacionaes, não locaes, as leis do governo municipal, cumpre aos liberaes adoptar, sem hesitação, a reforma proclamada pelo Centro, como a mais sabia das medidas até hoje formuladas.

Entretanto, é acaso utopia imaginar que, restabelecidas as garantias individuaes, funccionando regularmente o systema eleitoral, renove-se a larga doutrina donde sahiu o acto addicional?

Grande confiança nos inspira o progresso do espirito publico, e nos parece que o primeiro dos objectos sujeitos á sua eritica será a uniformidade das nossas instituições *interiores*, vicio organico, não sómente da lei de 3 de dezembro de 1841, mas tambem do codigo do processo.

Ambos estes monumentos dos dois partidos por seu turno victoriosos, um caracterisando-se pelas largas fórmas liberaes, outro pelas tendencias do despotismo, ambos esses legados da mesma geração de estadistas, teem um sello commum, a uniformidade, que imprimiu-lhes uma das mais funestas paixões para a liberdade, a paixão da symetria. O codigo do processo imaginava um paiz onde fosse igual o nivel da civilisação, da moralidade, do respeito á lei e da aversão ao crime: esta generosa convicção creou a policia livre, a policia do juiz de paz. A lei de 3 de dezembro fantasiou um paiz corrompido, um povo anarchisado: este tristissimo desanimo creou a policia dos janisaros, com a qual o poder executivo sonhou e conquistou a dictadura.

Não! para liberaes não ha hesitar um instante, não ha treguas para a lei de 3 de dezembro: acabemos com esse flagello. Entre a uniformidade sob o despotismo desta lei, e a uniformidade sob as livres instituições do codigo do processo, não ha duvida possivel. Mas é acaso inevitavel o dilemma? Porque havemos systematicamente sujeitar todas as provincias e localidades do Brazil a instituições administrativas identicas? Não é a variedade a condição suprema de um governo livre? Não são as leis de policia nimiamente variaveis, leis algumas vezes de circunstancia? Ouçamos a lição da historia: si ella condemna a violencia praticada pelos conservadores de 1841 sob o delirio da reacção centralisadora, tambem não deixa esquecer que o attentado teve pretexto na uniformidade com que applicou-se ao paiz inteiro o systema do codigo do processo.

Logo em 1835, as assembléas provinciaes promulgavam reformas da justiça e policia, alterando profundamente a organisação dada pelo codigo de 1832: e os propugnadores destas medidas (entre outros, Luiz Cavalcanti, representante de Pernambuco) eram dos mais pronunciados e mais illustres liberaes da épocha. Havemos injuriar a memoria de benemeritos cidadãos clamando que foram conservadores inscientes? Não; restabeleçamos a verdade historica: do acto addicional valiam-se os chefes liberaes para darem ás suas provincias instituições accommodadas ás circunstancias dellas, leis administrativas particulares. O municipio, a policia, a justiça de primeira instancia, a formação da guarda nacional, nada esqueceram nesses dias fecundos de tentativas patrioticas.

« Policia provincial! exclama, porém, um publicista conservador: a policia é um interesse nacional, funcção do poder supremo.» Basta esta maneira de encarar a questão para se reconhecer o discipulo da escola franceza.

Com effeito, ha interesse algum que toque mais de perto ao individuo, á parochia, ao municipio, do que a segurança de vida e propriedade, do que a prevenção do crime e a sua repressão? A sociedade tomada em seu todo, a nação inteira, não é de modo algum mais interessada na boa policia do que cada uma das pequenas espheras locaes que constituem esse todo.

O que produz a boa policia, não é a escala hierarchica do funccionalismo que a compõe: essa hierarchia formidavel, descendo do ministro ao inspector de quarterão, não é que torna mais efficaz a repressão do crime, mais solida a segurança publica: é apenas elemento de força para o governo central. Carecemos nós perguntar á França napoleonica que gráu de influencia exerce o poder omnipotente transformado em policia da sociedade?

Apezar do actual mecanismo da centralisação, apezar de se haver dissolvido o exercito em destacamentos, apezar dos excessivos rigores a que tem-se forçado a guarda nacional, perguntamos: é acaso satisfactoria a policia do interior, a propria policia das cidades, das maiores cidades, da capital do Brazil? Não. Estando a policia dependente do poder central, o habitante da cidade ou do campo encara esse primeiro interesse social como encargo privativo do estrangeiro poderoso de que falla Tocqueville, —o governo. Ora, si este tem o arbitrio e a força, não tem a espontanea coadjuvação popular. D'ahi a inefficacia dos seus esforços.

Não se exagere, entretanto, o nosso pensamento: o que desejamos é que um interesse tão local, como a policia, não seja monopolisado pelo governo da União, nem dependa de funccionarios seus. Mas, descentralisada a policia, regulada por leis provinciaes, confiada a autoridades municipaes, cada provincia incontrará o meio de combinar essas forças locaes sem tirar-lhes o caracter local. Cada um dos

Estados-Unidos tem o seu *attorney-general*, secretario da justiça ou primeiro promotor-publico do estado. Uma repartição como a do *attorney-general*, em vez das actuaes secretarias de policia, preencheria em nossas provincias a benefica missão de advertencia, conselho e auxilio aos tribunaes e juizes das parochias e municipios.

§ II.—*Organisação policial de algumas provincias depois do acto addicional:* as leis dos prefeitos. *Seu fundamento.*

O exame das leis chamadas *dos prefeitos* derrama luz copiosa sobre o ponto que nos occupa.

Antes de serem ellas promulgadas, o deputado Luiz Cavalcanti promovêra na camara temporaria reformas do codigo do processo, que, sendo repellidas, converteu-as elle na lei votada em 1836 pela assembléa de Pernambuco. Esta insistencia de um representante liberal e a circumstancia de que identicas medidas, com variantes mais ou menos consideraveis, foram promulgadas por outras assembléas do Norte, provam que naquella época não se reputava o codigo do processo lei adequada ao imperio inteiro.

São complexas as medidas de que fallamos. Os prefeitos que se creavam, eram agentes administrativos dos presidentes, aliás com attribuições analogas ás dos funcionarios que hoje se pretende instituir por lei geral. Entre essas, lhes cabiam as de administradores municipaes, pois executavam as posturas e deliberações das camaras, recordando assim os sub-prefeitos e os *maires* de França.

Ainda mais: algumas das leis provinciaes fizeram dos prefeitos o mesmo que hoje são os delegados de policia, isto é, autoridades policiaes e judiciarias.

Agentes dos presidentes, administradores municipaes, commissarios de policia, juizes criminaes nas localidades, essas quatro cathegorias de funcções theoricamente distinctas, nós vamos incontra-las praticamente reunidas nas mãos dos prefeitos, creação espontanea do espirito provincial.

Foi em S. Paulo que primeiro surgiu a nova entidade; e não foi estranhada, antes offerecida por modelo á imitação das outras provincias (decreto e instrucções de 9 de dezembro de 1835 [1]). Estabelecia a lei paulista de 11 de abril desse anno, nas cidades e villas, prefeitos nomeados pelos presidentes, e incumbidos de executar as ordens do governo; de fiscalisar os empregados do municipio; de organisar e commandar a guarda policial, e distribuir o respectivo serviço; de prender os delinquentes, sendo esta attribuição cumulativa com as autoridades policiaes; de vigiar os suspeitos e as pessoas que de novo entrassem no municipio; finalmente, de executar as posturas, nomear os fiscaes, assistir ás sessões das camaras, e propôr-lhes as medidas convenientes: «ficando a camara na intelligencia, dizia a lei, de que

---

[1] Cap. I, § 1º.

sómente lhe compete deliberar e nunca executar. » Nessa lei, que alterava a organisação municipal da do 1º de outubro de 1828, já aparecia uma entidade policial differente das do codigo do processo.

No mesmo anno, por decreto de 4 de junho, creou tambem a provincia do Ceará prefeitos que tornou verdadeiras autoridades de policia. Extinguindo as juntas de paz, transferia as suas attribuições aos juizes de direito. Regulava tambem o modo de se elegerem os juizes parochiaes, pela seguinte fórma : os votantes os nomeariam em listas triplices; dellas escolheria o presidente os juizes que devessem servir em cada legislatura.

Mais decisiva foi a lei de Pernambuco de 14 de abril de 1836, a que já nos referimos. Esta reduziu o juiz de paz áquillo que é hoje, tirando-lhe as attribuições policiaes e criminaes, que transferia aos prefeitos e sub-prefeitos, e supprimindo toda a jurisdição que não fosse relativa a conciliações, eleições e julgamento das causas civeis até 50$000.

Ainda mais : conferia aos prefeitos as faculdades, que, por virtude de um decreto de 1833, aos juizes de direito pertenciam como chefes de policia das suas comarcas; medida, que outra lei de 19 de abril de 1838 restringiu, dispondo que as attribuições de prender os delinquentes e formar corpo de delicto pertenceriam aos juizes do crime cumulativamente com os prefeitos. Tambem encarregava-os da execução das sentenças crimes, que aliás competia aos juizes municipaes; supprimia estes juizes e os especiaes de orphãos, transferindo aos do civel suas attribuições; alargava as faculdades dos juizes do crime; elevava, acima da taxa do codigo do processo, o censo para a qualificação dos jurados, e só permittia um conselho em cada comarca; finalmente, nos termos creava notarios, incumbidos dos corpos de delicto. As instrucções dadas pelo presidente da provincia para execução dessa lei alteravam a organisação dos officios de justiça.

Funccionarios revestidos de tão extensas faculdades, os prefeitos venceriam ordenados de 1:600$ a 2:400$. Ao lado delles, nas comarcas, ficava o poder judiciario representado sómente pelos juizes do crime e do civel, pois que os municipaes e os de orfãos eram supprimidos.

Assim, justiça simplesmente correccional ou de primeira instancia, civil ou criminal, distribuida por juizes de direito ou tribunaes do jury; a justiça tanto como a policia administrativa, preventiva ou judiciaria, tudo cahiu sob o dominio dessa energica legislação.

Foram estas audaces reformas de Pernambuco que consternaram os timidos conservadores da assembléa geral: já em 1836 a camara dos deputados era chamada a revogar essas leis, filhas legitimas do acto addicional, consequencias logicas do systema adoptado. Outras provincias, não obstante, Sergipe—Parahyba do Norte, Maranhão, Alagoas,—sob a acção de causas identicas, sentindo a urgencia de accommodarem ás suas peculiares circunstancias a organisação judiciaria e policial, lançavam-se resolutamente pela vereda aberta em Pernambuco e Ceará.

O principio capital das suas leis era o mesmo, comquanto variassem as applicações. Seja-nos permittido, para maior esclarecimento, resumir a lei de Alagôas de 12 de março do 1838.

Ao contrario da de Pernambuco, não extinguia esta os juizes municipaes, antes augmentava-lhes as faculdades annexando-lhes as dos juizes de orphãos, que tambem supprimia. Aos mesmos juizes municipaes incumbia, cumulativamente com os de paz e os prefeitos, proceder a corpo de delicto e formar a culpa, prender os culpados, conceder fiança e julgar as contravenções ás posturas. Eram extinctas as juntas de paz. Aos juizes de direito cabia formar culpa nos crimes de responsabilidade dos empregados publicos e em todos os dos juizes municipaes ; conceder fianças e conhecer dos recursos interpostos destes juizes e dos de paz. Elevava tambem a lei o censo para jurado, fixando-o na renda de 300$ a 600$, segundo provinha de bens de raiz e emprego, ou de commercio e industria. Ella creava, finalmente, em cada termo, prefeitos, nomeados pelo presidente, cujas funcções eram: prender e fazer corpos de delicto (cumulativamente com os juizes de paz e os municipaes), manter a ordem, mandar dar buscas, conceder passaportes, dissolver ajuntamentos para desordem, destruir quilombos e coito de malfeitores. Exerciam além disso vigilancia policial sobre bebados, ociosos [1] e orphãos desvalidòs; executavam as sentenças criminaes, fiscalisavam as prisões, e reprimiam o uso de armas prohibidas. Venciam os prefeitos um conto de réis por anno, e os sub-prefeitos, seus agentes, percebiam uma gratificação. Eram-lhes subordinados os inspectores de quarteirão e a guarda nacional.

Algumas das disposições da lei de Alagôas attestam o caracter local e as circunstancias do tempo. Assim, naquella época de perturbações, mandava que, sob pena de multa, os proprietarios não admittissem nas suas terras pessoas que não houvessem participado ao prefeito ou sub-prefeito a sua residencia no termo. Outras de igual natureza, medidas policiaes, judiciarias ou administrativas, se incontram nas legislações provinciaes do periodo de 1835 a 1840. Trazem todas bem accentuado esse caracter local, primeiro elemento de acerto das leis que regulam as relações habituaes dos homens na sociedade, os interesses que formam a vida da parochia ou do municipio.

Nenhuma das provincias, cumpre notal-o, copiou fielmente um typo qualquer: a imitação foi livre, cada qual alargou ou restringiu as dimensões do molde, segundo melhor attendesse ás suas proprias circun-

---

[1] Sobre os ociosos havia uma disposição coercitiva, de que, segundo as pessoas contemporaneas, tirou-se muito proveito fornecendo-se á lavoura braços até então inuteis, e dissolvendo-se coitos perigosos para a segurança das localidades. Eis o texto do art. 12 § 7º da lei: « Obrigar aos ociosos a contratarem-se dentro de um prazo razoavel a fim de conseguirem meios de subsistencia sem prejuizo da sociedade, pena de serem presos e processados como desobedientes. »

stancias. O que principalmente devemos respeitar nessa legislação suffocada ao nascer, é a fonte livre donde emanou. O que encarecemos, quaesquer que fossem as combinações adoptadas, é a isenção com que o legislador de cada provincia insaiava as suas instituições locaes. O sentimento que animava as provincias era a mais viva expressão do governo do paiz pelo paiz. De tudo isso não resta mais que a sombra das recordações, emquanto não falsificarem a historia os chronistas do imperio.

Mas, dirão os idolatras do governo-tutor: « que uzo fariam as provincias da faculdade de livremente organisarem, como então, as instituições locaes, — municipalidades, policia, guarda policial? » Tranquilisa-nos o modo como ellas nisto procederam de 1835 a 38, épocha de perturbações. Em verdade, si é a *anarchia* que se receia, as leis provinciaes de então nada teem de anarchicas. Todas approximavam-se do typo, que ao depois alargou-se na lei de dezembro de 1841; todas tendiam a fortalecer a autoridade executiva provincial, dando-lhe agentes proprios seus nas localidades. Longe de enfraquecerem o poder, as provincias procuraram constituir uma policia vigorosa. Porque razão receiar-se-ia hoje que, no gozo da mesma liberdade, promulgassem leis demagogicas ?

Si votaram as provincias as leis dos prefeitos, é que dellas precisavam. Pernambuco, Alagôas, Ceará, etc., careciam exterminar o crime : para isso não bastava a autoridade electiva do juiz de paz. Restabelecida a segurança publica, presos os malfeitores, reprimidos os caudilhos do sertão, teriam essas leis severas preenchido a sua missão, e é licito suppôr que logo se abolissem. Tal era uma das vantagens da legislação provincial: conforme mudassem as circunstancias, mudariam as leis de policia e justiça. Hoje, entretanto, está o paiz inteiro gemendo sob o peso de uma lei despotica, que em 1841 já era injusto applicar á mór parte das provincias, duas das quaes a repelliram com armas nas mãos. No mesmo periodo de 1835 a 1838, as provincias do sul não recorreram, porque certamente não precisavam recorrer, ás medidas adoptadas no norte. Mas veio a funesta paixão da symetria: partindo do que era particular para o geral, do que era conveniente a Pernambuco, Ceará, Alagôas, Maranhão, para o que seria util ao imperio todo; argumentando com o que se tornára necessario a estas provincias em épocha de crise e transição,—veio a lei de 3 de dezembro de 1841, e creou uniforme a policia do despotismo. Podem os conservadores triumphar de obra tão precipitada?

Certo, já o dicemos, haverá casos e haverá épocas em que a mais liberal das organisações da policia não seja a mais vantajosa. Supponha-se que uma provincia volva ás tristes condições de outr'ora, infestada de sicarios, coberta de quilombos, coito de forasteiros vagabundos: não seria mais expedito e mais prudente que a sua assembléa dictasse logo as medidas excepcionaes, e as revogasse tão cedo cessasse a situação excepcional? Nem se figura aqui hypothese fantastica: verificada a emancipação dos escravos, é licito presumir a existencia de remissos ao trabalho, acoitados nos bosques, exercendo violencias, commettendo depredações. Em taes condições, cada provincia careceria dictar regulamentos policiaes seus: a centralisação actual seria então detestavel [1].

Façamos uma advertencia final: o que estamos advogando, não é a variedade dos codigos. Suppomos que sejam nacionaes e uniformes os codigos civil, commercial e penal; suppomos tambem que o sejam certas regras geraes do processo no cível e no crime, as garantias da liberdade constitucional, o julgamento pelo jury, os recursos para a superior instancia. O resto, porém, possa alterar-se, conforme o intenda cada provincia.

Respeitariamos desta sorte o elemento que mais asssegura a estabilidade das instituições de um povo, a autonomia local.

Não hesitamos em condemnar a organisação policial e judiciaria da lei de 3 de dezembro; mas tambem não reputamos tão elevada a superficie de nossa civilisação, que a todo o paiz se possa applicar o principio da policia electiva. Si, por um lado, fôra inconveniente estender este bello principio ás solidões do Amazonas e ás florestas de Goyaz e Mato-Grosso, é, por outro lado, injustissimo privar do gozo dessa liberdade as provincias superiores em civilisação. Por

---

[1] Não alludimos a regulamentos do trabalho dos libertos, mas a medidas meramente policiaes: vêde Parte III, cap. II § 2º.

isso condemnamos a uniformidade nas instituições secundarias do governo dos povos.

O redactor do codigo do processo, Alves Branco, pouco depois pedia ao parlamento providencias restrictivas da grandiosa lei de 1832; ministros liberaes da regencia lamentavam a inefficacia do codigo do processo contra os crimes e as desordens de determinadas localidades. E' um facto: mas o que deve sorprender, não é a sinceridade desses illustres estadistas; cumpriam o seu dever : não podemos, porém, dizer que acertavam propondo á assembléa geral medidas que excediam da competencia desta, medidas que elles proprios, votando o acto addicional, tornaram dependentes das assembléas provinciaes.

CAPITULO VI.

A FORÇA POLICIAL E A GUARDA NACIONAL.

Abolir o recrutamento, preenchendo-se o exercito e armada por engajamentos voluntarios; abolir a guarda nacional, creando-se nas parochias a guarda civica policial formada pelas camaras municipaes: taes são as idéas de eminentes liberaes sobre a nossa organisação militar. A este nobre programma, oppoz o gabinete de 16 de julho uma proposta que ha de incontrar, a mais decidida resistencia.

Convertendo a presente guarda nacional em exercito de reserva, formando da restante massa dos cidadãos força policial ás ordens do poder executivo, a proposta do governo militarisa o Brazil. Por outro lado, tirando á força policial o caracter local, esse projecto é maior attentado que a lei de 1850 contra as franquezas provinciaes.

Illustrem este debate as recordações do nosso passado. Não repudia um povo a sua historia; e um partido, quando reclama liberdades que já convertêra em leis, impõe-se com dobrada força ao respeito dos contemporaneos. Temos por nós a tradição liberal; contra nós o facto do absolutismo: o paiz escolherá.

§ I.—*Força policial: instituição commum á provincia e ao municipio.*

E' a experiencia de cada provincia que póde aconselhar-lhes o modo mais vantajoso de constituir em cada cidade, villa ou aldêa, uma força auxiliar da policia : e algumas o tentaram em varias épocas.

Uma lei anterior ao acto addicional (resolução de 7 de outubro de 1833) desenhára o plano da guarda policial. Segundo elle, fixavam as camaras municipaes o numero de guardas necessarios para cada um dos districtos de paz, sob audiencia dos respectivos juizes : estes os nomeavam e tinham sob suas ordens. Marcavam as camaras os soldos dos guardas, e arrecadavam, para fazerem face á despeza, uma contribuição de policia dentre os moradores dos districtos. Tal era o singelo systema dessa lei, que aliás não o applicava ás capitaes das provincias, por intender talvez que nas maiores povoações conviria uma força não subdividida por districtos, mas obedecendo a uma organisação commum.

Sobreveio, porém, o golpe de 1840, e tornou impraticaveis instituições desta natureza, intimamente ligadas ao regimen das municipalidades, regimen que ficou inviolavel por leis provinciaes. Ora, sem a contribuição local, sem a fiscalisação das camaras, sem a formação da força nos lugares respectivos, parece e tem sido sem exito o pensamento de 1833.

Desde longa data pretende o governo firmar a sua exclusiva competencia nesta materia. Ha muito, o conselho de estado disputa ás provincias a attribuição de organisar a força policial, e o relatorio da justiça de 1869 pede « uma lei na qual se estabeleça a organisação geral da força de policia, cujo numero (o numero sómente) compete ás assembléas provinciaes fixar conforme as necessidades locaes. » Para conseguil-o, a proposta a que nos referimos creava uma milicia, que é a mesma guarda municipal invocada naquelle relatorio. Basta, porém, a mudança de nome para legitimar a competencia dos poderes geraes sobre um assumpto expressamente reservado ás camaras dos municipios e assembléas das provincias? Levar, por amor da logica, a doutrina centralisadora ás suas extremas consequencias, é uma empreza rodeada de perigos, que não desconhecem os proprios conservadores. [1]

Longe de insistir em tentativas que abortaram, e que incontram no senso da população repugnancia insuperavel, volvamos ás tradições de 1831. Haja em cada districto tantos guardas, quantos marquem as

---

[1] O primitivo projecto em que assentou a mencionada proposta, dizia no art. 5º : « O producto da contribuição de que tratam o art. 3º § 5º e o art. 4 (de 40$ ou 20$ para o cidadão isentar-se do serviço da milicia activa ou da reserva) *fará parte da renda provincial*, e será exclusivamente applicado á organisação da força policial de cada municipio. » Foram supprimidas as palavras sublinhadas, e o resto substituiu-se assim : « Será applicado ao pagamento do soldo dos milicianos destacados. » Pela proposta, pois, a receita e a despeza tornam-se geraes, como é geral a organisação. Póde ser mais patente a violação do acto addicional?

camaras; obedeçam aos juizes de paz ou a quem fôr investido da autoridade policial; paguem as despezas os moradores do lugar, como pagam a illuminação, as aguas, o calçamento e os demais serviços.

Assim, organisado o municipio pelo modelo anglo-americano, teriamos a policia local apoiada nos guardas locaes [1]; haveria um arrolamento de todos os cidadãos aptos para o serviço; d'estes só ficariam isentos, além dos velhos, crianças e enfermos, os que se fizessem substituir por pessôa idonea. Por outro lado, no caso de guerra, o governo, em virtude de lei especial, pediria a cada municipio um contingente tirado dos inscriptos para o serviço da localidade.

A guarda civica do municipio tornar-se-ia, portanto, instituição local e reserva nacional. Habilitar gradualmente essa reserva no manejo das armas, na tactica militar, seria desde logo empenho de um governo verdadeiramente nacional, francamente coadjuvado pelo povo. Então, como na Suissa, como nos Estados-Unidos, ver-se-ia introduzir os elementos da tactica nas proprias escolas primarias, iniciando-se a infancia na rude arte das armas, e inspirando-lhe com o sentimento da força o amor da patria. Harmonicas funccionariam as

---

[1] Não é nos Estados-Unidos só que as localidades manteem a sua policia: no todo ou em parte, o mesmo fazem na Europa. Em Inglaterra e Escocia, por exemplo, despendem as cidades e condados cêrca de 15,000 contos com este serviço, que álias custa ao thesouro nacional menos de 5,000.

instituicçoes militares de um povo livre. Composto, em tempo de paz, exclusivamente de voluntarios, outro havia ser o nivel moral do nosso pequeno, mas excellente exercito. Cada soldado, aperfeiçoado em escolas regimentaes, seria um digno defensor da patria; e poder-se-ia tudo receiar aqui, menos a compressão da liberdade ou a desordem promovida por cohortes pretorianas sujeitas á chibata.

§ II.— *Guarda nacional*: *limite da competencia do poder central. Abolição.*

Abrindo a constituição dos Estados-Unidos ou da Republica Argentina, vê-se que nos governos federaes é o congresso quem autorisa a reunião das milicias; quem decreta sua organisação, armamento e disciplina; e é o poder executivo federal quem dirige as que forem empregadas em serviço nacional. Aos estados ou provincias, porém, compete nomear os respectivos chefes e officiaes, e applicar a disciplina prescripta pelo congresso. Não de outra sorte intendêra o governo da regencia a indole das nossas instituições reformadas. As instrucções de 9 de dezembro de 1835 continham a este respeito doutrina que muito honra ao ministro que as firmava. « A guarda nacional constitue, diziam, nos termos do art. 145 da constituição, uma parte essencial da força publica. A sua *organisação* e *disciplina* devem portanto pertencer ao governo geral, e ás assembléas provinciaes sómente o que dicer respeito á *nomeação, suspensão e demissão dos officiaes*, excepto o commandante superior que o acto addicional considera empregado geral.»

Essa doutrina era o resumo da lei de 18 de agosto de 1831, que, imitando as dos estados anglo-americanos [1], adoptou o principio da eleição dos postos, e fez dependentes do governo imperial sómente os de major e chefe de legião, e commandante superior, descentralisação que o acto addicional acrescentou declarando geral apenas o ultimo. A lei de 1850, porém, aboliu o principio electivo e accumulou nas mãos do poder supremo a nomeação da maior parte dos postos, transformando radicalmente a instituição democratica.

Com effeito, a lei de 1831 demarcava a linha de separação entre os poderes geral e provincial, dando ao primeiro liberdade sómente para a formação e emprego dos corpos chamados a serviço nacional: e, além disso, respeitava o elemento popular do nosso governo, a vida municipal, a descentralisação.

Assim, o alistamento dos guardas era feito pelo juiz de paz, assistido de seis dos eleitores mais votados. O jury de revista compunha-se do juiz do crime do municipio presidindo a 12 officiaes tirados á sorte. Era a camara municipal que distribuia os guardas do municipio em batalhões, companhias e

[1] Parte I, cap. V; p. 41.

secções de companhias, e marcava as suas paradas.

Os guardas de cada companhia, presididos pelo juiz de paz, elegiam em escrutinio secreto, para servirem quatro annos, os cabos, os inferiores e os officiaes Sob a mesma presidencia, os officiaes, sargentos e furrieis das companhias formavam uma assembléa que elegia o tenente-coronel commandante do batalhão, o major, o ajudante e o alferes porta-bandeira. Ao governo central competia nomear os chefes e os majores de legião, assim como os commandantes superiores, e só estes u'timos depois de 1834. Sob proposta do chefe de legião, eram, pelo governo na côrte e pelos presidentes nas provincias, nomeados o quartel-mestre e o cirurgião-mór respectivos. Serviriam, emquanto ao governo approuvesse, os majores e chefes de legião; os outros officiaes por quatro annos.

Para a designação dos guardas nacionaes que devessem formar corpos destacados, estabeleciam-se regras e isenções, cuja applicação pertencia a um conselho composto de 7 membros, tres dos quaes seriam os vereadores mais votados, e os outros, officiaes nomeados pelo governo ou os presidentes. Quando os corpos sahiam destacados, os capitães de companhias, officiaes superiores e do estado-maior eram livremente tirados pelo governo, ou dentre os guardas nacionaes, ou do exercito, ou dos reformados. Os cabos, inferiores, alferes e tenentes, na primeira organisação do corpo destacado, eram eleitos pelos guardas nacionaes.

A guarda nacional já era então de vantagem problematica, mas a revolução de 1831, imitando as leis dos Estados-Unidos, procurou evitar abusos que hoje experimentamos. Era, em verdade, garantia preciosa a electividade dos postos: permittia ao povo esperar que os chefes da sua escolha se não prestassem, para condescenderem com exigencias dos governos, a obrigal-o a serviços excessivos ou desnecessarios. Onde, porém, a experiencia condemnasse este modo de nomeação, podiam livremente as assembléas substituil-o por outro mais adaptado.

Durante alguns annos respeitaram ambos os partidos politicos o caracter municipal e provincial dessa instituição.

Não foi tarefa ligeira despojar as provincias de um direito que pareceu acatar a propria lei de 12 de maio de 1840. Usando da faculdade do acto addicional, algumas afastaram-se com plena isenção do typo da lei de 1831, transferindo ao presidente a nomeação de postos que eram electivos. Em 1836, 44 e 46, S. Paulo legislou sobre o modo do presidente nomear para os diversos postos até chefe de legião, acabando com as eleições e substituindo-as por propostas das camaras. Luta memoravel travou a assembléa mineira com o governo geral. Ainda em 1848 uma lei della declarava perpetuos e vitalicios todos os postos, cousa aliás extranha, mas que exprime quanto pavor inspirava a escolha de adversarios politicos para esses cargos.

O incontestavel direito das assembléas para a tal

respeito legislarem [1] (qualquer que seja o juizo sobre os systemas por ellas adoptados) foi plenamente reconhecido por autoridade insuspeita. Havia uma lei de Pernambuco (a de 14 de abril de 1836) regulado a eleição dos officiaes da guarda nacional e alterado o processo da qualificação e revista. O distinctissimo deputado Souza Martins, no parecer de 1836 que abriu o caminho trilhado na sessão seguinte pelo visconde de Uruguay, escreveu sobre esta parte da lei pernambucana palavras que merecem recordar-se. Dice elle: « Quanto aos empregos da guarda nacional... reconhece o abaixo assignado que não resultam *tão graves inconvenientes em serem declarados provinciaes,* contanto que as assembléas legislativas das provincias não possam revogar nem alterar as leis geraes que estabelecem a *disciplina* e *organisação* da guarda nacional. A attribuição das assembléas provinciaes, em tal caso, se deve limitar sómente a augmentar ou diminuir o numero dos officiaes, e a legislar sobre a fórma da sua nomeação... As contestações e duvidas sobre a legalidade dessas nomeações, sendo questões puramente administrativas, serão decididas sem recurso pelos presidentes das provincias, e em conformidade com as leis provinciaes, sem que o governo geral precise interpôr sobre ellas a sua intervenção. Para apoiar a congruencia e a praticabilidade desta interpretação, não é de pouco pezo o

---

[1] Em virtude do art. 10 § 7.º da lei das reformas, podiam as assembléas provinciaes legislar e legislaram sobre a guarda nacional. A lei de 1840, centralisando a policia e a justiça, nada alterou quanto á guarda nacional.

exemplo da constituição federal dos Estados-Unidos da America.» [1]

E era um conservador que, invocando a constituição norte-americana, detinha as tendencias reaccionarias do seu partido! Quatorze annos depois, disso não fazia-se cabedal. Dos nobres protestos das assembléas de S. Paulo e Minas tirou-se pretexto, e a ira foi conselho para a usurpação de 1850.

Completar com a guarda-nacional militarisada o machinismo fabricado em 1840 e 1841, tal foi o pensamento da segunda reacção conservadora. Denunciada ao paiz pelos liberaes, a lei de 19 de setembro de 1850 ficou sendo apontada, não só entre os vexames impostos ao povo pela politica centralisadora, mas como um dos mais audaces attentados contra o acto addicional.

Com quanta justiça a nação doeu-se do golpe, diga-o quem se recorde ainda da popularidade da lei de 1831. Procurai a explicação da profunda desconfiança do povo em relação ao poder: talvez a incontreis principalmente no golpe de 1850. Desde então perdeu-se a esperança de um governo sinceramente livre; parece que uma dôr intensa opprime o peito dos brazileiros: *eternum servans sub pectore vulnus*.

Generalissimo da policia, o ministro da justiça o ficou sendo tambem da guarda nacional. São dous exercitos que marcham ao signal do commando. A conquista é infallivel; eis-ahi as camaras unanimes desde 1850!

---

[1] Actas da camara dos deputados; 1836, vol. 4º.

Tornou-se a guarda nacional nova ordem honorifica com que allicia-se o parvo, com que se perverte o povo, e degrada-se o espirito publico ; e, acima disto, supplicio do operario e do lavrador, occasião e meio de vinganças politicas, arma, em summa, do despotismo. A tranquillidade do povo, a segurança individual, a regularidade do trabalho, os mais caros interesses exigem melhor organisação dessa parte do nosso governo.

Qual seria? Outra não fôra sinão a verdade do acto addicional, a verdade fundamental de um systema federativo mesmo incompleto como o nosso : isto é, a guarda policial do municipio seja effectiva, organise-a e pague-a o municipio ; a guarda policial da provincia, organise-a e pague-a a provincia, e tanta e tão poderosa quanto demandem as condições de cada uma. Preserve-se o exercito de corromper-se na policia local, preserve-se tambem o voto da intimidação das bayonetas.

Neste sentido, apezar de vantagens secundarias [1], a proposta do gabinete de 16 de julho não é reforma, é regresso. Si o governo pretendia conservar este exercito de soldados, officiaes e commandantes acampado no meio da sociedade, a que se chama guarda nacional, então ao menos restituisse ao elemento de-

---

[1] A proposta do governo só permittia em cada provincia um commando superior, o da capital ; conferia aos presidentes a nomeação de todos os postos, menos esse; e, organisando os corpos por comarcas, tendia a limitar o numero delles e dos officiaes : providencias uteis, si mais util não fôra a total abolição de uma instituição viciada e odiosa.

mocratico o que lhe dava a lei de 1831, restituisse á provincia o que nem o golpe de estado de 1840 ousou roubar-lhe.

Mas instituições ha que o tempo condemna irrevogavelmente. Nascidas muita vez na mais bella quadra da vida das nações, a experiencia vem depois assignalal-as como concepções falsas, ou denuncial-as como elementos de corrupção e tyrania. Nação em armas, a guarda nacional foi um bello sonho da democracia moderna: mas, quantas decepções! O despotismo europeu, na França e na Prussia, não apoia-se sómente nos exercitos permanentes; rodêa-se tambem da guarda nacional.

Façamos o Brazil um povo livre. O primeiro escravo a emancipar é o suffragio, é o proprio cidadão captivo de instituições compressoras, como a lei da guarda nacional. Transformemos a face da nossa sociedade politica, mudando-lhe as bases. Libertando o voto, pacificaremos a nação. Não ha paz sinão na liberdade.

CAPITULO VII.

A JUSTIÇA.

A constituição dos Estados-Unidos resolveu uma das maiores difficuldades de um bom systema politico dividindo o poder judicial em tribunaes federaes, para questões de caracter nacional ou internacional, e em tribunaes dos estados para as lides e processos communs [1]. Desse ideal se estão aproximando povos em condições analogas ás nossas.

Na Republica Argentina, é a constituição particular de cada uma das provincias que regula a respectiva administração de justiça. Tal é o preceito do art. 5º da constituição federal adoptada em 1860, cujos redactores acompanharam quasi fielmente a dos Estados-Unidos. Assim, naquella republica, os juizes dos tribunaes federaes são igualmente distinctos dos das provincias. Os casos da jurisdicção dos primeiros são inteiramente os mesmos que na União norte-americana. (Art. 100.) Ha, entretanto, uma differença notavel : na republica do Prata é o congresso que promulga os codigos civil, commercial e penal, e as regras do julgamento pelo jury. Taes codigos, comtudo,

[1] Parte I, Cap. V ; p. 51.

não podem alterar as jurisdicções locaes; e a applicação delles incumbe, já aos tribunaes federaes, já aos provinciaes, segundo as cousas ou pessoas cahirem debaixo das suas respectivas competencias. (Art. 67 § 11.) Desta sorte, as leis que consagram o direito e prescrevem as garantias da liberdade e da propriedade, são nacionaes, dicta-as o congresso: a execução dessas leis pertence, conforme a natureza dos casos, a tribunaes da união oú das provincias.

Adoptou a constituição de 1863 dos Estados-Unidos de Colombia (Nova-Granada) uma organisação similhante; e si della apartou-se, não foi para diminuir o poder judicial dos estados particulares, mas antes para restringir os casos de jurisdicção dos tribunaes federaes. Ficaram estes expressamente limitados aos crimes dos altos funccionarios da união e ás questões internacionaes, prezas, pirataria, occurrencias do alto mar, violações do direito das gentes, etc. (Art. 17, §§ 14, 15 e 16.)

As duas republicas de origem hespanhola, reorganisando-se sobre a base federal, intenderam indispensavel á boa administração interna essa nova formação do poder judiciario, caracteristico original das instituições norte-americanas.

Dividir um poder que os publicistas europeus reputam indivisivel, é a mais eloquente homenagem á descentralisação, suprema necessidade dos vastos estados do Novo Mundo, condição de vida e de liberdade.

Certo, as aspirações do Brazil não chegam tão longe;

aqui não se trata de copiar o systema dos Estados-Unidos. Si bem as interpretamos, quanto ao poder judicial, limitam-se nossas aspirações a dous pontos capitaes: magistratura independente do poder executivo, garantias á liberdade individual.

Consagrando os principios da independencia pessoal dos magistrados, da independencia do poder judiciario e unidade da sua jurisdicção ; estabelecendo a incompatibilidade absoluta dos juizes com os cargos de eleição ; separando a policia da justiça ; extinguindo os juizes commissarios do poder executivo ; repellindo a falsa doutrina das jurisdicções administrativas contenciosas ; prescrevendo regras criminal a bem da liberdade do cidadão; creando relações em todas as provincias: o excellente projecto do processo de reforma judiciaria pelo Centro Liberal proclamado, pretendeu resolver as difficuldades do momento, satisfazendo ás pretenções mais geraes [1].

Mas contentar-se-ha o futuro com a conquista destes principios? Combatendo a reforma eleitoral de 1855, Euzebio de Queiroz exprimia uma grande verdade neste aviso ao poder: O espirito de reforma é insaciavel; a democracia exigirá em breve muito mais do que lhe concedeis agora.—O que o estadista conservador receiava, é o que justamente constitue o progresso, a transformação successiva de instituições

---

[1] Muitas das suas idéas abriram caminho entre os proprios conservadores : insinuaram-se no ultimo relatorio do ministerio da justiça (1869), e surgiram em alguns dos projectos então offerecidos á camara temporaria. O concurso dos dous partidos verificou a sua necessidade

transitorias. Nada ha de definitivo no desinvolvimento humano: na politica, como na sciencia, as idéas propagam-se em circulos concentricos, mais e mais vastos. Quem póde descrever a periferia do circulo derradeiro? Caminham as sociedades, como os homens, para o desconhecido; o que conforta a umas e outros é essa vaga confiança nas eternas leis da providencia. Anima-nos a crença de que a doutrina liberal tende a converter-se em outra muito mais larga, não simplesmente descentralisadora, a doutrina federal. Pudessemos allumiar a ponte que liga as duas margens oppostas, centralisação monarchica e autonomia federativa!

No assumpto que nos occupa, sem um pouco desse federalismo que Benjamin Constant recommendava a França, nada se terá feito efficazmente pela liberdade. Queremos premunir o cidadão contra o poder, e exigimos a independencia do magistrado: mas que valor intrinseco tem esta sonora garantia, si é o magistrado creatura e cliente do poder? Eis onde estacam todos esses planos de reformas; eis onde revelam a sua lacuna fundamental. Circulo vicioso, garantias apparentes, são essas liberdades que nos promettem: para zombar de tão brilhantes conquistas, ahi tem o poder um agente, um cumplice, na entidade que figuraes paladino da liberdade, escudo do cidadão. Emquanto, hierarchicamente organisada, com a symetria do resto do funccionalismo, a ordem judiciaria descender das mãos do imperador, nem confiança ao povo, nem receio ao poder, ha de ella inspirar jamais.

Os autores do acto addicional bem o sentiram; descentralisando a magistratura, dividindo-a em juizes provinciaes e juizes nacionaes, ensinaram o caminho que desgraçadamente abandonámos, perdendo com elle a liberdade.

§ I.—*Juizes de primeira instancia. Razão do acto addicional.*

Devem pertencer á ordem provincial os magistrados da primeira instancia — o juiz de paz, o municipal, o de orfãos e o de direito?
As leis provinciaes de 1836 a 38, que regularam esta parte da organisação judiciaria, fundavam-se em que não podiam ser funccionarios geraes, nem eram assim considerados pelo acto addicional, juizes com jurisdicção em parochia, termo, comarca ou outra qualquer divisão da provincia. Taes leis e a doutrina que as inspirára, eram rigorosamente constitucionaes. « São empregos municipaes e provinciaes (palavras do acto addicional) *todos os que existirem nos municipios e provincias;* á excepção (quanto aos de justiça) dos cargos de membros das relações e tribunaes superiores. »
Rompeu-se em 1840 esse artigo da lei das reformas: da violencia do acto ainda subsistem os vestigios. Desde então, inquieto e suspeitoso, o genio da monarchia tem visto de continuo perseguil-o a sombra implacavel da lei rasgada. Quando dormirá tran-

quillo? no dia em que decidir-se ao heroismo de retroceder pelo mesmo caminho das usurpações.

Manda a verdade historica confessar que a reacção de 1840 foi, nesta parte, preparada por liberaes timidos ou impacientes. Mal estreava a reforma de 1834, e ja em 1835 o proprio governo do regente insinuava que o pensamento do acto addicional era que as assembléas, no uso da faculdade de crearem empregos administrativos provinciaes, não lhes conferissem attribuições judiciarias, alterando a uniformidade do poder judicial em todo o imperio. (Instr. de 9 de dezembro, § 6.º) Invocava-se aqui a theoria da uniformidade judiciaria, cousa que justamente o acto addicional rejeitára considerando provinciaes todos os juizes, menos os das relações e tribunaes superiores, e sujeitando-os á assembléa provincial autorisada a suspendel-os e até demittil-os (art. 11 § 7.º). Contra essa timida doutrina, prenuncio da reacção, bradavam as necessidades locaes.

Que fosse constituida por lei geral a organisação dos tribunaes superiores, como sentinellas da União, como guardas do pacto fundamental, comprehende-se: mas impedir as provincias de formarem as suas justiças de primeira instancia, dando umas a certos juizes attribuições que não exercessem em outras, variando cada uma a composição dos tribunaes locaes á medida das circunstancias, era roubar-lhes a iniciativa em assumpto que não póde ser bem regulado sem attenção ás condições peculiares de cada região de um vastissimo Estado[1].

[1] Isto melhor se patentéa attendendo á natureza das funcções do juiz

O governo municipal não consiste sómente nos serviços, por assim dizer materiaes, de aqueductos, calçadas, illuminação, jardins, caminhos, etc. Ao governo municipal importa o modo de se exercitar a jurisdicção no civel e no crime, com elle se intrelaça a administração da justiça na sua esphera inferior [1]. Assim, fôra incompleta a reforma administrativa que não sanccionasse tambem a competencia do poder provincial sobre a composição dos tribunaes locaes, ou da primeira instancia, para servir-nos da expressão admittida.

Não seguiram as provincias os timidos conselhos do governo de 1835. Com a isenção que mostraram

---

de paz, por exemplo. Si as assembléas continuassem investidas do direito de regular as justiças locaes, algumas haviam commetter ao magistrado da parochia certas funcções secundarias do officio de julgar, que, com muito gravame das partes, difficilmente desempenham os juizes dos termos e comarcas.

Estender a jurisdicção do juiz de paz aos menores delictos e ás minimas lides, é um dos votos das populações campestres de França. « Ha accordo quanto a ampliar-se a competencia dos juizes de paz, escreve o Sr. Leonce Lavergne, resumindo o ultimo inquerito agricola. Por sua residencia na capital do cantão, que o põe frequentemente em contacto com os habitantes do campo, é o juiz de paz, para elles, o magistrado por excellencia. Deseja-se que seja incumbido das pequenas lides, de vendas de immoveis não excedentes de certo algarismo, e particularmente dos bens dos menores; que se lhes attribua a jurisdicção dos tribunaes de primeira instancia sobre a partilha e homologação nas successões minimas; que se estenda a sua competencia a todas as contestações entre proprietarios e rendeiros, entre vendedores e compradores; que tenha alçada para julgar em ultima instancia até 500 francos... Essas simplificações interessam particularmente á pequena propriedade. » (*Révue des deux mondes*, 15 nov. 1868.)

[1] Cap. IV, § 1.

formando um systema policial proprio, algumas alteraram simultaneamente a organisação judiciaria em pontos connexos [1]. Podiam deixar de fazel-o? A tendencia da época era accommodar as justiças das leis philippinas e do codigo do processo ás circunstancias locaes, para que d'ahi sahissem a melhor policia administrativa, a melhor policia judiciaria, o melhor regimen municipal.

E não se cuide que essa tendencia fosse para acrescentar as faculdades das autoridades electivas, do juiz de paz, por exemplo. Conforme já advertimos quanto á policia, o que as leis provinciaes fortificavam, era o juiz de direito ou o juiz municipal. Profundamente descentralisadoras, ellas, entretanto, não se inclinavam para a fórma democratica das justiças electivas, quaes incontrámos nos Estados-Unidos: antes pelo contrario. Estamos persuadido de que ainda hoje as provincias não se precipitariam no caminho de arriscadas experiencias. [2]

Explicar-se-ia por inadvertencia dos redactores do acto addicional, como álias pretendem os publicistas conservadores, a amplidão que elle deixára á competencia provincial? Não: invoquemos os annaes da época. Naquelle bello periodo da nossa historia, a opinião mais geral inclinava-se a uma organisação democratica, que se traduziu pela phrase *monarchia federativa*. Hollanda Cavalcanti (Visconde de Albu-

[1] Cap. V, § 2.
[2] Parte I, cap. V ; p. 53 a 60.

querque) propunha em 1832, antes da lei das reformas, um projecto que confirma esta apreciação. « Compete, dizia no art. 5.º, compete aos juizes de facto e de direito nas provincias julgar definitivamente as causas, quer civeis, quer criminaes, intentadas dentro da provincia, e em que não fôr compromettido o interesse geral da nação... *Uma lei economica provincial* marcará os districtos dos juizes de direito da primeira instancia, e a *fórma do processo*, tanto civel como criminal, para essas causas sómente. »

Era o ideal norte-americano, que o illustre brazileiro propunha-se. Tanto não fizeram, todavia, as leis provinciaes a que nos referimos: foram, não obstante, a pedra de escandalo. Atroaram os ares declamações contra a anarchia e pomposos elogios das instituições uniformes.

Honra, porém, ao representante de Pernambuco, Luiz Cavalcanti, que soube resistir a essa paixão centralisadora, fonte principal dos nossos males politicos! Membro da commissão das assembléas provinciaes, lavrou, a 20 de agosto de 1836, um parecer digno de nota [1]. Depois de affirmar o principio — « que competia ás assembléas provinciaes revogar as leis geraes nos objectos que passaram a ser provinciaes», e considerando desta natureza os pontos de organisação da justiça e policia regulados pela lei pernambucana de 14 de abril de 1836, Luiz Cavalcanti concluia que as mesmas assembléas poderiam alterar os

---

[1] Actas da camara dos deputados ; 1836, agosto ; p. 98.

codigos do processo civel ou crime. O limite do poder provincial, lembrava elle, era não offender a constituição, os impostos geraes, os direitos de outras provincias e os tratados, « casos unicos em que o poder legislativo geral poderá revogar a lei provincial, na fórma do artigo 20 do Acto Addicional. » Demais, a lei de Pernambuco não mudava propriamente as regras e a marcha do processo civel ou crime, apenas instituia certas autoridades locaes em vez de outras. E, para responder á objecção dos que receiavam do uso dessa faculdade a variação dos codigos, acrescentava com muita sensatez: « Lembram alguns o inconveniente de poderem apparecer 18 differentes codigos das diversas provincias, que não possam facilmente ser conhecidos pelos magistrados dos tribunaes. Intendo, porém, que, sendo os magistrados especialmente destinados ao conhecimento das leis, seu officio lhes impõe o dever de estudar as leis de todas as provincias aonde sua jurisdicção se estender; além de que as provincias hão de seguir muito o exemplo umas das outras, e conseguintemente não terão de verificar-se tantas differenças de codigos; antes poderemos ter a vantagem de ser mais imitado o codigo que tiver produzido bons effeitos em alguma provincia. » E concluia queixando-se da *calamidade* de um codigo do processo decretado pela assembléa geral.

Baldado esforço! veio a lei de 1840, e restaurou-se ou consolidou-se a uniformidade dos codigos, agravada desde então pelas doutrinas absolutistas que em 1841 prevaleceram na organisação policial e judiciaria.

Não é, entretanto, cousa tão anarchica a separação dos juizes em provinciaes e geraes, segundo são da primeira instancia ou dos tribunaes superiores, que se não descubra fundamento disso na propria lei de 1840. O seu artigo 4.º colloca os membros das relações e supremo tribunal fóra da alçada das assembléas, não podendo estas suspendel-os nem demittil-os. Si os juizes de primeira instancia, porém, continuam sob o poder das assembléas, é que são essencialmente magistrados provinciaes. Que muito é então que sejam escolhidos na provincia e investidos na fórma das leis della?

Por outro lado, si ás assembléas pertence crear novos termos e comarcas, faculdade em que não ousou tocar a mesma lei de 1840, — é logico admittir que lhes incumbe pagar os respectivos funccionarios: e assim foi até 1842; assim deve de ser, extinguindo-se radicalmente o conflicto que o governo todo o dia provoca a este respeito. Mas tambem é logico que, si padece o onus da despeza, tenha a provincia o beneficio de legislar sobre as justiças que crear e mantiver, sem outro limite mais que os preceitos constitucionaes da ordem judiciaria em paiz livre. [1]

Intendem estes preceitos especialmente com a independencia do poder judicial. A divisão das justiças em nacionaes e provinciaes é o que, em nosso parecer, facilita a constituição de uma magistratura poderosa, emanando dos representantes do povo, não dependente do governo.

[1] V. p. 95, nota 2.

§ II.—*Independencia do poder judicial: nomeação e promoção dos juizes. Principios de organisação judiciaria communs á lei geral e ás provinciaes.*

Si a mais solida garantia do cidadão está em uma magistratura independente que o ampare das violencias, a actual organisação dos nossos tribunaes deixa muito a desejar. A juizes instituidos pelo governo, sensiveis á influencia ou corrupção do poder, se restituiriam em vão as faculdades de que em 1841 ficou esbulhada a magistratura vitalicia: não é provavel que por si só essa restituição aproveite efficazmente á liberdade.

Nas monarchias, mais que nas republicas, porque nas monarchias o poder é sempre mais forte,— cumpre fazer realmente do juiz o sacerdote da lei, e do tribunal o asylo do direito. São radicalmente falsas as instituições que se afastam deste ideal. Nossa constituição, cumpre confessal-o, cahe debaixo desta censura: propondo se formar da justiça poder independente, commetteu o erro de reproduzir a organisação da monarchia absoluta, onde a judicatura, em todas as escalas dessa ordem do funccionalismo, é feitura do rei ou dos seus representantes.

A esse vicio original ajunte-se o erroneo systema das leis organicas. Tudo se concatena nesta fabrica absolutista! Policia centralisada; commissarios do governo por juizes; garantias individuaes supprimidas ou annulladas... o que faltava ? não era acaso sufficiente? Pois não pareceu bastante : ataram, degradaram a propria magistratura vitalicia. Não fallamos da mesquinhez de seus vencimentos, o que álias bastaria para enfraquecer a mais poderosa organisação judiciaria. O magistrado, parecia querel-o a constituição, deve de ser perpetuo e inamovivel. Pois bem ! não ha no Brazil uma entidade a que se chama juiz avulso? eis ahi como é perpetuo o nosso juiz de direito. Não ha o despacho obrigatorio de chefe de policia, e as promoções de entrancia a entrancia ? eis ahi como é inamomivel. Por outro lado, é o governo que o nomeia, que o promove, que o remove, que o aposenta, que o escolhe desembargador, que o despacha para a commissão de policia ou qualquer commissão administrativa, que o distingue com o cargo de procurador da corôa ou com a presidencia dos tribunaes : eis ahi como elle é independente. O juiz de direito, sobretudo, é uma das entidades mais dependentes do governo : depois de lhe terem usurpado a attribuição de julgar investida no juiz commissario, o juiz municipal,—o tornaram solicitador assiduo nas audiencias do presidente de provincia e do ministro da justiça. Sabemos bem que alguns robustos caracteres ha superiores á timidez e aos conselhos do egoismo ; mas a lei não suppõe sómente virtudes stoicas, nem caracteres excepcionaes.

Imperfeita e transítoria será a reforma que não remover os inconvenientes notados. Demais, dadas certas situações moraes, não se regeneram os povos com a medicina dos tempos ordinarios: então só lhes aproveitam os remedios energicos, as reformas decisivas. Medidas intermedias podem até, por sua inefficacia, desacreditar o systema inteiro.

Sem buscar exemplos nas instituições de estados republicanos, citemos o da monarchia belga.

Comquanto seja o rei quem na Belgica nomeia directamente os juizes de paz e os dos tribunaes de primeira instancia, é a sua prerogativa limitada quanto aos outros membros da magistratura. Os das relações *(conseillers des cours d'appel)*, os presidentes e vice-presidentes dos tribunaes de primeira instancia da jurisdição dellas, são apresentados ao rei em duas listas de dous nomes, uma proveniente das relações, outra das assembléas provinciaes; e é desta proposta dupla que se faz a eleição. Os membros do tribunal superior *(conseillers de la cour de cassation)* são apresentados em duas listas igualmente duplas, uma do referido tribunal, outra do senado. Esse tribunal e as relações é que elegem do seu seio os proprios presidentes e vice-presidentes [1].

Quiz a constituição dos belgas tornar effectiva a independencia da magistratura; e logo sentiu a necessidade de restringir a prerogativa do poder executivo quanto á nomeação. A independencia do ma-

---

[1] Arts. 99 e 100 da const. da Belgica.—Esta combinação recorda, em parte, a dos Estados-Unidos. São os juizes da *suprema côrte* federal nomeados pelo presidente, mas com assentimento do senado; e que não é isto méra formalidade, attesta-o a recente rejeição de uma escolha feita pelo presidente Grant.

gistrado, com effeito, se frustra de dous modos: pela intervenção do governo no despacho para o primeiro gráu da judicatura, e pela maior ou menor liberdade de que goze na elevação de um a outro gráu, e, dentro do mesmo, nas remoções e accessos. Para repellir a participação dos outros poderes (o executivo e o legislativo) na formação do judicial, as constituições dos Estados-Unidos estão adoptando, como já vimos, um principio mais radical, confiando ao proprio povo a escolha dos juizes.

Entretanto, fòra acaso impraticavel insaiar no Brazil a combinação belga com algumas alterações? Continuasse, por exemplo, o preenchimento das vagas do tribunal supremo por accesso dos desembargadores mais antigos, methodo que, apezar de certos inconvenientes, ainda parece preferivel a outro qualquer. Na composição das relações, porém, a antiguidade rigorosa tem inconvenientes maiores: a primeira instancia se deve reputar uma provação, e não é prudente confiar ao acaso da antiguidade a formação da magistratura superior. Mas, para não comprometter a independencia dos juizes aspirantes ás relações, poder-se-ia adoptar um expediente: houvesse para cada vaga de desembargador propostas da respectiva relação e do senado provincial; as propostas comprehendessem juizes da mesma ou de outra provincia e quaesquer cidadãos jurisperitos; a escolha definitiva coubesse ao supremo tribunal. Ao mesmo tribunal pertencesse a eleição do seu presidente; a dos procuradores da corôa e presidentes das relações, a ellas proprias; e igualmente, por motivo facil de conceber, a cada tribunal se transferisse, como nos Estados-Unidos, o direito de prover os cargos de secretarios, escrivães e officiaes que perante elle sirvam [1].

E dos juizes da primeira instancia o que fariamos? São cargos provinciaes, em nosso intender. Consentiriamos ao presidente o que ao poder executivo negamos, nomear o juiz? Certamente não. Fossem, pois, os juizes de direito e os municipaes propostos pela relação ao senado da provincia, de cuja escolha dependessem.

Tal é a combinação que nos parece exequivel, libertando a magistratura da influencia governamental [2].

Resta a questão da perpetuidade.

Quanto a nós, é este um principio essencial: não que o juiz, uma vez nomeado, deva ser soberano; duram suas funcções illimitadamente, até o dia em que

---

[1] Esta faculdade abrange tambem a demissão: art. II, sec. 2, cl. 2 da const.; Paschal, *Annotated constitution*, n. 183, p. 178.

[2] Um illustre escriptor da escola monarchica, o Sr. Prevóst Paradol, depois de mostrar que a independencia é requisito essencial da magistratura para o papel que desempenha no Estado, expõe uma combinação analoga á da Belgica, refutando concludentemente o actual systema francez, que no Brazil se imitou: *La France Nouvelle*, livro II, cap. VII.

Nos cantões da Suissa parece prevalecer a idéa da eleição dos juizes pelas assembléas legislativas. Repellindo o principio da nomeação directa pelo povo, um illustre suisso propõe —que todos os juizes permanentes sejam eleitos pelo Grande Conselho federal: *La democratie suisse*, por J. Dubs, ex-presidente da Confederação; 1868.

Segundo o projecto de constituição de Pouso-Alegre (1832), eram as assembléas provinciaes que em lista triplice propunham ao imperador os juizes que devessem servir nas relações.

o suspenda ou demitta o poder legislativo, a quem isto compete nas provincias. Nem se receie um uso immoderado desta grave attribuição do *impeachment*, dadas eleição livre, representação das minorias, accusação da primeira camara e sentença do senado provincial. Cercado destas garantias, o *impeachment* será, como nos Estados-Unidos, salutar recurso, e o unico contra a improbidade astuta.

O mesmo procedimento se deveria estender, por igual motivo, aos magistrados da segunda instancia: accusados perante a camara temporaria, decretasse o senado do imperio a sua suspensão ou demissão. Cessasse a faculdade, que ao imperador se deu, de suspender juizes, que é outro modo de se exercer a perniciosa influencia do governo ; cessasse igualmente, pelo mesmo fundamento, a funesta attribuição de remover o magistrado, seja a pedido, seja forçosamente.

As remoções dos juizes de direito (salvo o que a este respeito deliberassem as assembléas, a quem pertence regular a materia) deviam de ser decretadas pelas relações; as dos desembargadores pelo supremo tribunal. Como quer que seja, nada é menos compativel com um systema livre de governo, do que essa lei das entrancias que tanto arbitrio deixou ao poder.

Abandonámos, como viu-se, o principio da promoção por antiguidade. Dizemol-o francamente: não incontramos sólida garantia na antiguidade exclusiva; apenas poder-se-ha conserval-a quanto ao supremo tribunal, desde que não fôr exigida para o provimento das vagas das relações.

Notorios são os inconvenientes da promoção por antiguidade rigorosa, protectora da ignorancia, conselheira da desidia, e frequentemente padroeira do vicio e da corrupção. Não a conhecem a Inglaterra e os Estados-Unidos, dous grandes paizes que possuem magistratura illustrada e independente. Em todos os cargos publicos, a perpetuidade do funccionario é perniciosa ao serviço nacional. Si na magistratura, para reforçar-lhe a independencia, admittimos a vitaliciedade, ahi mesmo a temperamos com a ameaça do processo criminal, e o correctivo da suspensão ou demissão legislativa: como, pois, havemos aggraval-a com est'outro principio do direito de antiguidade?

Concorram ás vagas dos diversos gráus da magistratura todos os juizes inferiores e quaesquer jurisconsultos notaveis, preferidos certamente os primeiros em igualdade de circunstancias. A liberdade na escolha é só perigosa, e detestavel, no systema da formação da magistratura pelo governo. O principio da antiguidade é então plausivel, como freio do poder executivo, que em paiz corrompido, para grangear clientes, transpõe sem hesitar a barreira do justo e honesto.

A actual intervenção do governo é que obriga a aceitar, como remedio salvador, o principio das escolhas fataes: o que devemos pensar, porém, dessa intervenção combinada com a faculdade da livre escolha, illimitada quanto ao juiz municipal e o juiz de direito, e pouco menos quanto á de desembargador em lista de quinze nomes? Respondam a corrupção politica e o desprestigio em que cahiram os tribunaes do imperio.

Tudo cumpre prevenir para firmar praticamente a liberdade. Extingam-se, pois, todos os meios de influencia governamental no animo do magistrado. Desta sorte, assim como fôra incompleta a reforma que não consagrasse a incompatibilidade politica dos juizes pela *nullidade dos votos* que obtiverem nas eleições das assembléas legislativas, assim o fôra tambem a que não prohibisse a nomeação delles para quaesquer funcções administrativas.

Finalmente, para consolidar a independencia que desejamos assegurar-lhes, sejam os juizes os funccionarios melhor retribuidos do Estado. Aqui, no Brazil, isto já não é questão de dignidade, mas de subsistencia para o juiz. Singular regimen! da magistratura, base do nosso systema politico, fez-se uma ordem mendicante, que professa a miseria.

Não dependentes do poder executivo quanto a nomeações, remoções e accessos; perpetuos e inamoviveis, excepto a requerimento ou em virtude de processo; incompativeis; bem remunerados, — os juizes de ambas as instancias, os provinciaes e os nacionaes, constituiriam a verdadeira muralha da liberdade.

§ III.— *Relações em cada provincia.*

No interesse das provincias, cujos direitos estamos reivindicando, encarecamos tambem a necessidade de tribunaes da segunda instancia em cada uma.

E' um attentado a teima com que, sob o falso pretexto de economia, se recusa isso ainda ás mais importantes das provincias: pois, sem attenção á economia, augmenta-se, muito além do quadro legal, o numero da relação-monstro da capital do imperio. O patronato e o desprezo da commodidade dos povos teem deixado perpetuar-se uma centralisação talvez maior que sob o regimen colonial. Mais de metade do Brazil (nove provincias) vem todas buscar justiça ao tribunal do Rio de Janeiro! De Minas, de Goyaz, de Mato-Grosso, a quatrocentas leguas de distancia, se appella dos juizes locaes para a relação da côrte! Emquanto as provincias finam-se, superabundam as forças na capital. As industrias ou antes as profissões forenses gozam assim no Rio de Janeiro de um privilegio, creado e mantido á sombra da mais extraordinaria centralisação de justiça.

Ha muito, poder-se-ia facilmente melhorar a sorte das provincias sem gravame do thesouro. Remover-se-ia o inconveniente da despeza adoptando a combinação proposta, em 1868, por alguns senadores. Com effeito, creava o seu projecto tres novas relações sómente (no Rio Grande do Sul, em Minas e no Pará) com desembargadores tirados do numero excessivo das actuaes. Nas restantes provincias, para conhecerem dos processos em segunda instancia formar-se-iam collegios judiciaes compostos dos juizes de direito reunidos em épocas fixas do anno. Perceberiam os mesmos juizes apenas uma adjuda de custo especial, calculada para as viagens dentro da provincia.

Em Santa Catharina, Paraná, Goyaz, Mato-Grosso, Espirito-Santo, Sergipe, Rio Grande do Norte, Piauhy, Amazonas, os tribunaes de segunda instancia poderiam, em verdade, funccionar provisoriamente com tres ou cinco dos mais antigos juizes de direito, reunidos em duas ou mais sessões durante o anno. A estatistica judiciaria dos feitos enviados daquellas provincias mostra que os tribunaes periodicos desempenhariam o serviço. Emquanto o movimento total da relação da côrte, por exemplo, excede por anno de mil feitos, pertencendo mais de metade á cidade e provincia do Rio de Janeiro, apenas algumas dezenas delles cabem a Mato-Grosso, Goyaz, Espirito-Santo, etc. Póde-se mesmo asseverar que a distancia em que se acha o tribunal superior, as dependencias e despezas que por esse e outros motivos exige o processo em segunda instancia, o desanimo produzidos pelas delongas, impedem os provincianos de proseguirem nos recursos e appellações, com preterição do seu direito, e muita vez da sua segurança ou da sua liberdade.

O expediente proposto no senado incontra-se em alguns dos menores estados da União norte-americana. Em Rhode-Island (população, 180,000 habit.) os membros da sua *supreme-court* são os proprios juizes dos condados, que, reunidos, celebram as sessões periodicas daquelle tribunal.

Além disso, na União, como já vimos, nem mesmo

os negocios de caracter nacional ou internacional, sujeitos aos juizes federaes, padecem a centralisação que existe entre nós para todos sem excepção. Taes negocios são levados aos tribunaes federaes do respectivo districto, quer tenham occorrido em um dos estados constituidos, quer mesmo em um territorio. Um simples territorio, por menor que seja a sua população, tem os seus tribunaes de ambas as instancias para os negocios ordinarios (não federaes), e uma *district-court* para preparar os pleitos da jurisdicção federal, que a respectiva *circuit-court* decidirá depois, em segunda instancia, nas sessões periodicas.

Os anglo-americanos não comprehenderiam jamais que de S. Francisco no Pacifico, ou de qualquer dos territorios ou estados, se carecesse vir a Washington buscar justiça, excepto nos casos rarissimos especialmente sujeitos á *supreme-court* da União. Aqui, no Brazil, vem ao Rio de Janeiro as causas de todo o genero, em gráu de recurso ou appellação, do valle do Uruguay e do valle do Paraguay, desde o Rio Grande do Sul até Mato-Grosso!

§ IV.—*Assumptos da competencia provincial. Requisitos para o cargo de juiz: o noviciado.*

No ponto de vista deste trabalho, cabe fazer ainda algumas indicações sobre a competencia da lei provincial nesta materia.

Fixar o ordenado e o numero dos juizes, decretar a união ou separação das varas, regular a natureza dos officios de justiça e o modo de seu provimento, estabelecer as épocas das sessões judiciarias, etc., é evidentemente da competencia provincial.

Quanto ao jury especialmente, conforme á intelligencia que se déra ao acto addicional antes de 1840 [1], é objecto de lei provincial, não da geral: — a fixação do numero de jurados preciso para funccionarem os tribunaes; a renda, base do censo para a qualificação dos cidadãos-juizes; as épocas e lugares dos julgamentos; a distincção, segundo o gráu dos crimes, proposta em 1866, entre jurys correccionaes ou de parochia, e grande jury de comarca para conhecer dos mais graves attentados; em summa, toda a parte variavel e regulamentar desta bella instituição.

A competencia provincial, porém, involve um ponto muito mais importante: as condições exigiveis dos candidatos a cada um dos cargos da magistratura local. Estas hão de ser prestabelecidas por lei expressa, para não ficarem dependentes do arbitrio das corporações incumbidas da proposta e escolha.

No modo de fixarem os requisitos para a judicatura, deveriam as provincias haver-se com a maxima prudencia, evitando os inconvenientes, que ninguem desconhece, da actual formação da magistratura.

---

[1] Cap. V, § 2.

Não permittissem confiar-se o poder de julgar a quem não offerecesse provas de capacidade scientifica, além da capacidade moral. Não bastassem os titulos das faculdades de direito; pudessem ser nomeados os cidadãos que, embora os não possuam, mostrassem as necessarias habilitações. Para a escolha de juiz de direito, preferissem os juizes municipaes e os promotores, mas não se désse o titulo definitivo daquelle cargo sinão prestado exame de sufficiencia, algum tempo depois da nomeação provisoria. Houvesse, em todos os casos, concurso publico, perante a relação proponente, para o preenchimento das vagas.

As maiores provincias poderiam adoptar desde logo um systema de noviciado [1]. Sem elle, é certamente

---

[1] « Eu não quizera, dizia no senado o Sr. Nabuco, um noviciado tão acrisolado como é na Prussia, como é na Allemanha, onde se exigem tres exames rigorosos para que o candidato bacharel em direito seja investido das importantes funcções da magistratura: o primeiro exame, o que confere o titulo de auditor; o segundo que confere o titulo de referendario; o terceiro, o mais rigoroso, pelo qual ao bacharel ou candidato é conferido o cargo de magistrado. Mas, para se conferirem os cargos de juiz municipal ou de juiz de direito, é preciso exigir alguma provança. Nós temos, para os juizes municipaes sómente, o requisito de um anno de prática; mas esse anno de prática, vós o sabeis, é completamente illusorio. Esse anno de prática devia consistir na frequencia das audiencias, em defezas perante o jury, em outras provanças que são essenciaes para serem conhecidos aquelles que teem de ascender ao cargo importante de magistrado.... Não ha concurrencia para o cargo de juiz municipal: pois bem, seja para esse cargo menos rigorosa a habilitação, ao menos por agora. Para o cargo, porém, de juiz de direito ha muita concurrencia, e, visto que ha muitos concurrentes, é preciso que haja toda a provança que dê garantia á nomeação. Que inconveniente havia de que, terminando o juiz municipal o seu quatriennio, fosse sujeito a um exame ou concurso em que elle mostrasse com outros a sua capacidade? Esse exame ou concurso eu quizera que fosse annual, e não para cada vaga ou para cada occasião.......» (Disc. de 15 de junho de 1861.)—V. tambem o relatorio do ministerio da justiça em 1857.

arriscada a escolha de funccionarios que teem de exercer um mandato perpetuo, inda que corrigido pelo direito de *impeachment* da assembléa, pois será sempre excepcional a suspensão ou demissão do magistrado.

§ V.—*Competencia exclusiva da lei geral: garantias do cidadão.*

Si fosse cada provincia soberana na sua administração interna, não haveria lei judiciaria commum; no nosso incompleto systema federativo é similhante lei perfeitamente constitucional, emquanto não intervem na composição das justiças provinciaes.
Mui difficil é nestes assumptos prefixar o limite do interesse geral, a competencia da lei nacional. A Republica Argentina, fazendo nesta parte uma importante restricção ao largo systema norteamericano vertido para a sua constituição, deu ao congresso o poder de dictar os codigos civil, commercial e penal, mas evitou o erro de ir além, pois deixou ás provincias a faculdade de promulgarem os seus codigos do *processo judiciario* e de organisarem os seus tribunaes de *ambas as instancias*. De sorte que, na confederação vizinha, si o direito é uniforme, não o é o processo, nem a organisação judiciaria. Nos Estados-Unidos, porém, varia e póde variar o proprio

direito: cada estado tem ou reserva-se o direito de ter os seus codigos.

Qual a imaginamos, de accordo com o acto addicional, a uniformidade no Brazil comprehenderia os principios de direito no civel e no crime, a organisação dos tribunaes superiores, e bem assim as garantias constitucionaes da liberdade.

Quaes são, pois, as garantias individuaes que uma lei uniforme deve firmar em todo o imperio ?

Ellas resumem-se todas no nobre pensamento do seculo XVIII: proteger o cidadão contra o abuso do poder. O que é a liberdade no mundo moderno? é a effectividade da garantia pessoal e real do individuo. O fiador é o tribunal judiciario. Processo que premuna a liberdade contra a tyrania, juiz independente que o observe: eis tudo. Onde isso não existe, ou, existindo escripto, não se cumpre, não ha a liberdade prática dos inglezes, a verdadeira liberdade.

Restringir a prisão preventiva, antes da culpa formada, ao caso de flagrante delicto, podendo-se exigir caução quando houver indicios vehementes;

Restabelecer o jury de accusação, unico competente para pronunciar e decretar a prisão em crime inafiançavel;

Facilitar e abreviar o processo da fiança;

Fixar prazo fatal para a formação da culpa, sob clausula de soltura do indiciado preso;

Regular, conforme o codigo do processo, as buscas, punindo abusos que ora são vulgares; [1]

---

[1] Pelo codigo do processo a busca exigia juramento de parte, depoimento

Permittir a todos os juizes conceder *habeas-corpus*, sem distincção de causas ou ordem de prisão ; [1]

Restituir ao jury os julgamentos que lhe tiraram em 1850 [2], o conhecimento dos crimes de empregados não privilegiados, que actualmente julgam os juizes de direito, e o de todas as injurias impressas ;

Premunir a liberdade individual contra outras alçadas excepcionaes, creadas ou sob pretexto do serviço do recrutamento [3], ou em nome do interesse da

de testemunha, indicios vehementes que formassem a convicção da autoridade. Pela lei de 3 de dezembro, para varejar o asylo do cidadão, a autoridade não carece mais que dos seus motivos pessoaes de convicção.

[1] Admittindo a theoria ingleza do *habeas-corpus*, segundo a qual a magistratura foi instituida para premunir o cidadão contra o arbitrio do poder, dicéra o codigo do processo : sempre que o cidadão fôr preso ou constrangido illegalmente em sua liberdade, possa o juiz territorial mandal-o em paz. Vieram depois os avisos,— avisos do governo interpretando leis, corrigindo-as, restringindo-as mesmo, outro caracteristico deste nosso systema representativo— : vieram os avisos, e um logo supprimiu o caso da prisão militar, *scilicet*, o recrutamento ; outro, o caso de prisão dos responsaveis da fazenda imposta pelos agentes do fisco; outro esta hypothese, outro aquella, e o *habeas-corpus* ficou sendo o que era de esperar: *inania verba*. Já a lei de 3 de dezembro déra um golpe seguro, prohibindo que o juiz de direito o possa conceder ao paciente de prisão imposta pelo chefe de policia : de sorte que, sendo assim preciso recorrer para as relações, o cidadão desanima diante das despezas e da lentidão do processo. Hoje, para impedir o recurso ao magistrado territorial e vingar a violencia, basta a qualquer subdelegado pôr a sua victima á ordem do chefe de policia.

[2] Escusado fôra encarecer o erro da lei de 2 de julho de 1850, que dispensou o jury nos crimes de moeda falsa, resistencia grave, tirada de preso e banca-rota, e até nos de roubo e homicidio praticados na fronteira, desde que, ao menos em parte, os proprios conservadores o reconhecem. Quanto ao primeiro, declara o relatorio do ministerio da justiça de 1869 (p. 19) que pouco tem aproveitado a restricção da lei, e pede que se revogue. Quanto aos outros, não repugna á consciencia liberal o jnlgamento por juiz unico ? E não se hade bradar contra a reacção politica, que a tal ponto chegára !

[3] Decretos de 6 de abril de 1841 e 6 de agosto de 1842.

lavoura [1], ou por amor da segurança publica e disciplina militar [2]:

Taes seriam as bases da lei judiciaria que o paiz reclama.

Não se diga que desarmamos a sociedade diante do crime: o nosso ponto de partida é que, no Brazil, como em outros povos da raça latina, não é tanto a impunidade do crime que se deve receiar, mas antes a prepotencia da autoridade. Fallemos com franqueza: depois da exageração a que se tem visto chegar a prisão arbitraria, graças á policia hierarchica da lei de 3 de dezembro e ás violentas paixões politicas, — nós prefeririamos, no caso de escolha, uma lei liberal, embora não evitasse inteiramente a impunidade de alguns criminosos, á lei despotica que, na intenção ou sob o pretexto de castigar a todos, fosse, como é aquella, regimento militar da nação escravisada.

E acaso teem essa lei tyranica e suas auxiliares preenchido seu fim ostensivo — evitar a impunidade? Respondam os contemporaneos; respondam as nossas estatisticas judiciarias; respondam as noticias que todos os dias recebemos do interior, onde ha pouco, durante o processo eleitoral, os régulos de aldêa, alguns delles criminosos notorios, campeavam á frente de sicarios que reunem, asylam, armam e levam ao combate das urnas, derramando o panico, intimidando o povo, afrontando a moral.

[1] Lei do 1º de setembro de 1860.
[2] Lei de 18 de setembro de 1851.

Aqui e ali, por toda a parte, nas cidades e no campo, se varejam casas, viola-se o asylo do cidadão, revolve-se a sua mobilia, revolve-se mesmo a cama em que dorme a mulher ou a filha, em nome da lei, em nome dessa exacrada lei de 3 de dezembro, para se proceder a *buscas*. O varejo e o recrutamento-caçada são dous caracteristicos da nossa civilisação, dos nossos actuaes costumes politicos.

E' dura, mesmo arbitraria, dizem alguns, a legislação censurada, mas indispensavel para evitar a impunidade. De sobra está refutado o axioma, donde emanaram as leis criminaes da escola franceza,— antes prevenir do que punir,—maxima que substitue a responsabilidade do individuo pela tutela da autoridade. Seja severa, inflexivel, a punição do crime ; mas, na intenção de prevenil-o, é licito acaso coagir a liberdade do cidadão? Demais, não se previne o crime armando a autoridade de um poder immenso, diante do cidadão trémulo de susto e humilhado ; a prova está nesses abusos tão communs em nosso interior, donde se originam reacções e vinganças, crimes que produzem crimes. O crime previne-se, principalmente, elevando o nivel moral do cidadão, fazendo-o amar a paz e a liberdade, facilitando-lhe o trabalho e a riqueza, illustrando-o e educando-o por uma instrucção primaria completa, largamente diffundida pelo paiz inteiro. A penitenciaria, um progresso aliás que mal conhecemos de nome, seja dito de passagem, a penitenciaria não é o alvo social nestes assumptos : o ideal é a instrucção, a moralidade, a liberdade.

PARTE TERCEIRA

INTERESSES PROVINCIAES

CAPITULO I.

INSTRUCÇÃO PUBLICA.

Não nos propomos tratar largamente os interesses de ordem provincial. Percorrendo rapidamente alguns dos mais importantes, nosso objecto é descrever, conforme principios acima expostos, a linha divisoria da competencia dos poderes local e geral em assumptos communs a ambos.

Começemos pelo interesse fundamental dos povos modernos, a instrucção.

Escusado fôra discutir os obstaculos que nesta materia tem a centralisação opposto ás provincias, e que já citámos a proposito de gráus litterarios, cadeiras de ensino secundario, penas para a sancção de regulamentos, etc.[1] Nosso fim aqui é outro: é indicar as medidas principaes, que devem as assembléas adoptar, com a maxima urgencia, para elevarem o nivel moral das populações mergulhadas nas trevas.

Em verdade, o mais digno objecto das cogitações dos brazileiros é, depois da emancipação do trabalho, a emancipação do espirito captivo da ignorancia. Sob

---

[1] Parte II, cap. I; pp. 92, 95, nota 1, e 97.

o ponto de vista da propria instrucção elementar (e não fallemos do estudo das sciencias), nosso povo não entrou ainda na orbita do mundo civilisado. E' o que attesta a frequencia das escolas primarias. Consideravel apenas na população de origem germanica de S. Leopoldo (Rio-Grande do Sul), D. Francisca (Santa Catharina) e Petropolis (Rio de Janeiro), essa frequencia mal attinge á média de 1 alumno por 90 habitantes em todo o imperio. Compare-se este sinistro algarismo[1] com o de alguns dos Estados-Unidos, onde a média é 1 por 7: nem se esqueça que, si na propria capital do imperio, ha apenas um alumno por 42 habitantes, das vinte provincias ha sete onde a proporção é superior a 1 por 100, e ha mesmo uma (o Piauhy) onde excede ainda a 1 por 200. Só na Sicilia dos Bourbons ou nas *steppes* da Russía se incontrariam algarismos equivalentes! A mais rica e mais densamente povoada das nossas provincias, o Rio de Janeiro, onde mal se conta 1 alumno por 100 habitantes, acha-se muito abaixo de uma ilha de negros, a Jamaica, que conta 1 por 13, e cujo porvir asseguram seus intelligentes esforços pela educação da descendencia dos emancipados[2].

[1] Segundo o Sr. ministro do imperio (relatorio de 1870, p. 29), a proporção seria 1 alumno por 63 habitantes; mas parece este algarismo inferior á realidade, quer por se ter excluido do cálculo a população escrava, quer por se haver arbitrariamente accrescentado mais 24,000 alumnos ao total dos documentos officiaes, que, pela nossa parte, antes reputamos exagerados que deficientes.

[2] População da Jamaica: 420,000 h., dos quaes 20,000 brancos sómente. Numero de escolas, 594; alumnos, 31,313. (*Anti-slavery-reporter*, abril de 1868; p. 93.)

Quaes serão os destinos do nosso systema de governo, que deve assentar na capacidade eleitoral, si perpetuar-se o embrutecimento das populações, engrossado pela corrente de proletarios de certa parte da Europa? Que sorte aguarda a nossa industria agricola, quando, verificada a impotencia da rotina secular, o proprietario inintelligente carecer de temperar a crise da deficencia de braços com os processos da arte aperfeiçoada?

Vêde o triste espectaculo, resultado fatal da imprevidencia com que descuidaram da educação do povo: — nossos costumes que se degradam, nossa sociedade que apodrece, o fanatismo religioso que já se chama o partido catholico, um paiz inteiro que parece obumbrar-se, na segunda phase deste seculo, quando as nações carcomidas pelo absolutismo e ultramontanismo, Italia, Austria, Hespanha, França, reatam gloriosamente o fio das grandes esperanças do seculo XVIII !

§ I.—*Liberdade do ensino particular. Desinvolvimento do ensino publico. Ensino obrigatorio.*

A mais alta manifestação da liberdade de pensamento é a do ensino em conferencias publicas, onde a palavra inspirada attrahe e subjuga o auditorio, propagando-se com a rapidez da electricidade. Por isso é que, quando mesmo toléra a liberdade da imprensa, a autoridade suspeitosa desconhece ou põe em litigio o direito com que os cidadãos se reunem para ouvirem orações populares.

O pavor que a todos os absolutismos inspiram assembléas do povo, bem poderá manifestar-se aqui com o seu cortejo de restricções e penalidades. Firmemos, entretanto, os principios das leis vigentes sobre a materia.

Quer pela regra do art. 282 do codigo criminal, quer pela hypothese do art. 278, está expressamente reconhecida a legalidade das reuniões. E' licito propagar por discursos proferidos em assembléas publicas quaesquer doutrinas, uma vez que não destruam *directamente* as verdades fundamentaes da existencia de Deus e da immortalidade d'alma (art. 278). Salvo esta clausula final, nada mais prohibe o legislador. Sua previdencia e amor da liberdade se reconhecem quando exceptua o ataque indirecto dessas mesmas verdades fundamentaes, por exemplo, na exposição doutrinaria de um systema filosophico; mas fôra certamente melhor que nem aquella restricção houvesse para discursos publicos ou lições de professores: póde acaso o Estado impôr uma doutrina qualquer, repute-a embora a mais santa de todas? ha, porventura, uma verdade official?[1]

Entretanto, fóra desse caso (destruição directa

---

[1] Eis um ponto esgotado por Stuart-Mill, *On liberty;* cap. II.

das duas ideas fundamentaes), nosso legislador só prohibe discursos proferidos em publicas reuniões quando importarem *provocação directa* a certos crimes politicos. (Arts 90, 99 e 119 do cod.)

Nossas leis não adoptaram as modernas limitações francezas do livre exercicio do direito de reunião.

As reuniões podem ser, quer em recinto fechado, quer na praça publica, pois a lei não exceptúa as ultimas e implicitamente reconhece ambas. A licença da autoridade só é necessaria para ajuntamentos *á noite* nas ruas, praças e estradas, em virtude de uma lei de 1831; mas neste mesmo caso, si o fim é justo ou reconhecido, a reunião não póde ser impedida. Finalmente, aos discursos publicos não são applicaveis as restricções do art. 9° do codigo criminal, que não permitte *atacar as bases fundamentaes* da constituição, porque este artigo regula sómente a liberdade de imprensa.

Si de lei nova não carecemos para legitimar as reuniões de natureza politica, menos ainda para consagrar a liberdade do ensino em grandes conferencias publicas, ou em escolas particulares. São, portanto, manifestamente arbitrarias as restricções feitas ao exercicio da industria ou profissão de mestre, e á abertura de estabelecimentos de educação.

Revoguem-se, pois, as usurpações commettidas contra essa liberdade fundamental por leis ordinarias, ou regulamentos de instrucção publica emanados do poder executivo na côrte e dos seus delegados nas provincias.

Antes de 1850 não se conheciam tantos abusos, mas, por triste imitação de um regulamento geral, desde então cada presidente foi impondo ás provincias o regimen europeu da intervenção no ensino privado.

Não poderiamos exprobrar com energia demasiada tão inqualificavel abuso: fechar escolas, negar titulos de professor, limitar o ensino, em qualquer parte do mundo, é quasi uma immoralidade; o que será, porém, em paiz pobre, sem pessoal idoneo, sem administração zelosa, sem sufficientes estabelecimentos publicos de instrucção?

Abolir os vexames de regulamentos compressores da mais liberal das profissões, é justo e é necessario[1]. Seja livre o ensino: não ha mais abominavel fórma de despotismo do que o de governos nullos que, sem cooperarem seriamente para o progresso das luzes, embaraçam os cidadãos que emprehendem esta obra evangelica, e ousam sujeitar ao anachronico regimen das licenças e patentes a mais nobre das artes, aquella que lavóra com o espirito.

Mas não basta permittir a todos, sem excepção alguma. e sem exigencia tambem alguma, o exercicio de um dos direitos do homem, o de ensinar. Contingente poderoso para o grande resultado, a liberdade do ensino, que é muito, não é tudo nas condições im-

---

[1] Promulgaram a liberdade do ensino as provincias do Pará, Rio Grande do Norte, Bahia, Rio de Janeiro, S. Paulo e Santa-Catharina.

perfeitas de nossa sociedade e de todas as sociedades modernas. O seculo propõe-se realisar o ideal da maxima simplificação do mecanismo que se chama Estado; onde é, porém, que o sentimento da responsabilidade individual, o poder da iniciativa particular e o espirito de associação subiram ao ponto de dispensal-o? .

Sob a influencia da filosophia inspirada na eterna moral do evangelho, quasi simultaneamente os povos modernos, sem condemnarem aliás o ensino particular, organisam um poderoso systema de instrucção elementar baseado no imposto. O mais atrevido exemplo dessa organisação o deram, um após outro, ao impulso de Horacio Mann, os estados da União Americana, onde outr'ora vastas e ricas associações fundavam e mantinham numerosas escolas. Em Inglaterra duas associações igualmente vigorosas desempenham a mesma missão humanitaria; mas lá se propoz agora ao parlamento, e agita-se seriamente o problema da organisação official do ensino. E' que ahi tambem o nobre esforço dos cidadãos e das sociedades não satisfaz ás aspirações de cada localidade tão plenamente, como o ensino publico nos Estados-Unidos, na Allemanha do Norte, na Suissa, na Hollanda, na Suecia, no Canadá, na Australia, no Chile. [1]

---

[1] O pensamento cardeal das reformas recentemente propostas em Inglaterra é, por um lado, generalisar o ensino publico por meio de escolas mantidas por taxas locaes e auxilios do governo, e dirigidas por uma repartição propria; e, por outro, firmar o principio da liberdade de consciencia emanci-

Abrindo o corpo legislativo, recommenda Napoleão III « o desinvolvimento mais rapido do ensino primario gratuito. » Por toda a Europa, os parlamentos occupam-se, com particular desvelo, do supremo interesse social, a educação do povo. Para isso não hesita a Inglaterra em accelerar a incessante transformação do seu governo, na qual o mundo a vê absorvida desde 1832; e a França, si quer nesta materia disputar a precedencia que em outras lhe cabe, hade tambem resolver-se a imitar o magnifico exemplo das democracias do novo e do novissimo continentes.

Não aconselhemos ás provincias, portanto, a abo-

pando das corporações religiosas as escolas subvencionadas, prohibindo que os inspectores sejam membros de taes corporações, e isentando os alumnos do exame em questões ecclesiasticas. A isto accresce a necessidade, geralmente proclamada, do ensino obrigatorio. Queremos, dizia a representação de um *meeting* escossez, uma educação nacional independente de seita religiosa, sem nome particular de associações ecclesiasticas e compulsoria: *unsectarian in principle, indenominational in character, and compulsory in operation.*
Os commentarios com que o ministro Forster acaba de justificar perante a camara dos communs (fevereiro de 1870) o seu *bill* de reforma, revelam que, seguindo o principio da educação nacional dos Estados-Unidos, a velha Inglaterra sacrifica os preconceitos de sua antiga administração. E' sem duvida uma revolução profunda. Educação leiga, ou pelo menos não subordinada a uma seita particular; escolas por toda a parte; taxa addicional para o mantimento daquellas onde não bastarem as contribuições particulares; ensino obrigatorio, sob pena de multa, onde fôr necessario para obter a frequencia regular dos alumnos; juntas locaes, inspeccionando as escolas, eleitas pelas municipalidades: taes são as idéas principaes do *bill* proposto para a Inglaterra e paiz de Galles. « O projecto, diz o *Times*, prové de modo que fique ao alcance do filho de qualquer cidadão uma educação sufficiente, efficaz e não sectaria. » Benevolamente acolhido pela opposição conservadora, elle foi, entretanto, impugnado por muitos liberaes, que desejam medida mais radical, no sentido norte-americano.

lição sómente de regulamentos vexadores do ensino particular de qualquer gráu, facil cumprimento de um dever intuitivo; recommendemos-lhes, com a mais viva instancia, que tenham providencia, patriotismo e coragem para se imporem de bom grado sacrificios consideraveis, unicos efficazes, a bem do rapido desinvolvimento da instrucção.

Um escriptor que tanto encarece os direitos do individuo e a extensão da liberdade, e que plenamente expoz as vantagens do ensino particular, reconhece, entretanto, que nas sociedades atrazadas, onde não possa ou não queira o povo prover por si mesmo á creação de boas instituições de educação, deve o governo tomar a si essa tarefa, preferindo-se dos males o menor.[1]

Referindo-se a inqueritos officiaes, confiados a pessoas mui competentes, asseverou o Sr. Forster ao parlamento inglez que as escolas meramente particulares, sem o auxilio do thesouro nem inspecção publica, eram as peiores do reino[2]. Meditem sobre este depoimento os que tudo esperam sómente do ensino livre; vejam o

---

[1] « When society in general is in so backward a state that it could not or would not provide for itself any *proper* institutions of education, unless the government undertook the task ; then, indeed, the government may, as the less of two great evils, take upon itself the business of schools and universities, as it may that of joint stock companies, when private enterprise, in a shape fitted for undertaking great works of industry; does not exist in the country. » (Stuart Mill, *On liberty* ; cap. IV.)

[2] « The schools which do not receive government assistance are, generally speaking, the worst schools, and those least fitted to give a good education to the children of the working classes. » (Disc. na camara dos communs, sessão de 17 de fevereiro de 1870.)

que se diz de Inglaterra, cujas poderosas associações philantropicas e communhões religiosas não conhecem superiores no mundo! Quando Horacio Mann começou a famosa agitação, donde sahiu o vasto systema de ensino publico da União Americana, muitos dos estados pretendiam que as escolas das associações e seitas eram sufficientes, nem seriam excedidas: a experiencia patenteou a sua illusão. O systema que Mann fizera adoptar no Massachusetts, foi logo imitado pelos outros estados á porfia; e as escolas para os filhos de todo o povo, para o rico e para o pobre, para o branco e para o negro, as escolas nacionaes são hoje o mais bello titulo das Republicas Unidas.

Esqueçam-se as prevenções que o despotismo alliado aos jesuitas creára contra as tendencias do ensino official. Depois que a democracia apoderou-se do governo dos estados, o ensino official revelou toda a sua efficacia. Afugentado o absolutismo que o envenenava, elle cessou de offerecer perigos á liberdade. Os povos o comprehenderam desde logo; e assim vai passando ás legislações contemporaneas um principio saudavel da escola socialista, cuja propaganda, apezar dos desvarios de sectarios exclusivos, ha triumphado tantas vezes da rotina conservadora.

Mas, si não póde o Estado desempenhar a sua tarefa sem o auxilio moral das populações, tambem não deve responder pela ignorancia do povo onde se lhe não consente compellir as crianças á frequencia escolar.

Em verdade, não póde deixar de ser obrigatorio o

ensino onde existe escola: nada mais justo que coagir, por meio de penas adequadas, os pais e tutores negligentes, e sobretudo os que se obstinem em afastar os filhos e pupillos dos templos da infancia.

Tão legitimo, como é legitimo o patrio poder, o qual não involve certamente o direito deshumano de roubar ao filho o alimento do espirito, — o ensino obrigatorio é ás vezes o unico meio de mover pais e tutores remissos ao cumprimento de um dever sagrado. Nas cidades, por exemplo, onde haja escolas sufficientes, como não sujeital-os a multas, ou a trabalhos e prisão no caso de reincidencia? Entretanto, com razão adverte o Sr. Laboulaye, melhor fôra evitar esta triste necessidade [1]; antes se abram, por toda a parte, como nos Estados-Unidos, escolas dignas deste nome: sua força de attracção é sempre irresistivel.

O principio do ensino obrigatorio deixou, porém, de ser novidade. Não se póde desconhecer, ponderava o Sr. Forster á camara dos communs, quanto ultimamente se tem propagado a doutrina do ensino obrigatorio, á qual esse ministro se dizia um recente converso. Recalcitrante e adepto recente, tambem se confessava, na mesma noite, Sir John Packington, um dos chefes da opposição conservadora. Consagrando o principio da obrigação, sob pena de multa contra os pais negligentes, naquelles lugares onde as juntas de educação o intendessem util e necessario, a lei proposta ao parlamento inglez incontrou, por esse lado, a cen-

---

[1] *Le parti liberal*, XI.

sura dos que preferem uma regra geral e inflexivel. Tal é, em Inglaterra, a opinião até de illustres conservadores. Como todas as grandes idéas, essa faz o seu gyro á roda do mundo: pertence-lhe o futuro [1].

§ II.—*Um systema efficaz de instrucção consome muito dinheiro. Justificação da taxa escolar, imposto exclusivamente provincial.*

Todos os esforços no sentido de combater a ignorancia e a rudeza do povo, estacam diante da questão financeira; porquanto é preciso convir nisto: — não ha systema de instrucção efficaz sem dispendio de muito dinheiro [2].

Para corresponder ás exigencias de um regimen politico baseado no suffragio quasi universal, um ramo sómente dos interesses locaes, a instrucção popular, careceria absorver toda a somma da actual receita de cada provincia do imperio.

Que se não repute exagerado este conceito. Um só cantão da Suissa, Zurich, com 266,000 habitantes, gastava 600 contos com a educação primaria do seu povo. Conhecem-se os algarismos fabulosos dos Estados-Unidos: com 1,300,000 habitantes, o estado de Massachussets gastava 4,000 contos. O de New-York,

---

[1] Adopta o principio, e solicita meios para a sua execução no municipio neutro, o Sr. ministro do imperio: Relatorio de 1870, p. 38.

[2] V., quanto á Europa, os algarismos do Sr. M. Block, *L'Europe politique et sociale*, 1869; parte II, cap. 3.

que em 1866 despendêra 13,200 contos (cêrca de dois dollars por habitante), já havia até então immobilisado na construcção de casas de escola e seus terrenos a somma de 24,500 contos [1]. O da Pennsylvania, onde se contam 17,142 professores e 16,381 escolas, não desembolsou em 1869 menos de 7,000 contos, avaliando-se então em 28,000 o capital empregado na sua propriedade escolar.

Na razão de dollar por habitante é a despeza que fazem com a instrucção muitos dos Estados-Unidos, posto que alguns excedam esse termo médio. Para que o Brazil seguisse tão previdente politica, não bastaria, com effeito, a receita das suas vinte provincias, que aliás applicam ao seu atrazado e lento ensino publico a modestissima quantia de 2,680 contos, inferior á metade do que despende com o mesmo serviço só a cidade de New-York.

As consignações actuaes dos orçamentos geral e provincial para o serviço da instrucção não dão evidentemente um resultado satisfatorio. Baste notar que ellas não excedem a 336 reis por habitante [2], emquanto

[1] A somma gasta com a instrucção só na cidade de New-York é quasi metade da despeza de todo o estado com este serviço. Ella attingiu a 2,900.000 dollars em 1868, sendo desta enorme quantia 1,697,000 dollars applicados a salarios de professores e empregados, e 640,000 a novos palacios de escolas, reparos, etc. New-York, que aliás mantém 2,500 professoras e professores das escolas publicas, gasta, portanto, cérca de 3 dollars por habitante. Na mesma proporção, devêra a instrucção da cidade do Rio de Janeiro, á qual se destinam cérca de 350 contos, consumir 2.400, tanto quanto despede actualmente o imperio inteiro.

[2] Si na provincia do Rio de Janeiro, que despende 433 contos com todo o serviço da instrucção (orçamento de 1869), e que se diz ter um milhão

que a média dos Estados-Unidos aproxima se de dez vezes mais, e em algumas cidades é vinte vezes maior.

A taxa escolar forneceria um valioso contingente ao orçamento da instrucção.

Não ha, bem sabemos, assumpto mais ingrato e mais impopular que a proposição de impostos. Entretanto, não ha tambem necessidade mais geralmente reconhecida que o augmento dos rendimentos das provincias.

A impopularidade de tributos novos resulta principalmente dos fins anti-economicos a que se destina o seu producto. Quando, porém, se pedem ao povo contribuições para melhoramento das condições sociaes, e não para emprezas politicas, guerras ou dividas de guerra, as vantagens do resultado em perspectiva suavisam o sacrificio, fazem mesmo esquecel-o.

Em regra, não é preferivel o impôsto com applicação especial; mas, em certos casos, mórmente para serviços locaes, é esse o meio de corrigir a tendencia para o abuso das imposições e de conciliar-lhes o **favor popular**. As grandes medidas para a salubridade e ornamento das cidades executam-se mais facilmente mediante taxas cujo emprego especial é avaliado e logo apreciado pelo municipe contribuinte, do que por consignações de um orçamento englobado, que não se

---

de habitantes, a média é de 433 réis; na de Minas-Geraes, a quem se attribuem um milhão e meio e que apenas gasta 335 contos, ella é sómente de 223 réis. Segundo o Sr. ministro do imperio (relatorio de 1870, p. 30) a média da despeza no Brazil é 378 réis por habitante livre: não ha razão para exceptuar deste calculo os escravos. O total da despeza do ensino primario e secundario, inclusive o municipio neutro, é 3,030 contos, conforme o mesmo documento.

altêa sem a mais viva resistencia. O mesmo dizemos da instrucção, o mais ponderoso dos assumptos commettidos ao governo local.

Acaso o subsidio litterario, insaiado ainda sob o regimen colonial, seria agora repellido como um sacrificio excessivo? Esse subsidio ou taxa escolar é, em nosso intender, a fonte de receita de que as provincias não devem privar-se por mais tempo.

Ella incontraria, nós o acreditamos, o mais benevolo acolhimento. Que se patentêe ao povo a sua inferioridade quanto ao verdadeiro progresso social, e lhe custará comprehender como se pôde abandonar tanto o mais vital dos seus interesses, e como a pretendida repugnancia dos contribuintes só serviu de pretexto aos governos para fazerem a mais reproductiva das despezas publicas, para preencherem a maior das nossas necessidades, a indeclinavel necessidade da instrução elementar e profissional.

Antes de tudo, se advirta que a nova imposição não repelle o principio constitucional de que o ensino primario é gratuito; porquanto, por esse principio se deve rigorosamente intender — a prohibição de qualquer tributo pago pelo alumno, sob a fórma de matricula ou outra similhante. A taxa escolar, que propomos, assenta, não sobre o alumo ou o numero de alumnos em idade escolar, mas na base commum das outras contribuições, a população inteira. Assim como cada habitante concorre para as despezas de illuminação, aguas, esgotos, calçadas, estradas e todos os melhoramentos locaes, assim contribúa para o mais importante delles, a educação dos seus concidadãos, o primeiro dos interesses sociaes em que todos somos solidarios.

Sem transpôr os limites deste esboço, passamos a indicar abreviadamente como comprehendemos a taxa proposta.

Ella compôr-se-ia de uma dupla imposição, a local e a provincial, servindo a segunda de subsidio para a deficiencia da primeira, e ambas applicadas á despeza particular das escolas de cada localidade.

No municipio (tomamos a unidade administrativa actual, sem prejuizo da base preferida pelas assembléas, parochia ou municipio) a taxa escolar consistiria em uma contribuição directa paga por cada habitante ou por cada familia [1].

Na provincia a taxa escolar consistiria em uma porcentagem addicionada a qualquer dos impostos directos, o pessoal ou a decima urbana, por exemplo. Seu producto acresceria á contribuição local, necessariamente modesta no primeiro insaio, até que o povo abraçasse cordialmente o novo systema, apoiando sem reluctancia, como nos Estados-Unidos, todas as combinações destinadas a augmentarem o orçamento da instrucção.

Nem pareça singular a idéa de taxas addicionadas

---

[1] A idéa de uma certa contribuição da parochia para o ensino já se depára no projecto de reforma das municipalidades offerecido pelo Sr. ministro do imperio em 1869 (arts. 74, § 2º, 84 *in fine* e 75). Sem a reorganisação do ensino, não parece manifesta a utilidade de similhante sacrificio, que, aliás, segundo o projecto, não constitue um recurso normal, mas receita extraordinaria das localidades, quando fôr autorisada.

a impostos directos para tal fim. Assim o foi em França, e ainda é. Desde a antiga lei de 10 de abril de 1817, era licito ás *communas* applicarem ao custeio das suas escolas gratuitas o producto da imposição extraordinaria de quatro centimos addicionaes ao principal de quatro contribuições directas (a territorial, a pessoal, a movel e a de patentes). Para occorrer ás grandes despezas a que tem elevado o seu orçamento da instrucção, a edilidade de Pariz ha gradualmente augmentado essa taxa, que hoje parece ser de 7 centimos, produzindo 2,800,000 francos especialmente destinados ás escolas da infancia. Outras verbas da receita municipal fazem attingir a 7 milhões a despeza do ensino pago pela capital da França. [1]

§ III. — *Applicação da taxa escolar.* — *Organisação do ensino nas provincias.*

O imposto que propomos, estreitamente se liga a um novo programa do ensino publico, impraticavel com os estreitos recursos actuaes.

A taxa directa cobrada nos municipios e a importancia da porcentagem provincial addicionada a um dos impostos directos, teriam o seguinte emprego exclusivo:

---

[1] *Journal des Economistes*; fevereiro de 1865, p. 317.

Salarios dos professores e seus adjuntos [1];

Aluguel de casas, onde ainda não houvesse predios especialmente construidos para escola;

Custeio e conservação destes estabelecimentos;

Vestiaria e soccorros dos meninos indigentes;

Instrucção primaria dos adultos.

Calculada a somma destas despezas, conhecer-se-ia a da taxa escolar, ou a importancia a repartir com igualdade entre a contribuição local e a provincial.

Na ausencia de estatisticas da população, — negligencia sem nome no numero dos nossos descuidos, — proceder-se-ia no começo ao acaso, mas não é de outro modo que se dirige tudo o mais no Brazil: não sirva isso, pois, de objecção.

Tambem se não diga que a taxa municipal bastaria geralmente para as despezas da localidade. Nós suppomos um systema intelligente de ensino publico, professores bem remunerados, em numero correspondente ao dos alumnos, escolas em cada districto dentro de certa área, em summa um systema inverso da mesquinha e esteril organisação actual.

---

[1] Suppomos salarios correspondentes aos novos encargos do mestre. Elevem-se os ordenados: haverá então concurrencia de pessoas idoneas. O magisterio será a estréa de moços dignos, e o futuro de grande numero das senhoras brazileiras. A reforma da instrucção é, ainda por este lado, obra eminentemente moralisadora. Contam-se nos Estados-Unidos 200,000 professoras e sómente 150,000 mestres: nesse prodigioso algarismo de 350,000 pedagogos, as mulheres representam 70 %. Ha cidades, como Baltimore, onde o magisterio é profissão quasi exclusiva das mulheres, que aliás, como se sabe, já exercem muitos dos empregos publicos, quer nas repartições federaes, quer nas dos estados. Isto, melhor que tudo o mais, revela a força e prediz o futuro da união anglo-americana: é a terra onde a mulher não se considera inferior ao homem, e muitas vezes lhe é superior.

Mas a instrucção, como a mór-parte dos serviços publicos, não é interesse puramente local; pelo contrario, a sua organisação completa suppõe que funccionem consoantes certas molas de um mecanismo superior. Para estas outras despezas eminentemente provinciaes devem de contribuir solidariamente todos os habitantes de uma mesma provincia.

E' assim que continuariam a figurar nos orçamentos de todas ellas as consignações hoje votadas para a instrucção. Estas consignações, que aliás dever-se-ia augmentar cada anno, alliviadas das despezas com escolas primarias, forneceriam mais valiosos recursos, não só para o ensino secundario profissional, como principalmente para as necessidades geraes da propria instrucção elementar.

Não fallamos aqui das sciencias especulativas, das bellas-letras e das bellas-artes, cujo estudo não é aspiração do maior numero. Estabelecimentos proprios para taes estudos, seja dito de passagem, devera o governo geral mantel-os, em varias zonas do imperio, entregando-os a eminentes professores estrangeiros, a exemplo do Chile, da Australia e de Buenos-Ayres agora.

A importancia votada para a verba — instrucção nos orçamentos provinciaes consagrar-se-ia, como dicemos, ás necessidades communs a todas as escolas de uma mesma provincia. Taes são:

A construcção de casas de escola proprias, que são essenciaes para o desempenho dos methodos aperfeiçoados de ensino;

O fornecimento de mobilia, utensilios, modelos e livros escolares, acommodados aos methodos;

A formação de bibliothecas populares, e divulgação de livros de leitura; [1]

Os cursos nocturnos para adultos:

As pensões dos professores aposentados;

As escolas normaes para professores primarios;

O serviço de inspecção e direcção das escolas publicas, que inspire a maxima confiança.

Quantos assumptos da maior gravidade a exigirem cada um o seu exame particular! Não cabe tratal-os aqui, mas releve o leitor ainda algumas considerações finaes.

Não são escolas elementares do *abc*, como as actuaes, que recommendamos ás provincias. O systema que imaginamos, é muito mais vasto. E' o ensino primario completo, como nos Estados-Unidos, unico sufficiente para dar aos filhos do povo uma educação que a todos permitta abraçar qualquer profissão, e prepare para os altos estudos scientificos aquelles que puderem frequental os. O programa dos estabelecimentos públicos da União (*common-schools, free-schools*) comprehende, com effeito, muito mais do que geralmente se suppõe; elle abraça o ensino primario

---

[1] Não possuimos nem uma versão popular da Biblia! A de Figueredo, em linguagem obsoleta, dicção obscura e no gosto da época, tira á poesia biblica a magestosa simplicidade do seu estylo, que totalmente desfigura. Uma versão parcial, com a carta da Palestina e mundo antigo, estampas e diccionarios explicativos, sem commentos ecclesiasticos, seria o mais bello livro popular.

de todos os gráus, o das «escolas reaes» da Allemanha, e o secundario especial que fornecem os lyceus de França. Com o curso propriamente elementar, com o de grammatica, e o de sciencias das *high-schools*, os alumnos obteem, além do conhecimento das linguas, noções de litteratura e historia, de geometria e algebra, de chimica, physica e historia natural, em uma palavra, as bases da educação chamada profissional.

Como nos Estados-Unidos, o ensino devêra nos campos ser o mesmo que nas cidades; geral, sem distincção de territorios; geral ainda, sem distincção de sexos. Ambos os sexos, nas mesmas casas, simultaneamente, receberiam a mesma instrucção. E não recommendamos as escolas mixtas pela economia sómente, que aliás é consideravel no ensino commum dos dous sexos; mas principalmente pelo magnifico estimulo e fecundos effeitos moraes da união dos dous sexos desde a infancia.

Dispam-se dos prejuizos europeus os reformadores brazileiros: imitemos a America. A escola moderna, a escola sem espirito de seita, a escola commum, a escola mixta, a escola livre, é a obra original da democracia do Novo-Mundo.

Mas, pois que nos achamos em paiz eminentemente agricola, não esqueçamos que «o ensino primario tem sido até hoje dado em sentido anti-agricola, e que é preciso ajuntar-lhe noções summarias de lavoura e horticultura, elementos de nivellamento e agrimensura, principios de chimica agricola e de historia natural, e, para as meninas, lições de economia domestica.» [1]

Das escolas profissionaes são as agricolas sem duvida que mais precisamos. Ha muito, devêra o governo central fundal-as em quatro, pelo menos, as provincias, Maranhão, Pernambuco, Rio-Grande e Minas, aproveitando nesta o insaio começado pela companhia *União e Industria*. Elle poderia tambem promover o estabelecimento de taes escolas em cada uma das outras, contribuindo, da sua parte, com a despeza de engajamento (na Europa ou nos Estados-Unidos) de professores competentes e seus ordenados, com o fornecimento do material preciso, a compra de terrenos e a construcção das casas. Fizesse cada provincia o custeio annual, pouco oneroso aliás. Em compensação, devêra o governo obter de todas ellas a consagração da seguinte regra, que reputamos efficaz para assegurar a frequencia dos novos estabelecimentos: O curso da escola agricola será requisito indispensavel para os candidatos aos empregos provinciaes de ordenado superior a 800$, por exemplo.

E' bem estranho, sem duvida, que a provincia do Rio de Janeiro, cuja renda se aproxima de 4,000 contos, não possua uma aula ao menos dedicada á lavoura, quando devêra de ter um estabelecimento normal desse genero. Cada estado da Uniao americana procura fundar o seu, engajando os mais habeis professores, os homens mais práticos nesse ramo dos co-

---

[1] Leonce Lavergne; *Révue des deux mondes*, 15 de novembro de 1868.

nhecimentos. Alguns dos institutos norte-americanos são escolas-modelos, não sómente pelo seu material, como pela excellencia do ensino que nelles se offerece aos jovens destinados á grande industria nacional, que ali se aperfeiçôa incessantemente, a agricultura [1].

Não menos uteis e urgentes parecem as escolas de minas, e, todavia, mais de uma provincia possue thesouros immensos que apenas aguardam uma industria menos imperfeita e um trabalho mais intelligente.

Tudo nos falta, de tudo carecemos neste ramo principal dos interesses sociaes, a instrucção do povo.

Ao envez das tendencias do seculo, o que possuimos nós? escolas de *abc*, estas mesmas rarissimas, sem edificios proprios, sem mobilia e utensis, e, peior que tudo, sem mestres idoneos: e, fóra disso, algumas aulas de latim espalhadas aqui e ali.

Estudos classicos, estudo das linguas mortas, não é o que necessitamos mais: haja liberdade de ensino, e não faltarão collegios particulares, onde as classes abastadas mandem educar e aperfeiçoar seus filhos no gosto da antiguidade. Demais, é um erro manifesto confundir o ensino classico com essas imperfeitas e insufficientes aulas de latim, onde nem se aprende a lingua de Cicero, e muito menos se estuda a grande litteratura do seculo de Augusto. Para a maior parte dos moços, as versões e commentarios dos interpretes

---

[1] V. no *Report of the Commissioner of agriculture*, do anno de 1865, pp. 137 a 186, a descripção dos collegios agricolas de varios estados.

modernos bastam a revelar o genio das letras antigas. Si isto não constitue litteratos e eruditos de profissão, tambem não foi preciso mais para preparar poetas como Béranger, escriptores como Rousseau, nem o será para inspirar o gosto e formar o coração dos nossos jovens na contemplação das grandes scenas da antiguidade [1].

Este modo de conceber a reforma da instrucção nas provincias involve graves questões, que só cada uma dellas poderá resolver satisfactoriamente. Assim, quem deve de escolher os professores? Em alguns lugares melhor fôra que, como nos Estados-Unidos, houvesse commissarios especiaes da instrucção publica eleitos pela municipalidade, e lhes pertencesse nomear o professor e inspeccionar o ensino nos seus districtos. No começo, entretanto, todo o serviço poderia ser concentrado nas capitaes, dependendo directamente do secretario da instrucção.

Para manterem escolas normaes dignas deste nome, deveriam as provincias mais visinhas intender-se, associando-se por grupos, o que lhes fôra muito mais proveitoso que a acção isolada de cada uma.

[1] B. P. de Vasconcellos, na admiravel *Carta aos eleitores mineiros* (S. João d'El-Rei, 1827), dirigia-se nestas palavras aos conselhos geraes das provincias: « Attentem os conselhos que o conhecimento da lingua latina só conspira a fazer nos conhecer alguns homens de genio da antiguidade, cujas obras se podem ler hoje nas linguas vivas em que foram traduzidas; que o estudo desta lingua é verdadeiramente de luxo, e que a principal obrigação do governo é ministrar com preferencia aos povos os meios de instrucção necessaria, e estes nos faltam. » (P. 97.) — O professor de Oxford, M. Arnolds, com identico fundamento, exibe a mesma opinião em um recente relatorio sobre a instrucção secundaria na Europa *(School in Continent)*.

Preferimos, em regra, a iniciativa do governo local á acção collectiva, a variedade á centralisação, porque esta conduz quasi sempre á inercia, e a variedade da iniciativa provincial fomenta incessantes aperfeiçoamentos, desperta o zelo e a emulação entre as provincias. Todavia, estamos de tal sorte convencido de que não ha salvação para o Brazil fóra da instrucção derramada na maior escala e com o maior vigor, que para certos fins aceitariamos tambem o concurso do proprio governo geral, ao menos em favor das menores provincias e durante o periodo dos primeiros insaios. Assim, para se crearem verdadeiras escolas normaes, instituições cuja utilidade depende de subvenções generosas, fòra bem cabido um auxilio do Estado, cuja missão aliás,— não o desconhecemos,— é propriamente rearguer ou antes fundar os estudos superiores.

Ora, tantos estes ultimos como as escolas normaes não podem prosperar sem attrahir-se dos fócos da sciencia professores que venham propagal-a, legando ao futuro uma geração de moços illustrados e de mestres idoneos. Assim acaba de proceder o congresso da Republica Argentina, autorisando o contracto de vinte professores para o ensino de sciencias especiaes na universidade de Cordova e nos collegios nacionaes. Nem nós carecemos de lei que permitta o engajamento. A de 23 de oitubro de 1832 (art· 2° § 5°) o consente implicitamente quando concede a naturalisação immediata aos estrangeiros « que por seus talentos e litteraria reputação tiverem sido admittidos ao magisterio das universidades, lyceus, academias ou cursos juridicos. »

Tal é o vasto programa de ensino, que devem as provincias esperar do restabelecimento da sua autonomia administrativa. Já começam ellas a reconsiderar os estreitos regulamentos, imitações infelizes dos decretos e portarias do municipio neutro; já algumas proclamam a liberdade do ensino particular, e a assembléa do Rio de Janeiro, votando igual medida, acaba de iniciar alguns uteis, posto que modestos projectos de reforma, os quaes, é licito crel-o, terão em breve o seu complemento. [1]

O proprio governo central, até hoje tão indifferente a este gravissimo objecto, parece inclinar-se ás idéas que temos sustentado. Revelando, com a mais louvavel franqueza, a insufficiencia e inferioridade, sinão a nullidade do nosso ensino publico, o Sr. ministro do imperio, no relatorio de 1870, acaba de confirmar quanto dicemos sobre a nossa triste situação. O governo imperial, que não consente medrar a liberdade no Brazil, é que depõe contra si mesmo, attestando a sua incapacidade administrativa, confessando a negligencia de que o accusamos, e o proverbial deleixo dos seus agentes. [2]

[1] O primeiro desses projectos (ambos de dezembro de 1869) abre o credito annual de 50 contos para a construcção de casas de escola; concede maiores vantagens aos professores; augmenta o numero destes e dos seus adjudantes; créa mais escolas; e admitte as escolas mixtas para meninos e meninas até á edade de 9 annos. Reformando a escola normal da provincia, consigna o segundo 50 contos para erecção de um edificio proprio: exclue, porém, as mulheres do estudo da algebra e geometria, materias para que, segundo a experiencia americana, teem ellas muita aptidão.

[2] « E' com verdadeira mágua que vejo-me obrigado a confessar que em

Depois de tão solemne confissão, só ha para elle um meio de resgatar sua enorme culpa: acção decisiva, impulso efficaz, reformas perseverantes, largas, completas, sem receios e sem hesitações.

Comprehendam governo e povo que não ha mais urgente reforma: a emancipação do escravo o exige, porquanto ella ha de proseguir a sua marcha fatal

poucos paizes a instrucção publica se achará em circunstancias tão pouco lisongeiras, como no Brazil. Não dissimulo a verdade, porque devo manifestar-vol-a inteira, e de seu conhecimento ha de provir, espero com inabalavel confiança, o remedio a tamanho mal.» Relatorio de 1870, p. 39.

« Em algumas provincias a instrucção publica mostra-se em grande atrazo; em outras, em vez de progredir, tem retrogradado; conservando-se aqui estacionaria, ali andando com a maior lentidão. Em poucas é sensivel o progresso; em nem uma satisfaz o seu estado pelo numero e excellencia dos estabelecimentos de ensino, pela frequencia e aproveitamento dos alumnos, pela vocação para o magisterio, pelo zelo e dedicação dos professores, etc.

« Em muitas provincias tem-se reformado, reforma-se e trata-se de reformar a organisação do ensino; mas não se tem cuidado, quanto conviria, no principal — que é espalhal-o fiscalisar, os que delle estão incumbidos, para que effectivamente se distribúa, haja ardor em promovel-o e desvelo em attrahir alumnos ás escolas, ensinando-se o mais possivel, e ao maior numero possivel.» Idem, p. 40.

« Pela maior parte os professores não se esmeram ou não teem a aptidão necessaria para tornar proveitoso o ensino aos alumnos, dando-lh'o no mais curto espaço de tempo. Os pais cançam de esperar algum resultado, desanimam das vantagens da frequencia dos filhos na escola, etc., etc.» P. 41.

« A falta de edificios apropriados com as precisas condições hygienicas, com acomodações especiaes ao fim a que se destinam, é uma das maiores difficuldades com que lutamos... Acresce ainda em muitas provincias a falta de moveis e utensis adequados para as escolas. »

« Em algumas provincias, da remoção dos professores se tem mais de uma vez feito arma eleitoral.» P. 42.

A respeito do municipio neutro, cujas escolas se acham sob a immediata direcção do governo imperial, diz o relatorio: « Apenas 9,311 alumnos frequentaram em 1869 as escolas publicas e particulares do municipio da côrte. Este algarismo dispensa commentarios.» P. 38.

por entre dous perigos, o instincto da ociosidade e o abysmo da ignorancia. Diminui o segundo; tereis combatido efficazmente o primeiro.

Fatal punição! os paizes onde o trabalho é forçado, são aquelles justamente onde o proprio homem livre é mais ignorante. A indifferença pela instrucção é um dos signaes da escravidão. A olygarchia dos proprietarios, ou seus representantes nas assembléas e no poder, não tomam interesse algum, em paizes taes, pelo ensino popular. Com effeito, quanto á propria população livre, occupa o Brazil o lugar da lista que os Bourbons legaram a Napoles: um alumno por 90 habitantes, no seculo em que reputa-se infeliz o povo que não contempla nas suas escolas um menino por 7 habitantes. E será hyperbole dizer que neste ponto de honra dos povos modernos, acha-se nossa patria fóra do seculo XIX? Ajuntai a coexistencia do trabalho escravo: não é o seculo XVI ou XVII, quaesquer que sejam as apparencias de algumas capitaes maritimas?

Uma lei da divina harmonia que preside o mundo, prende as grandes questões sociaes: emancipar e instruir é a fórma dupla do mesmo pensamento politico. O que haveis de offerecer a esses entes degradados que vão surgir da senzala para a liberdade? o baptismo da instrucção. O que reservareis para suster as forças productoras esmorecidas pela emancipação? o ensino, esse agente invisivel, que, centuplicando a energia do braço humano, é sem duvida a mais poderosa das machinas de trabalho.

CAPITULO II.

EMANCIPAÇÃO.

Que poderiamos nós dizer de novo sobre «essa exageração sacrilega do direito de propriedade», a escravidão?

Não é para assignalar-lhe as tendencias e descrever-lhe o caracter, que a comprehendemos no quadro deste estudo. Não se trata mais no Brazil, felizmente, de ponderar a gravidade deste crime, « resumo de todas as infamias »; trata-se agora de applicar ao vicio hereditario remedio prompto e efficaz, a desapropriação por utilidade publica, de que fallava Lamartine.

Mas quem ha de emprega-lo? o Estado sómente? não haverá, porventura, na obra da emancipação, tarefa bastante para as provincias? Eis o lado por onde o sombrio problema toma lugar na reforma descentralisadora.

§ I.—*O Estado e a emancipação.*

Que do governo nacional dependem as mais directas medidas sobre este assumpto, escusado é demonstral-o.

O immediato reconhecimento da condição ingenua dos recemnascidos;

As providencias sobre serviços dos filhos de escravas, até certa idade;

As garantias do peculio, da alforria forçada, da integridade da familia, do processo judiciario, da igualdade perante a lei criminal;

A liberdade dos escravos que prestarem serviço relevante, e dos da nação, das communhões religiosas, das companhias anonymas, do evento, das heranças vagas e daquellas onde não houver herdeiro de certo gráu;

A matricula de escravos e seus filhos;

Finalmente, a gradual alforria dos captivos actuaes:

São, ninguem duvida, assumptos proprios da lei geral[1].

A ultima destas medidas, porém, acaba de ser antecipada por varias provincias, que consignaram em seus orçamentos verba especial para o resgate de captivos. Nada impede que, cumulativamente, empregue o Estado maiores recursos para o mesmo fim.

Mas, neste ponto, quanto á escravatura existente, não poderia ser mais decisiva a acção do governo supremo? Assim o intendem aquelles que recommendam a fixação de um prazo (20 ou 30 annos) para a extincção definitiva do regimen servil em todo o imperio. Quanto a nós, conforme já foi mui sabiamente

---

[1] Estas são, em geral, as idéas do projecto em 1868 elaborado pelo conselho de estado, e dos offerecidos, a 21 de maio de 1870, pelos Srs. deputados Perdigão Malheiro e Araujo Lima.

ponderado, nem isso fôra prudente, por abalar a propriedade, nem é necessario, pois que, libertado o ventre e com o acrescimo das alforrias espontaneas ou forçadas, em poucos annos a estatistica acusará um numero tão reduzido de escravos, que poderá o Estado decidir-se a emancipal-os todos em muito mais curto prazo.

Caberia, entretanto, ao governo central mui importante tarefa: estimulando as provincias a augmentarem as consignações annuaes para alforrias, devêra adjudar nisso aquellas que possuam insignificante numero de captivos, ou resgatar á sua custa a escravatura dessas mesmas provincias, uma apóz outra.

« Abolição gradual da escravidão por provincias, começando pelas fronteiras com os estados limitrophes e pelas que menos escravos possuirem, » tal é a idéa que desde 1865 indicámos em carta ao secretario da *British and foreign anti-slavery society*. Seja-nos licito repetir as considerações que a proposito faziamos:

« Nas primeiras provincias (as da fronteira), diziamos nós, a emancipação dever-se-ia effectuar immediatamente com indemnisação; nas outras, (as que possuirem poucos escravos), sem indemnisação, dentro de um prazo conveniente.

« As provincias do Amazonas, Pará, Mato-Grosso, Rio-Grande do Sul, Santa Catharina e Paraná, limitadas pelos paizes circumvizinhos (Guyanas franceza, ingleza e hollandeza, Venezuela, Nova-Granada, Perú, Bolivia, Paraguay, Republica Argentina e Uruguay), em nenhum dos quaes se permitte a escravidão, são, justamente por isso, perigos permanentes para a tranquillidade interna e para a defeza do Estado. Na ultima guerra com o governo de Montevidéo, e na actual com o Paraguay, os chefes das forças inimigas traziam sempre a missão de sublevar os escravos do Rio-Grande; e ninguem ignora que este recurso, posto que barbaro, si fosse efficaz, causar-nos-ia grandes desastres. A escravidão nas provincias fronteiras é, pois, na realidade gravissimo elemento de fraqueza militar.

« Além disso, em tempo de paz, a fuga de escravos para os territorios vizinhos, e outros factos promovem conflictos e amarguram algumas de nossas questões internacionaes. Ainda ha pouco, noticia-se do norte a fuga de escravos do alto Amazonas para o territorio do Perú, e uma consideravel evasão de outros do Pará para a Guyana franceza. As discussões que provoca a extradição de escravos evadidos pela fronteira do Rio-Grande do Sul, as questões que tem isto originado, a serie de reclamações do governo oriental contra o brazileiro, renovadas ainda recentemente em 1834, a difficuldade em se cumprirem os tratados de extradição, o constrangimento que a sua execução produz, e os abusos dos Rio-grandenses que nas suas estancias do Estado Oriental querem conservar a escravidão, ainda que dissimulada sob a fórma de contratos de engajamento com prazos enormes (10, 15 e 20 annos); tudo isso conspira para abolir-se a escravidão na grande provincia fronteira do Sul.

« Entretanto , é justamente aquella que primeiro podia dispensar escravos. Como em Santa-Catharina, verdadeiro prolongamento do Rio-Grande, seu clima é muito mais ameno que o das outras provincias, e menos aspero que o do Rio da Prata. O Rio Grande é o jardim da America meridional; ali o trabalho agricola, nas colonias, é exclusivamente exercido por homens livres... A' excepção de certos municipios, nos outros é minima a proporção dos escravos para a população total. Além disso, a corrente de emigração está já estabelecida para essa parte do imperio.—Outra provincia fronteira, a do Amazonas, onde o indio é o trabalhor do campo, o barqueiro e o criado, apenas possue... um escravo por 46 livres, ou pouco mais de 2 °$|_0$. Santa Catharina, Paraná e Espirito-Santo contam igualmente poucos captivos. Ha além disso provincias não fronteiras, como a do Ceará, onde a agricultura é quasi exclusivamente praticada por braços livres. Nessa mesma, no Rio Grande do Norte, na Parahyba, em Alagôas e até em Pernambuco, no trabalho do campo, na cultura do algodão principalmente, e na da canna de assucar, são empregados homens livres, a salario, em escala que promette subir. Outro tanto acontece no interior do Maranhão. »

Tão felizes circunstancias permittiriam, em nosso intender, relativamente a taes provincias, medidas mais promptas e seguras. Ainda nos parece este o modo mais efficaz de exercer-se a acção do Estado quanto aos escravos actuaes. Assim, as menores provincias, especialmente as da fronteira, aquellas, como o Ceará, onde o trabalho escravo é insignificante, ou onde desde já póde ser dispensado, como o Amazonas, veriam em breves dias o seu territorio consagrado para sempre á liberdade. Como documento da sinceridade de nossa politica abolicionista, não houvéra mais eloquente testemunho: sem réplica seria facto similhante. Por outro lado, esse processo simplificaria a crise futura da producção, circunscrevendo-a a uma região menor, de sorte que, quando no centro do imperio se experimentassem os seus effeitos, outras secções do paiz já estivessem florescendo sob o regimen da liberdade. Finalmente, por mais generosas que sejam as consignações votadas pelo parlamento para alforrias annuaes, seu alcance fôra quasi nullo si disseminadas pelo Brazil inteiro. Repartidas sómente pelas provincias que indicámos, o resultado será efficaz e palpavel.

Deve o parlamento não hesitar na votação de fundos consideraveis para a alforria de captivos. Entretanto, uma operação financeira occorre que preencheria os nossos designios sem acarretar novos encargos para o contribuinte. Annualmente se amortisa no Rio de Janeiro e em Londres o capital de nossa divida fundada, e periodicamente desaparece, da verba respectiva da despeza publica, parte dos juros correspondentes aos emprestimos remidos. Propomos, pois, que cada anno se emitta, para o resgate de escravos de determinadas provincias, um numero de apolices cujos juros não excedam aos eliminados nas verbas do serviço da divida fundada. Assim, poder-se-ha, no primeiro anno, libertar os escravos do Amazonas, que pouco excedem de 500; depois, os de Santa-Catharina, ou Piauhy, ou Ceará, como mais exequivel e proprio parecer ao parlamento. Suppomos, seja dito de passagem, indemnisação razoavel, mesmo superior ao maximum das colonias inglezas (50 L por adulto), mas excluidos velhos e crianças. E' de equidade pagar a indemnisação, desde que não se concede prazo.

Além das provincias de trabalho livre ou de insignificante trabalho escravo, o mesmo processo poder-se-ia estender ás capitaes e portos de commercio directo. Nestes até parece exequivel medida mais radical: a abolição simultanea decorridos cinco annos, sem indemnisação, prohibida, entretanto, a exportação ou transferencia dos escravos. Sem esta clausula a lei autorisaria as maiores crueldades, consequencias inevitaveis de vendas precipitadas.

Qualquer que seja a solução preferida quanto aos escravos existentes, ha providencias indeclinaveis que a moralidade e a honra do paiz exigem do parlamento. Queremos fallar da immediata suppressão do trafico costeiro de escravos, ou de provincia a provincia, ainda que pelas vias terrestres. Fomentando a immoral industria da criação de escravos, o trafico costeiro despovòa o norte, humilha o nosso pavilhão, e converte o porto do Rio de Janeiro na antiga Constantinopla, grande mercado de carne humana, *cloaca maxima* de todos os vicios e de todas as podridões da escravidão. Ao navio que transporta negros, ao deposito que os recebe e vende, se póde ainda hoje inflingir, com rigorosa exactidão, o estigma de Channing: « a maior reunião de crimes sob o mais limitado espaço. »

Resta-nos, para concluir a primeira parte destas observações, mencionar um ponto exclusivo da competencia central: é o lado por onde esta vasta questão intende com as relações exteriores.

Para attenuar os effeitos da crise economica,—inevitavel, posto que transitorio, resultado da emancipação, — um meio se offerece logo: alargar no mundo o consumo dos nossos productos. Ora, este consumo é consideravelmente reduzido pelos excessivos direitos que as diversas potencias cobram na importação dos generos tropicaes. Não poderiam a Inglaterra, os Estados-Unidos, a Allemanha do Norte, a França, que absorvem todo o nosso café, assucar e fumo, dar um bello exemplo da solidariedade dos interesses, correndo em auxilio do trabalho livre, quando o proclamassemos, abandonando a severidade com que hoje tratam os productos do lavor escravo? Estes fazem, com effeito, grande concurrencia aos generos similares do trabalho emancipado nas Indias, nas Antilhas e no sul da União-Americana: proclamada a liberdade no Brazil, restabelecer-se-ia o equilibrio, os preços subiriam ao maximum d'onde cahiram ha trinta annos, cessando então nas colonias europeas e no meio-dia dos Estados-Unidos os effeitos da crise da emancipação.

Recusaria a Grã-Bretanha dar o primeiro passo

neste caminho? Agora que suas receitas permittem tão largas reducções de impostos, porque não renunciará ás excessivas taxas sobre os generos chamados coloniaes? A philantropia, com que ha sempre procedido nesta questão humanitaria, não lhe faltará certamente na ultima phase do problema secular. A perspectiva da diminuição dos direitos de entrada nos portos europeus e norte americanos apressaria medidas abolicionistas mais radicaes. Fundamentando o orçamento de 1870, o ministro da fazenda, Mr. Lowe, alludiu á benefica influencia que a diminuição de direitos exercerá sobre o movimento emancipador; e, sob proposta sua, foi votada a reducção da taxa do assucar á metade, medida que importa a perda de 2,250,000 L para o thesouro inglez. Não é licito suppôr que, com igual decisão e a respeito de todos os generos tropicaes, proceda o governo britanico nos annos seguintes, mórmente vendo o Brazil e Cuba abolirem a escravidão? Igual medida sobre o café, que por si só fórma metade de toda a exportação do imperio, fôra muito mais efficaz auxilio na crise economica em que vai entrar nossa agricultura. Já solicitou-a o Sr. Crawford, presidente do banco de Inglaterra, ponderando que, em vez de augmentar, tem diminuido muito o consumo de café naquelle paiz, facto que elle explicava pelo excessivo imposto de 3 pence por libra (cêrca de 50 por cento).

Ora, todas essas reducções de tarifas hão de transferir para os portos inglezes grande parte da producção das terras tropicaes; motivo sufficiente para que as outras potencias maritimas não se detenham em imitar o exemplo da Grã-Bretanha.

A perseverança com que esta potencia resolveu os varios problemas da liberdade commercial, desde a revogação dos privilegios de bandeira sem distincção da procedencia do producto, permitte esperar que ella daria o novo passo mesmo sem a exigencia de reciprocidade. Si, todavia, a apresentasse, não hesitariamos nós em aceitar a condição. Todos os brazileiros conhecem que as taxas da tarifa de nossas alfandegas são hoje absurdas, são tributos de guerra. Cumpre incessantemente reduzilas, pelo menos, ao nivel das do Rio da Prata, pois, entre as differentes vantagens que as republicas vizinhas offerecem ao emigrante europeu, se conta sem duvida, entre as mais decisivas, a barateza da vida, graças aos preços razoaveis de todos os artigos manufacturados. Por outro lado, decretada a emancipação, acaso se cuida que o nosso operario ou lavrador se resignem aos exagerados preços que hoje pagam pelas mais indispensaveis commodidades, pelos proprios instrumentos de trabalho? E' manifesto que, por interesse do proprio Brazil, não hão de prevalecer muito tempo os direitos actuaes, que álias reduzem a importação e a renda correspondente. Um compromisso, pois, com as potencias productoras das mercadorias de mais geral consumo no paiz, nos parece razoavel: não convertido em tratado commercial, mas consignado em lei que consagre o principio da reducção ánnua de tantos por cento nas taxas da tarifa, tal compromisso nada teria de imprudente.

Apóz a emancipação, as colonias inglezas e francezas logo requereram, como justa compensação, a sua plena liberdade mercantil, e o abatimento dos direitos que dos seus productos cobravam as metropoles. Já não carecemos da primeira medida, graças á politica que por toda a parte vai extinguindo os privilegios das marinhas nacionaes, restabelecendo a igualdade dos pavilhões; mas da segunda carecemos, e não podemos dispensal-a. Comprehendam os nossos consumidores, europeus e americanos, que suas marinhas estão vivamente interessadas no mantimento da producção brazileira, que as entretém e anima. O declinio da nossa agricultura, que lhes fornece cêrca de 180,000 contos de transportes annuaes, póde prejudical-os directamente. Coadjuvem-nos, pois, aliviando os direitos de entrada nos seus portos: possa o lavrador brazileiro incontrar em preços mais remuneradores compensação dos gastos de producção elevados pelo salario do liberto, e pelas incertezas e contingencias que no começo hão de affligir os antigos proprietarios.

§ II.—*Missão das provincias*.

Mais importante do que geralmente parece, é o papel das provincias no movimento abolicionista. São os poderes locaes que hão de completar a obra iniciada pelo Estado, pondo em contribuição, para o fim commum, a estatistica, o imposto, a policia, a justiça e a escola.

A providencia preliminar neste assumpto é averiguar o numero de escravos, a sua distribuição pelo territorio e as profissões que exercem. Si é urgente que o Estado organise o censo decennal, não é menos forçoso que, auxiliando os commissarios nacionaes, montem as provincias as suas repartições de estatistica, pensamento que se acaba de iniciar na do Rio de Janeiro. Indispensavel para as medidas abolicionistas, a estatistica permittirá tambem a reforma das imposições locaes e o estabelecimento de um largo systema provincial de taxas directas [1]. Tanto basta para recommendal-a.

O censo dos escravos fará conhecer o limite a que cumpre elevar o fundo annualmente destinado pelas provincias para o resgate de captivos, e mostrará quaes as regiões do imperio onde, sem o risco de crise economica, poder-se-ia adoptar desde já a emancipação simultanea, como acima indicámos.

Talvez produza a estatistica estranhas revelações: a que se tentou no Ceará, em 1865, dava a proporção de um escravo por 32 homens livres na propria comarca da capital, e de 1 por 26 ou mais em florescentes districtos productores de café, emquanto outros havia onde quasi todos os habitantes eram livres. Si o mesmo facto se verificasse em diversas regiões do Brazil, como aliás se póde presumir, o problema da emancipação perderia muito da sua gravidade. No sul dos Estados-Unidos um terço dos habitantes era

---

[1] Cap. VI, § 6.

escravo: dous estados havia (Mississippi e Carolina Meridional), onde a população escrava era superior á livre; e não inferior em alguns. Ora, na opinião do Sr. Souza Franco, em todo o Brazil haverá 4 homens livres para 1 escravo, sendo, porém, a proporção de 3 : 1 no littoral do sul, de 6 : 1 no centro do imperio, e de 7 : 1 no norte. Em provincia alguma, nem no Rio de Janeiro, ha igualdade; em outras é a população escrava mui inferior á livre; em algumas quasi nulla. Este facto, que aliás é urgentissimo averiguar por um censo completo, não só dissiparia exagerados receios, como plenamente justificaria a medida, em que insistimos, da abolição immediata e simultanea nas provincias de insignificante trabalho escravo.

Estas poderiam, por si mesmas, entrar resolutamente nas operações da emancipação. Em vez de módicas consignações no orçamento ordinario, contrahissem um emprestimo, ou emprestimos periodicos, que em poucos annos resgatassem todos os seus escravos. Não soportaria a do Amazonas, por exemplo, uma divida de 300 contos, sufficiente para a immediata alforria de todos os seus 584 captivos, incluidos velhos e crianças sem valor? Os juros de tal emprestimo não são onerosos para o Amazonas, cuja receita dóbra em oito annos, e demais pouco excederiam á consignação que já vóta para resgates annuaes. O mesmo dizemos quanto a outras em identicas condições.

A consequencia de tal medida é o parlamento prohibir para sempre a escravidão na provincia que a supprimir : na falta de lei neste sentido, nada obsta que a respectiva assembléa lance sobre escravos ahi incontrados ou introduzidos imposto tão elevado, que produza o effeito da prohibição.

Não pareça uma excentricidade a idéa da intervenção provincial neste grave interesse publico. Foi pelos estados particulares (os do norte e leste) que a abolição começou na Republica norte-americana. Si ella não póde ser simultanea em todo o Brazil, póde sel-o immediata, ou com brevissimo prazo, em muitas das provincias [1].

Passemos aos impostos.

Taxas fortissimas na introducção e na exportação, seja por via terrestre ou maritima, de escravos de umas para outras provincias, medida necessaria emquanto o parlamento não prohibir absolutamente esse trafico;

---

[1] A mesma opinião manifestou o Sr. presidente da Bahia na falla á respectiva assembléa (1870) :

« Para attenuar a gravidade do objecto, dizia elle, seria talvez acertado diminuir-lhe o volume, repartindo-o ; *deixando ás provincias resolver* sobre os meios praticos de execução, que não podem ser identicos em todas, fixando a lei geral o prazo fatal da completa extincção do trabalho servil. Provincias ha que podem em poucos annos completar a mudança social, e outras que pedem um processo estudado, prudente e mais longo, differenças incompativeis de guardar em uma só lei, e em uma resolução central; não se devendo prejudicar aquellas pela lentidão destas, nem estas pela melhor situação daquellas. Este abandono ás provincias para resolver o modo prático nos limites da lei geral, não inhibiria que esta adoptasse certas providencias contra os habitos que ferem mais as susceptibilidades humanitarias do seculo, como o commercio entre as provincias, a venda em hasta publica, a separação dos membros da familia, os castigos exagerados, a liberdade obrigada com o deposito do respectivo valor. »

impostos severos sobre casas de venda, deposito ou alugnel de escravos; taxa de capitação, addicionada á taxa geral existente, mas estendida a todos os que esta não comprehende ainda, sejam de menor edade, sejam ruraes: são recursos de que poderiam valer-se as provincias, para a obra dos resgates periodicos.

Não aconselhamos o imposto progressivo sobre os escravos urbanos, que aliás outr'ora nos parecêra util. Expellir os escravos das cidades para o campo, ou, como se exprimiam decretos relativos a Cuba, transformar a suavissima escravidão domestica em escravidão rural, é por si só uma iniquidade: não roubemos ao escravo urbano o unico favor que a ingrata fortuna lhe depára, o de nascer nas cidades. Por outro lado, fornecendo novos braços servis á lavoura, facilitando-lhe a acquisição dos *folegos vivos*, que repellem o arado e as machinas, não iriamos perpetuar a sua degradação, agravar a sua decadencia, augmentar os seus embaraços presentes com o jogo aleatorio da compra de captivos, origem de tanta ruina? Acommettamos a escravidão nas cidades, não expellindo-a para o campo, mas abolindo-a directamente nos grandes portos commerciaes e nas cidades populosas, onde o trabalho livre se ache generalisado e ao alcance de toda a gente [1].

Aconselhamos, porém, ás provincias o lançamento do imposto territorial. Eis o seu grande recurso financeiro, até hoje desprezado, eis a base de um systema

---

[1] V. o paragrapho anterior.

de imposições directas sobre a propriedade. Eminentemente local, variando conforme as circunstancias dos municipios e provincias, tudo o recommenda ás assembléas. Tendendo a reduzir as vastas áreas incultas, é elle o meio de fornecer terra barata, em bôas condições de transporte, ao immigrante e ao liberto. Importar trabalhadores que não incontram onde comodamente se estabeleçam; emancipar o trabalhador nacional, mas impedil-o de ser pequeno proprietario no municipio ou na provincia que habitára, ou nos territorios circunvizinhos; condemnar uns e outros ás solidões das florestas inaccessiveis, quando aqui, á roda das grandes povoações, ostentam-se desertos centenares de leguas quadradas, é erro grosseiro em paiz que já demasiado soffre o inconveniente da dispersão dos habitantes. Mas não antecipemos o que cabe dizer no lugar proprio [1].

Entre as medidas de policia local, já alludimos ás que tomará cada provincia por amor da emancipação [2]. Para crearem curadores e juizes privativos dos libertos, ou para confiarem taes funcções a outras autoridades, como melhor convenha e a experiencia recommende, ha de se reconhecer-lhes a mais plena competencia. Da mesma sorte, quão imprudentes, impraticaveis aqui, insufficientes ali, não haviam ser regulamentos geraes contra os vagabundos, ou medidas a bem do trabalho!

[1] V. o Cap. VI, § 5.
[2] P. 180.

Verificou-se nas colonias inglezas que, mais necessaria que o exercito e a policia, a magistratura especial encarregada de resolver as questões entre proprietarios e libertos prestou, durante o periodo da aprendizagem, relevantissimos serviços, mantendo a ordem e restabelecendo o trabalho nas plantações. Só na Jamaica 200 desses juizes funccionaram, e com um labor insano [1].

Acaso poderia uma lei expedida do Rio de Janeiro prever as circunstancias particulares do movimento abolicionista em cada provincia, e adaptar-lhes a mais conveniente organisação judiciaria e policial? Algumas ha, como o Amazonas, Pará, Santa Catharina, para as quaes sejam sufficientes os tribunaes ordinarios, o direito commum : o Rio de Janeiro, porém, carecerá, na maior parte das suas *parochias*, de um juiz do civel e crime, com certa alçada e jurisdicção definitiva em questões de salarios e engajamentos, em offensas physicas e ferimentos leves, damnos insignificantes, etc.; e outras parochias da mesma provincia, repletas de escravos, exigirão, talvez, mais de um juiz no primeiro periodo da abolição. Isto patentêa que só as assembléas podem organisar direitamente as justiças da primeira instancia [2]. Deixamos a imaginar as lacunas, as imperfeições, os embaraços inseparaveis de decretos desta natureza promulgados pelo governo central para o imperio inteiro.

---

[1] *The fall of the sugar planters of Jamaica* ; Londres, 1869. — Um magistrado por cada 5,000 libertos, segundo Tocqueville, Relatorio á camara dos deputados de França, 1839; p . 30.

[2] Parte II, cap. VII, § 1.

A previdencia do legislador inglez evitou esses graves inconvenientes. Comquanto o memoravel acto de emancipação de 28 de agosto de 1833 fosse lei obrigatoria em todo o imperio britanico, não comprehendeu todavia certas materias, deixando a adopção de algumas providencias ás legislaturas, municipalidades e governadores coloniaes. Regulamentos a bem da tranquilidade publica, repressão de vagabundos, fiscalisação das habitações dos emancipados, do seu vestuario, alimento e cuidados medicos, graduação das horas de trabalho e repouso, fórma e condições dos resgates, etc , ficaram dependentes do estudo e deliberação dos poderes locaes.

Fallámos em regulamentos : cumpre não exagerar a sua importancia. O alcance delles deve de ser rigorosamente policial, não economico ; manter a ordem, não dirigir a actividade e industria dos libertos. Substituir a escravidão pelo trabalho forçado, tem sido causa de amargas decepções e de sanguinolentas desordens. No erro desses vexames incorreu o governo francez [1], que opprime severamente os emancipados, emquanto os Estados-Unidos dá-lhe o exemplo de civilisal-os pela instrucção. Si alguns dos estados do Sul quizeram entrar nesse caminho tortuoso, deteve-os a energia do Congresso revogando os actos contrarios á igualdade civil assegurada aos libertos, a quem uma emenda constitucional acaba de garantir o pleno gozo dos direitos politicos.

[1] Memoria do Sr. Schœlcher annexa ao *Report of the anti-slavery conference*, celebrada em Pariz no anno de 1867.

Não esqueçam nossas provincias este facto eloquente: para fazerem do escravo um homem, os anglo-americanos não o submettem ao tirocinio de escusados vexames; fazem-no passar pela escola. O mundo jámais assistiu a uma tal revolução, na mesma sociedade, em meia duzia de annos.

A escola para todos, para o filho do negro, para o proprio negro adulto, eis tudo! Emancipar e instruir, são duas operações intimamente ligadas. Onde quer que, proclamada a liberdade, o poder viu com indifferença vegetarem os emancipados na ignorancia anterior, a abolição, como nas colonias francezas, não foi mais que o contentamento de vaidades philantropicas, não foi a rehabilitação de uma raça. « A abolição da escravidão e o estabelecimento da liberdade não são uma e a mesma cousa. » [1]

Nos Estados-Unidos souberam os radicaes resolver o problema da maneira mais completa. Que perseverança! que estrondosos resultados! Desde o segundo anno da guerra (1862) os generaes do Norte começaram a crear nos acampamentos escolas regimentaes para os negros apprehendidos ao Sul ou refugiados. Concluida a guerra, contavam-se 40,000 libertos que frequentaram taes escolas, onde aprenderam a ler e escrever. Logo sahiram a campo as communhões religiosas e uma poderosa associação leiga *(Freedman's Union)*, auxiliadas depois pela repartição dos libertos *(Freedman's*

---

[1] Relatorio da *American Freedman's Union*, annexo ao citado « Report of the anti-slavery conference », p. 79.

bureau). Choveram então, com a liberalidade que ali sôe ostentar-se, os donativos particulares de milhares e milhões de dollars: Peabody envia dous milhões para as escolas do Sul, e não foi o primeiro, nem o unico a fornecer sommas enormes. O congresso seguiu logo o exemplo dado pelo povo. Na Europa subscrevem-se igualmente grossas quantias. As damas americanas partem para o Sul, e vão preencher a falta de professores. No começo, diz um relatorio official, a incredulidade era geral, até no Norte: passava por axioma a incapacidade do negro. Explosões mortiferas, violentas represalias do odio dos antigos senhores, põem em risco a grande empreza: algumas escolas são incendiadas e os professores perseguidos. A sombra de uma arvore, ou algum pardieiro, era, muita vez, o abrigo do mestre e dos discipulos: faltavam livros, faltavam utensis, faltava tudo. Pois bem! em 1867, escrevendo o relatorio com que terminou a sua missão o *Freedman's bureau*, seu presidente assegurava que nada mais receiasse o congresso; o impulso estava dado; os poderes locaes e as associações cumpriam brilhantemente o seu dever; funccionavam no Sul 2,207 escolas, com 2,442 professores e 130,735 alumnos de côr. O congresso applicára no ultimo anno mais de 7,000 contos a essas escolas para os negros [1].

Extincta a repartição que tão admiravelmente dirigíra o general Howard, o movimento continuou, todavia, em escala ascendente. 4,000 escolas e 300,000

---

[1] *Anti-slavery-reporter* do 1· de janeiro de 1868; p. 19.

alumnos já se contavam em 1869: pouco falta para que a frequencia escolar dos meninos de côr seja igual á dos brancos. Grande numero dos professores eram homens de côr. Os antigos libertos sustentavam á sua custa 1,200 escolas. No total de 4,000 incluiam-se escolas mixtas da infancia, escolas de adultos, escolas normaes, industriaes e agricolas, e até profissionaes das artes domesticas para as raparigas. São, como as dos brancos, instituições de todos os gráus: cita-se em Washington uma *high-school* frequentada por 400 alumnos de ambos os sexos, estabelecimento igual aos melhores da America, onde as *negrinhas* estudam algebra e outras disciplinas, historia e litteratura. Refere um viajante que, no collegio Oberlin, assistíra, entre outros exercicios, á traducção de um capitulo de Thucydides por uma moça de côr [1].

Queria-se fazer do negro uma casta á parte, submetel-o a trabalho forçado ou expatrial-o. Leis de alguns estados os excluiram dos direitos communs: nem jurado, nem testemunha contra branco, lhes era permittido: armas de fogo foram-lhes interdictas. Editos severos contra a ociosidade, com excessivas multas, permittindo até a *venda* dos serviços do liberto por tempo limitado até satisfazer a importancia da pena, vexadores regulamentos, prohibição do exercicio de certas industrias, imposição de açoites, tudo isso se decretou em nome da ordem publica ou antes para converter o escravo em servo da gleba: mas tudo desa-

---

[1] *Révue des deux mondes*: 15 de setembro de 1869.

pareceu diante da energia do Congresso, que, confiando no interesse, na intelligencia, no amor-proprio do liberto, transformou-o em cidadão. E eis os resultados sociaes: já os libertos reservam parte de seus salarios, que recolhem em numerosas caixas economicas, fundam sociedades de temperança, cream e redigem jornaes, e, finalmente, associam-se, para o cultivo das terras, com os antigos senhores, ou formam sociedades cooperativas para a exploração de propriedades que compraram com o producto das suas economias. E são passados apenas cinco annos!

Si a interessantissima republica federal da Liberia e a colonia ingleza de Serra-Leôa não houvessem já attestado o gráu a que póde attingir, em seu desinvolvimento moral, a raça negra, bastára o inaudito exemplo do sul dos Estados-Unidos para persuadir aos mais incredulos e aviventar a fé dos que jámais duvidaram da igualdade humana. [1]

Eil-o, portanto, assaz indicado o alvo dos nossos esforços: emancipemos e eduquemos. A despeza que com isso fizermos, civilisando infelizes compatriotas, é muito mais efficaz para o nosso progresso do que a difficil importação de alguns milhares de immigrantes.

Desde já, sem perda de tempo, multipliquem as provincias boas escolas e bons professores; paguem os senhores a taxa escolar por cada um de seus escravos, exceptuado sómente aquelle fazendeiro que mantiver

---

[1] Quanto á Liberia, vêde o relatorio do respéctivo secretario de estado, Johnson (negro), enviado á conferencia abolicionista de Pariz: *Report* cit., p. 107.

uma escola primaria para seus filhos e os filhos de seus famulos e captivos; exija-se que cada grande proprietario, de cem escravos para cima, sustente uma á sua custa. Fique sem demora abolido de nossos regulamentos o barbaro principio que expelle o escravo das escolas, triste plagio de uma das vergonhas dos Estados-Unidos antes da emancipação. Em summa, já felizmente coadjuvadas nisto pela tolerancia e indole brazileiras, não permittam as provincias aulas separadas para os individuos de cada raça, mas reunam-os todos em estabelecimentos communs, nacionaes, sem distincção de origem ou côr. Si formidaveis prejuizos ainda obrigam os norte-americanos a respeitar essa odiosa distincção, o Brazil, pelo contrario, respeita e pratica o principio da igualdade absoluta das raças: e é por isso tambem que a solução do problema servil será aqui muito menos grave que em parte alguma do mundo [1].

---

[1] Em varias colonias européas a população livre era mui inferior á escrava; em algumas pouco superior. Ahi pareciam mais fundados os receios de ruina geral e prolongada depois da abolição, o que aliás não verificou-se sinão em escala menor e durante curto periodo. Tambem no sul dos Estados-Unidos se agitaram os mesmos temores: um quinquenio bastou para o seu restabelecimento; a producção do proprio algodão é hoje apenas um terço; inferior na quantidade á maior do periodo precedente, e igual no valor. A riqueza, porém, é, no todo, igual, sinão maior; a nação ganhou mais 4 milhões de productores e consumidores. No Brazil, o resultado definitivo será identico. Demais, achamo-nos em mais felizes condições que os Estados-Unidos. Lá a transformação economica operou-se subitamente através do incendio da guerra civil, aqui, não se deve temer tamanha desgraça: lá, a escravidão estava concentrada em uma área relativamente pequena; aqui, acha-se disseminada por vasta superficie: lá, contavam-se 4 milhões de escravos em 12 milhões de habitantes; aqui, talvez menos de 2 (alguns sup-

Deem-nos estradas que diminuam os gastos de producção, policia que garanta a vida e a propriedade sem vexar o trabalhador, escolas que elevem o nivel moral do branco e do negro e preparem o melhoramento dos processos agricolas; e o Brazil entrará suavemente no periodo dos seus grandes destinos.

Estradas, policia, escolas: antes, durante e depois da abolição, eis tudo, eis a missão das provincias. A ellas imploramos que se apressem a cumprir o seu dever. Si o não fizerem, é fóra de duvida que o não fará tão cedo o regimen imperial, pois não se decidirá facilmente a alienar o apoio dos grandes proprietarios do centro do imperio. Esperar que elle se resolva a acommetter de frente a escravidão, é esperar que suicide-se.

Meditem os brazileiros sobre a sua posição neste continente: ao norte, florescem os Estados-Unidos que antes de um seculo contarão 250 milhões de habitantes verdadeiramente livres; ao sul o Rio da Prata, no progresso que leva, poderá, graças á immigração, contar brevemente população, livre e branca, igual á nossa; e, para fechar o *bloqueio moral* de que fallava o Sr. Laboulaye, de todos os lados o mundo inteiro nos exprobra a escravidão. Cumpre a todo o custo romper este circulo de fogo, que nos afronta e suffoca.

Que a experiencia alheia conforte os nossos concidadãos. Não é tão grave, como se cuida, o problema

põem 1 e meio) em 10 milhões. Nossa desvantagem, e confessamos que é enorme, consiste na falta de vias de transporte, que no proprio sul dos Estados-Unidos abundavam. Nada póde escusar, portanto, a negligencia que nisto continuamos a ostentar.

servil. « O mal que a emancipação produziu, nóta um escriptor, reduziu-se á ruina incontestavel de um certo numero de proprietarios, ao passageiro e inevitavel soffrimento de todos. » [1] E quaes foram os arruinados? todos os que não quizeram acommodar-se ás exigencias do novo systema de trabalho, que não tiveram previdencia nem ordem, ou a quem o odio cegou, ou o desanimo lançou na impotencia. Os que foram leaes em seus ajustes, moderados em suas esperanças, perseverantes na economia, e calmos encararam uma transitoria diminuição dos seus lucros, viram, mais tarde, ao influxo do trabalho livre reforçado pela escola, elevar-se e fixar-se o valor da propriedade, tornar-se-lhes o credito accessivel, e menos melancholica a vida do campo abençoado pela liberdade.

[1] *Abolition de l'esclavage* pelo Sr. Cochin; vol. I, pag. 451.

CAPITULO III

ASSOCIAÇÕES

Vivemos em paiz onde, isolados pelas distancias e tolhidos pela ignorancia, os habitantes sentem toda a extensão da sua fraqueza: aqui, poderoso é só o governo. Mais do que em parte alguma, no Brazil cumpria remover todos os empecilhos á reunião de capitaes e esforços para um fim commum.

Em principios oppostos funda-se a legislação que modernamente imitámos: adversa ao espirito de associação, que reputa perigoso, ella estima o individuo isolado diante do poder formidavel. A intenção do legislador de 1834 era abandonar a formação e existencia das sociedades ao livre arbitrio dos cidadãos: tal seria, sem duvida, o resultado definitivo do acto addicional na parte em que, a exemplo das constituições norte-americanas, confiou ás assembléas a faculdade de legislarem sobre associações formadas nas provincias. Isto, de certo, não offereceria jamais os inconvenientes da actual concentração no Rio de Janeiro, do direito de approvar ou recusar a incorporação de companhias.

Adiante veremos (cap. V, § 1) as consequencias de tão pernicioso systema applicado a melhoramentos materiaes: aqui basta recordar o que todos os pretendentes sabem e lamentam, as dependencias da capital, as delongas das suas repartições, as despezas forçadas e desnecessarias, o lento processo perante o conselho de estado, o habito burocratico de emendar e reprovar, a papelada, os mezes e annos consumidos em diligencias ás vezes infructiferas, os conflictos de competencia e os receios que frequentemente inspiram os projectos das provincias á timidez do governo central. Acaso não existe já entre os brazileiros a crença de que a incorporação de sociedades é graça especial do governo? não é tambem essa tutela do Estado um dos instrumentos de corrupção? Assim fortaleceu-se o poder, que assombra a nação. Como restaurar a liberdade conservando esse tecido de dependencias e influencias administrativas, elaborado atravéz de tantos annos? Como fundar seriamente, sobre as ruinas do absolutismo, um regimen duradouro, sem restringir o poder ao seu papel essencial, cortando sem piedade todas as excrescencias?

Tradição do despotismo, é anachronico o ciume e temor das companhias. Licença, autorisação ou diploma para que individuos e capitaes se congreguem, são exigencias que restringem e podem aniquilar a liberdade do cidadão. Tal é, entretanto, o systema preventivo de muitas das legislações contemporaneas.

Combatel-o, caminhar para o seu completo repudio, é missão dos reformadores em toda a parte do mundo. Proclamando a descentralisação entre os seus principios fundamentaes, o Centro Liberal indicou, como corolarios, a necessidade de — garantir o direito e promover o exercicio da iniciativa individual, de animar e fortalecer o espirito de associação, de restringir a interferencia da autoridade, e conceder a maior liberdade em materia de commercio e industria. Um rapido esboço do regimen das associações no Brazil mostrará com quanta sabedoria se inscreveram naquelle programa esses bellos principios.

O regimen das sociedades anonymas instituido pela legislação de 1860 contém uma dupla violencia : ao direito de reunião e ás franquezas provinciaes.

Nenhuma sociedade anonyma póde constituir-se sem licença, e esta licença é sujeita a formalidades vexadoras : tal é a primeira violencia.

O respeito com que o codigo criminal (art. 282) tratára as proprias sociedades secretas, das quaes exige sómente simples communicação á policia e não licença, o expresso reconhecimento da legitimidade de todas as sociedades e reuniões publicas [1], a indole do nosso systema constitucional, debalde se invocaram para embaraçar essa leviana e tristissima imitação dos regulamentos de Napoleão III.

Trez autoridades foram investidas do direito de licença : a assembléa geral, quanto a bancos de circulação e companhias de estradas de ferro e canaes, que servirem a mais de uma provincia ; o poder executivo, quanto a todas as companhias anonymas, sem distincção de provinciaes ou não ; e os presidentes, como delegados delle, quanto a monte-pios, sociedades de soccorro

---

[1] V. pags. 230 e 231.

mutuos, de beneficencia, scientificas e litterarias, e ordens religiosas, que se fundarem nas provincias.

Fôra preciso escrever longas paginas para indicar cada um dos excessos, para expôr os vexames dessa regulamentação minuciosissima. A sua parte bancaria e economica assenta em exagerado ou falso conceito da omnipotencia do Estado, das vantagens de sua fiscalisação sobre os capitaes associados, da necessidade de sua tutela. A sua regulamentação das diversas companhias, porém, revela melhor o espirito absolutista da reacção conservadora. Basta referir que o decreto de 19 de dezembro de 1860 expressamente declara (artigo 9) que o prévio exame dos requerimentos para a incorporação de bancos « versará sobre os seguintes pontos: si o objecto ou fim da sociedade é licito e de utilidade publica; si a creação pedida é opportuna e de exito provavel; si o capital marcado nos estatutos é bastante para o objecto da empreza. » E nas demais sociedades, diz o artigo 27, tambem se examinará « si o fim social é contrario aos bons costumes. » Tudo isto involve o mais largo arbitrio para o poder executivo.

Em 1866 tentára um illustre ex-ministro da justiça desaggravar o direito de associação: para promover o espirito de empreza e a iniciativa individual, elle propunha a creação das *sociedades limitadas*, não dependentes das exigencias da lei de 1860. Privou-nos de tão util reforma o adiamento, esse expediente com que no Brazil se evita o incommodo do estudo. Prolongando-se o soffrimento, mais imperiosa tornou-se a opinião: hoje, para corresponder-lhe, cumpre pelo menos repôr as cousas no estado anterior á legislação de 1860; cumpre emancipar os brazileiros da dependencia das repartições publicas, da tutela do governo central.

Para ser fiel á indole das nossas instituições politicas, a reforma havia ser dominada por dous principios cardeaes: repellir o systema preventivo sobre associações de qualquer natureza, e transferir aos poderes provinciaes, em alguns casos, funcções que a lei de 1860 centralisou quasi todas no poder executivo e na assembléa geral. Consideremos esta parte especial do assumpto.

Notemos, primeiramente, que, quanto aos bancos, fôra preciso rejeitar o preceito da lei de 1860, segundo o qual dependem de acto do parlamento todos os de circulação. Quaesquer que sejam as suas operações, uma vez que se circunscrevam a uma só provincia, os bancos seriam, em nosso intender, incorporados por lei dessa provincia e na fórma que ella prescrevesse. Quando muito, a respeito dos de circulação, uma lei geral marcasse as regras essenciaes de sua organisação, sem esquecer a prohibição de bancos privilegiados, monopolio dos mais funestos em paizes novos, sem industria e sem credito que as fomente.

Comprehende-se quanto promoveria a prosperidade nacional a liberdade bancaria assim intendida e augmentada pela descentralisação [1]. Em paiz sem escolas,

---

[1] Em 1839, 41 e 47, as assembléas provinciaes do Ceará, Maranhão e Bahia votaram leis creando bancos de emissão.

Em 1840 o senador Vergueiro offereceu na assembléa provincial de S. Paulo, que adoptou-o, um projecto para o mesmo fim.

sem bancos, sem nada que facilite a vida e adiante o progresso, a reforma bancaria, sobre a base da liberdade completa, apenas regulada por leis provinciaes, é, sem dúvida, das mais urgentes medidas economicas. Custa crer que se julgasse sábia a politica da restricção artificial do credito em paiz tal, sem sufficiente industria e capitaes fluctuantes, onde por isso mesmo elle é já limitadissimo; e que os adversarios da pretendida desordem financeira proveniente da multiplicidade dos bancos, não empregassem o mesmo zelo em combater o monopolio do credito exercido por um banco unico para o imperio inteiro, que o distribuia da maneira mais imperfeita e com a maior desigualdade, e nem logrou evitar a propria ruina apezar de grandes privilegios e constantes favores.

Todas as demais sociedades, cujas operações ou cujos fins se limitem a uma provincia, fiquem igualmente sob as leis provinciaes, leis que devem de inspirar-se no espirito liberal, abolindo as pêas da legislação de 1860.

Grande violencia, em verdade, foi preciso fazer ao acto addicional para transferir ao governo supremo as attribuições que está exercendo relativamente a associações formadas nas provincias. A tendencia centralisadora, neste sentido, manifestou-se ainda no recente decreto de 20 de agosto de 1864. Passando do

---

Ainda em 1860, a do Rio Grande do Norte mandava incorporar um banco rural e hypothecario.

A todos esses projectos, escusado é dizel-o, oppoz o governo central a mais decidida resistencia. Nenhum prevaleceu.

poder legislativo para o executivo a concessão de certas dispensas nas leis de desamortisação, a bem da brevidade no expediente destes negocios, aquelle decreto deixou continuar um vexame que exige remedio. Pois que! de qualquer ponto do imperio hão de as corporações carecidas de taes dispensas enviar ao governo imperial os seus requerimentos? E' uma centralisação manifestamente contraria ao art. 10, § 10, do acto addicional. Ás assembléas provinciaes deve pertencer integralmente a faculdade de velar na guarda das leis de mão-morta e de expedir as dispensas razoaveis.

As licenças a sociedades que não forem ordens regulares, para possuirem e administrarem bens de raiz, não offerecem os inconvenientes de outr'ora. A lei deve modificar-se com o espirito e as necessidades do seculo. Corporações que fundam hospitaes, que abrem escolas e identicos estabelecimentos, não devem carecer de licença alguma para adquirirem, conservarem e disporem de bens immoveis. Nestas bases liberaes deveriam assentar as leis de cada provincia, quando lhes fosse devolvida a jurisdicção sobre estas materias. E' mister, com effeito, que ellas não restrinjam então o direito de reunião e a liberdade religiosa. Limitem-se a regular a fórma da incorporação, fugindo de julgar do fim das associações, dos seus meios, da sua organisação e estatutos. Façam que o acto de incorporação não seja mais que um registro, para dar reconhecimento publico á sociedade e habilital a a funccionar como pessoa juridica.

Ainda mais: si a associação, seja civil, commercial, politica ou religiosa, funccionar apenas dentro de um só municipio, faça-se a sua incorporação perante a camara municipal. Desta sorte, os compromissos de irmandades, muitas das quaes são sociedades meramente parochiaes, não dependeriam do processo actual perante as assembléas. Melhor fôra nada éxigir dessas reuniões de fieis, qualquer que o seu culto seja.

Professando estes principios, cumpre-nos, entretanto, declarar que ainda sentimos a necessidade de deixar a sociedade civil armada contra as ordens regulares em geral. E' assim que, em nosso intender, deveriam ser absolutamente excluidos do favor da dispensa nas leis de desamortisação os claustros e quaesquer conventos de reclusos; pois são estas instituições suspeitas á liberdade e perniciosas ao progresso das nações.

Certamente, um dos mais bellos principios da civilisação é aquelle que Jules Simon, rectificando a formula de Cavour, exprimiu nesta sentença que percorre o mundo: « Igrejas livres no Estado livre.» Insurje-se contra elle o ultramontanismo fanatico; mas não ha mais solemne confissão da liberdade, que em vão reclama o catholicismo romano sob a fórma odiosa de um privilegio exclusivo. Entretanto, perguntamos: emquanto a liberdade para todos não fôr garantida pela legislação daquelles mesmos paizes cujas constituições a promettem em these; emquanto subsistir o privilegio do catholico para o exercicio de certos cargos politicos e até do magisterio; emquanto se exigir o juramento religioso, mesmo na collação de gráus scientificos; emquanto o culto catholico fôr o unico publico, mantido e largamente auxiliado pelo Estado, e os outros apenas tolerados em suas práticas domesticas; em quanto se não reconhecer a validade do casamento civil, nem se admittir a plena liberdade de ensino; emquanto, na phrase de E. Picard, o Estado não fôr livre, ha de sel-o sómente a Igreja? Beneplacito, investidura nos beneficios, recurso á corôa ou antes aos tribunaes seculares, leis de mão-morta, inspecção do ensino ecclesiastico, devem de vigorar emquanto prevalecerem os privilegios do catholicismo, tão odiosos á liberdade e tão oppostos ao progresso da nação. Extinguir os direitos do padroado sem abolir os privilegios exclusivos da igreja dominante, é perigoso e impolitico. Não é a sociedade civil que condemna o direito commum, é a Igreja que repelle-o. Quer o catholicismo alcançar aqui a independencia dos seculos primitivos, a independencia de que goza nos Estados-Unidos? deixe consumar-se em paz a obra da liberdade religiosa. A imaginação antecipa o dia em que a liberdade será igualmente effectiva para todos: mas, quando troveja o Vaticano, volcão da intolerancia, aconselha a prudencia que o Estado se não desarme diante da anachronica restauração do regimen theocratico.

CAPITULO IV

IMMIGRAÇÃO

A's assembléas conferiu o acto addicional a faculdade de promoverem, cumulativamente com os poderes geraes, o estabelecimento de colonias. (Art. 11 § 5º.) Não involve isto, para o poder provincial, as attribuições de possuir e administrar terras apropriadas áquelle fim, e de introduzir immigrantes? Certamente. Ambas as attribuições, porém, tem o governo imperial exercido quasi exclusivamente. Fiel ao seu programa politico, o conselho de estado ha sempre suggerido, neste assumpto, expedientes que de facto aniquilam a faculdade deixada ás provincias. Em alguns casos diz elle: está prevenida a materia por acto do governo geral, e não podem as provincias alteral-o;—em outros declara que, si não existe ainda providencia do mesmo governo, cumpre esperal-a. Já o vimos até propôr a revogação de leis provinciaes que favoreciam a introducção de emigrantes, serviço aliás cumulativo dos dous poderes, conforme o acto addicional. Felizmente, a escola centralisadora parece ter renunciado a tão atrevidas pretenções.

Nos Estados-Unidos a acção do governo federal limita-se exclusivamente ao cadastro, administração e venda das terras nacionaes; é cada estado que por seus agentes promove e adquire immigrantes, como permitte a letra da constituição (art. 1º sec. 9ª § 1º). Nisto não intervem o governo federal ; mas, por outro lado, a sua enorme tarefa é desempenhada com um zelo e esforço dignos da grande republica.

Imite-se este sabio exemplo : descreva-se a esphera de cada um dos poderes geral e provincial, para que se desembarace a acção de ambos. Da divisão do trabalho resultaria proveito maior, que da confusa concurrencia actual. Estamos persuadido de que uma das mais poderosas causas do naufragio de tantas tentativas de immigração tem sido a louca pretenção de se dirigir do Rio de Janeiro as complexas operações de um serviço disseminado por tão vasto paiz.

Ouve-se geralmente no Brazil condemnar nesta materia a acção do governo, que aliás se empregou efficazmente e ainda subsiste com vantagem na Australia, no Canadá e no Rio da Prata. Não é duvidosa para ninguem a superioridade da iniciativa individual; a ella se prefira tudo : mas que fazer onde não existe ? onde leis, instituições, habitos do povo, systema de governo, a proscreveram ou amesquinharam ? Neste caso, valha ao menos a intervenção official, promova ella a povoação do paiz, que os particulares não promovem. Mas, diz-se, a colonisação official tem-se celebrisado aqui por estrondosas decepções sómente. Sem dúvida : quanto a nós, porém, seus desastres, sua impotencia, sua desconsideração se explicam pela centralisação. Este pessimo methodo administrativo não podia deixar de exercer nesta materia a perniciosa influencia, que o acompanha em tudo o mais. Com effeito, basta considerar a sorte de um nucleo de colonos estabelecido em provincia longinqua e dependente, não das autoridades dessa provincia, mas do ministro das obras publicas na côrte. A menor questão assume logo o caracter de gravidade. As distancias, a falta de communicações regulares, augmentam os inconvenientes de pequenos negocios tratados por via de correspondencia. E' mister construir uma capella ou abrir um caminho? começa a papelada, repetem-se informações, vão e vem os documentos, enchem-se as pastas, passam os annos, e os colonos desesperam, e o nucleo, creado sob os melhores auspicios, pára, ou definha, ou dissolve-se. Quantas vezes foi retardado por mezes, por annos, o pagamento de contas insignificantes, até de salarios de trabalhadores, ou a autorisação de despeza urgente !

Si não existisse, não se comprehenderia a possibilidade de tal systema administrativo, que faz dependentes do longinquo governo supremo a ordem para romper-se uma picada, medir-se um territorio colonial, construir-se uma ponte, uma igreja, uma escola. Eis ahi o que exagerou os inconvenientes, que aliás sempre resultam da intervenção official em interesses materiaes.

Não encarecemos, intenda-se bem, a idéa que presidiu á formação dos nucleos coloniaes. E' antiga nossa opinião a tal respeito. Desejáramos, pelo contrario, que todos pudessem volver ao direito commum, sobretudo quando esse direito commum fôr a liberdade, —a liberdade municipal inteira, como já a descrevemos [1]. Restabelecida a competencia das assembléas sobre a organisação das instituições locaes, facil lhes fôra dar a cada nucleo de immigrantes os regulamentos policiaes e administrativos, que elles mesmos requeressem. Não ha outra solução para taes estabelecimentos, e ha de sempre ser perniciosa, insufficiente ou oppressora qualquer organisação-modelo que se lhes envie do Rio de Janeiro. Abandonemos, ao menos quanto a estas sociedades originaes do Velho Mundo no Mundo Novo, a preoccupação de um systema uniforme de governo, principalmente quando vasado no typo militar das colonias da Argelia, sem representação do povo, sem autoridades electivas, sem autonomia alguma. Abandonemos a pretenção de adivinhar, no retiro de um gabinete, os interesses peculiares de localidades tão distinctas e tão differentes, e de impôr-lhes um mecanismo administrativo qualquer sem audiencia dellas.

Isto assaz demonstra o alcance e a benefica influencia da reforma descentralisadora sobre o desinvolvimento da immigração. Uma depende directamente da outra.

Definir a competencia dos dous poderes era, portanto, o que se devêra fazer na occasião em que regulou-se o serviço das terras publicas. Qual seria propriamente a missão de cada um delles?

Agencias, meios de propaganda, engajamento, despezas de transporte, distribuição e estabelecimento

---

[1] Parte II, cap. IV ; pp. 146, nota ; 154 e segs.

dos immigrantes, auxilios nos portos, hospicios especiaes, regimen e serviço das colonias existentes, deveriam ser inteiramente incumbidos ás provincias. A' administração local passariam as colonias que o governo ainda subvenciona ou dirige, emquanto subsistisse tal systema, álias de vantagem mui problematica. Certamente, a algumas provincias falleceriam recursos para tanto; e neste caso se comprehende que o poder geral, sem encarregar-se do serviço dellas, auxiliasse, entretanto, os seus cofres: por ora, tres careceriam de subsidios para tal fim [1].

Mas, sempre que se offerecesse opportunidade de attrahir ao Brazil uma corrente de uteis immigrantes, expellidos de sua patria pela miseria, pela guerra ou pela tyrania, não devêra o governo imperial hesitar em provocal-a, applicando a agencias, propaganda, engajamento e transporte, recursos, mais consideraveis e efficazes que os das provincias. Exceptuada esta hypothese, porém, assentemos, como regra, que cada provincia é mais idonea que a administração central para promover, introduzir e auxiliar o estabelecimento de immigrantes. A parte activa, neste tão vasto e complicado serviço, nós devolveriamos inteira aos poderes locaes, aos seus orgãos, ás associações formadas nas cidades ou nos campos, ás emprezas de estradas de ferro, a esses variados agentes que a descentralisação e a liberdade fazem surgir por incanto do seio de uma nação nova.

---

[1] Espirito-Santo, Paraná, Santa Catharina: Cap. VI, § 7.

No porto do Rio de Janeiro desembarca a maior parte dos estrangeiros destinados ao Brazil : ahi é incontestavel a competencia do governo supremo, emquanto esta cidade fôr a capital do Estado. Fornecer á agencia creada no municipio neutro mais abundantes meios de esclarecimentos e auxilios aos estrangeiros, montar devidamente o seu hospicio, habilital-a para vencer a concurrencia de iguaes agencias de Buenos-Ayres e Rozario, é cousa em que só hesitar pódem administrações rotineiras.

Não pequena tarefa ainda ficaria ao governo central, si quizesse desempenhal-a com esforço digno de tão urgente necessidade pública. Só o serviço da descriminação das terras nacionaes e sua demarcação, hoje desprezado e quasi dissolvido, quanta perseverança e despeza não demandaria! Está elle em embryão, posto que tenham já decorrido 15 annos depois do seu regulamento. Concentre-se a attenção do governo nisto, e promova efficazmente o movimento no exterior, quando se offereça alguma feliz opportunidade: o mais devolva ás provincias. Cumpra elle o seu dever ; o resto irá por si mesmo, e irá melhor.

Cumpra o seu dever, dizemos, e, por começar, muito lhe incumbe fazer desde já na esphera legislativa. Casamento civil para todos que não queiram ou não possam alcançar a solemnidade do acto religioso, garantias da liberdade de consciencia, eliminada a desigualdade politica dos cultos, naturalisação facilitada, reforma da lei de locação de serviços, reducção dos preços das terras e sua concessão gratuita em certos casos, portos coloniaes franqueados ao commercio directo, livre navegação costeira, abertura de grandes vias terrestres e fluviaes, emancipação da escravatura, e, em summa, leves impostos de consummo, pois os actuaes exageram o custo de todas as commodidades da vida: eis, entre outras, as medidas de que muito depende o futuro da immigração para o Brazil. Ajuntai aos graves inconvenientes, que ellas removeriam, a influencia geral das nossas instituições e o peso da centralisação que nos esmaga: deve acaso maravilhar-nos a preferencia que os emigrantes dão aos Estados-Unidos, ao Canadá, á Republica Argentina e á Australia?

Em vez de promover as reformas indicadas, recentemente lembrára-se um ministro de renovar a importação de *coolies*. Fornecer braços á lavoura é o pretexto com que se invoca a intervenção do governo para tal fim. Condemnemos, vivamente condemnemos, este desvio da opinião mal esclarescida: não é essa a immigração que carecemos. Esteril para o augmento da população, dispendiosa, barbara como o proprio trafico de negros, ella é acompanhada de um triste cortejo de immoralidades. As colonias francezas, hespanholas e inglezas teem de sobra expiado o erro de importarem indios e chins [1] : não nos aproveitará a sua longa experiencia? A indignação do mundo persegue este novo trafico: havemos afron-

[1] *L'abolition de l'esclavage,* pelo Sr. Cochin; vol. 1º, livro I, cap. 12; livro II, cap. 3.º — Quanto a Cuba e Jamaica, leem-se tristes narrações dos resultados da importação de coolies no citado *Report* da conferencia abolicionista de 1867, pp. 71 e 127.

tal-a? Demais, si vamos emancipar o escravo, cumprindo um dever de humanidade, como é que opporemos ao trabalhador liberto o trabalhador asiatico, concurrente insuperavel pela modicidade do seu salario? E quem paga as despezas dessa importação hostil ao liberto? o povo inteiro, e, portanto, o proprio liberto prejudicado. Isto é injusto e impolitico: é injusto augmentar com indios e chins a offerta do trabalho, abaixar o salario ao extremo limite; é impolitico crear e dirigir contra o negro indigena, contra o nacional, a concurrencia formidavel do asiatico. Não substituamos a escravidão pelo dissimulado trabalho servil de chins embrutecidos ou de negros reduzidos á miseria. Formação da pequena propriedade, independencia industrial do povo, independencia do suffragio, tudo isso virá sómente do verdadeiro trabalho livre remunerado por seu justo valor.

Queixa-se a grande lavoura de falta de braços? Singular queixa sob o imperio da escravidão, que permitte a cada canto os mercados de captivos! Queixe-se de si, da sua rotina, da sua resistencia a qualquer melhoramento. Póde-se ouvir sem impaciencia lastimar a falta de braços o proprietario que ainda lavra a terra á enchada? Quanto aos capazes de progresso, tenham elles animo, e avante! Renovem o seu material, mudem os seus processos, abandonem a rotina: e, quando soar a hora da emancipação, ahi teem á mão o melhor trabalhador dos paizes tropicaes, o negro indigena e aclimado.

Algumas palavras sobre terras publicas.

Confirmando o direito vigente, a lei de 1850 proclamou a propriedade da nação sobre terras devolutas de qualquer natureza. Outra lei anterior (de 28 de oitubro de 1848) concedêra, porém, a cada uma das provincias, no mesmo ou em differentes lugares do seu territorio, seis leguas em quadro, destinadas exclusivamente á colonisação, não podendo nellas haver escravos. Essa área póde conter, sendo toda a superficie aproveitada, o modesto, sinão mesquinho algarismo de 16,000 almas, na razão de 100,000 braças quadradas por cada familia de cinco pessoas. Desta doação já tiraram proveito o Rio-Grande do Sul e Santa Catharina, estabelecendo colonias suas ao par de colonias do Estado.

Sem condemnar o pensamento da lei de 1848, cumpre-nos reconhecer a sua inefficacia a bem da immigração. Na verdade, a essa doação isolada de pequenos territorios devolutos, exclusivamente provinciaes para estabelecimento de colonias provinciaes, nos parece preferivel a combinação das leis norte-americanas. Releve o leitor um ligeiro esclarescimento deste ponto, aliás pouco conhecido. Ver-se-ha ainda nesta materia o arranjamento do governo interior dos Estados-Unidos.

Como se sabe, ao dominio federal pertencem as terras pisadas pelos indios do deserto dentro dos limites dos actuaes territorios, ou as devolutas comprehendidas nos estados constituidos depois da independencia. Para formar esse immenso patrimonio federal, que em

1850 era maior de um terço da superficie da União, varios estados do littoral, logo após a independencia, cederam vastissimos terrenos. Foi nestes terrenos outr'ora reclamados pela Virginia, Massachussetts, Connecticut, New-York, Carolinas e Georgia, que depois se erigiram os florescentes estados do oeste e do sul, Ohio, Indiana, Illinois, Michigan, Wisconsin, Tennessee, Alabama e Mississippi.

Dentro dos limites de cada um destes novos estados possuia a União largos districtos, que se teem vendido aos immigrantes ou cedido a emprezas de caminhos de ferro e canaes. A propriedade federal ainda é, todavia, enorme, abrangendo um bilião de acres, contidos agora nos estados e territorios seguintes: California, Nevada, Colorado, Oregon, Washington, Idaho, Arizona, New-Mexico.[1]

Mas não é só a União que possue terras devolutas, que as administra e vende. Com effeito, a lei fez a cada estado ou territorio onde ha terras federaes, as seguintes concessões: 1º, da área correspondente a uma *township* (23,040 acres ou 6 milhas quadradas) para estabelecimento de collegios de ensino superior; 2º, de uma trigesima sexta parte de cada *township* demarcada (ou uma *secção*, que corresponde a 640 acres), destinada perpetuamente ao mantimento das escolas primarias da *township*; 3º, de 5 % do producto da venda das terras federaes, sendo 3 % para auxilio a estradas no territorio ou estado, e 2 % para diffusão dos

---

[1] *Report of the secretary of the interior*; 1866.

conhecimentos uteis ¹. Avalie-se a importancia destas concessões notando que da área ainda existente 25 milhões de acres hãode ser reservados á idstrucção do povo produzindo a sua venda o subsidio provavel de 60,000 contos. Estes consideraveis territorios, patrimonio das escolas *(school fund)*, são as terras que os estados do oeste e do extremo oeste administram e vendem. Por exemplo, já em 1863 o Minnesota, um dos mais novos, possuia demarcados 1,256,320 acres, ou cêrca de 115 leguas quadradas, cedidos pela lei federal.

Ainda mais: d'entre os de léste, o Maine em 1864 tambem possuia 2,000,000 de acres devolutos, que nunca foram cedidos á União. Uma grande parte delles abunda em madeiras de construcção. O producto da venda constitue uma das verbas de receita desse estado.

Nos Estados-Unidos, pois, a nacionalisação da terra não foi absoluta: respeitou-se a propriedade de alguns dos primitivos estados, e aos outros se fizeram largas concessões.

Não é só isto, porém; não se esqueça principalmente a utilidade prática da combinação adoptada pelo Congresso: não deu aos estados lotes destacados do seu dominio, deu-os involvidos ou incluidos nelle, demarcados e vendidos conjunctamente. Assim, a povoação do vasto territorio federal, onde a pouco e pouco affluisse a immigração, não adiantaria um passo, que não aproveitasse e désse immediato valor aos terrenos dos estados, ao patrimonio das escolas.

---

[1] Recentemente, o congresso concedeu mais aos estados que instituirem collegios de agricultura e artes mecanicas, o producto de tantos lotes de 30,000 acres quantos os seus deputados e senadores.

Fste exemplo não póde acaso ser imitado no Brazil? Pelo menos augmente-se, e desde já torne-se effectiva a concessão de terras promettidas ás provincias pela lei de 1848. Descentralisado o serviço da immigração, será isso indeclinavel.

CAPITULO V.

OBRAS PUBLICAS.

Deve o parlamento nacional decretar despezas para trabalhos de melhoramentos *internos*? Largo debate esta questão suscitou nos Estados-Unidos durante o primeiro quarto deste seculo, e ainda depois. De tão porfiada contenda entre os antigos partidos federalista e democrata resultou uma util distincção prática: quanto a melhoramentos locaes, de qualquer natureza, que a um só estado aproveitem ou que nelle se circunscrevam, não póde promovel-os o governo federal. Sua competencia, porém, é indisputavel naquelles que interessem ao commercio nacional, externo ou interno.

E foram os proprios presidentes da republica que duvidaram da attribuição do governo federal; foram elles que rejeitaram leis do congresso mandando abrir canaes que atravessassem dous ou mais estados, melhorar portos, e estabelecer novas vias de communicação [1]: um justo escrupulo, um prudente acatamento dos direitos dos estados, fazia-os vacillar na execução até de obras propriamente nacionaes. Nunca,

---

[1] Kent, *Commentarios á Const.*; sec. III, § 7 e nota final.

porém, lá ventilou-se a questão no terreno em que se tem levantado entre nós, isto é, até onde póde o governo central prevenir ou repellir a jurisdicção dos governos provinciaes sobre obras meramente locaes.

Monroe firmou o principio da incompetencia do congresso quanto a melhoramentos internos. Até á sua presidencia (1823) era corrente a opinião sobre a necessidade de se votarem fundos consideraveis para rapido impulso das vias de transporte, e todos os annos autorisavam-se diversas, algumas de ordem mui secundaria. Contra o parecer de Adams, Clay e Calhoun, estrenuos advogados da immediata abertura de caminhos e canaes mediante auxilios do thesouro federal, aquelle illustre presidente recusou sanccionar um projecto identico sobre a estrada de Cumberland, expondo em uma extensa mensagem os fundamentos da opinião opposta a esse augmento das attribuições do governo central, de que era membro. Resumindo tão importante documento, reputado o mais sabio commentario da constituição neste ponto, ajunta um parlamentar americano:

« Depois de 1827, não se decretou mais nenhum auxilio desse genero. Posteriormente, usando do véto, o presidente Jackson poz termo á legislação sobre estradas locaes, e com o tempo este assumpto de um *systema nacional* de melhoramentos internos, ha pouco tão formidavel e avultado na opinião, acabou por ser retirado das salas do congresso e das discussões publicas. Vapores e locomotivas substituiram ás antigas estradas e canaes; emprezas particulares dispensaram o auxilio da legislação federal. Não existe talvez caminho importante em um estado qualquer, que não esteja sob a autoridade desse estado. Até mesmo grandes e dispendiosas obras executadas por ordem do congresso apóz longos e ardentes debates, obras então reputadas eminentemente nacionaes, perderam este caracter e entraram na classe das estradas ordinarias. A de Cumberland, que custára 6,670,000 dollars, e fôra durante trinta e quatro annos assumpto prominente nas discussões do congresso,.... entregue afinal aos estados (que atravessa), passou a ser uma estrada ordinaria, e está inteiramente offuscada pelo caminho de ferro paralelo. O mesmo se póde dizer, até certo ponto, do canal Chesapeake e Ohio, outr'ora objecto dos cuidados da legislação federal, pois se destinava a ligar as aguas do Atlantico ás dos grandes rios do oeste; reduzido hoje a um canal local, utilisado principalmente por algumas companhias, muito vantajoso para a região que córta, decahiu, porém, do caracter nacional que lhe valêra vótos do congresso e largos subsidios do thesouro.... Tornou-se lei a opinião de Monroe neste ponto da intervenção do governo federal em melhoramentos dentro dos estados. » [1]

No Brazil, porém, a reacção que poz em litigio tantos assumptos clarissimos, não duvidou inverter as questões de competencia que se podia suscitar nesta parte dos interesses provinciaes. E' o que vamos assignalar: ver-se-ha então quanto tempo precioso con-

---

[1] *Thirty years in the senate, by ex-senator Benton;* vol. I, cap. X.
A PROV. 39

some em disputas estereis o governo geral, que álias não tem correspondido á gravidade da sua tarefa e antes ha protelado ou sacrificado o progresso material do imperio.

§ I. *A centralisação nos melhoramentos materiaes.*

Com que desprezo dos direitos das provincias o governo imperial intervem francamente em negocios proprios dellas! Ora, pareceres do conselho de estado e avisos lhes prohibem regular o modo de effectuar tal ou tal obra, declarando que não podem lançar imposto pessoal de prestação de serviços, ainda quando é esse imposto decretado para um fim municipal. Ora, contestam o direito com que se crearam inspecções do algodão e assucar; sendo aliás evidente que se trata de interesses locaes, embora taes inspecções pareçam escusadas e onerosas. Outras vezes, finalmente, negam que possam as assembléas, como incentivo ás industrias, conceder méros premios aos que nellas introduzirem melhoramentos.

Mais atrevidas pretenções, e sobre mais consideraveis interesses, revela uma recente consulta. Apontar a data é descrever-lhe o caracter: é a de 27 de setembro de 1859, sanccionada pelo aviso de 4 de janeiro de 1860. Refulgia então a politica reaccionaria; facil lhe fôra, até por meio de portarias, destruir sem rumor esse impertinente appendice da constituição, o acto addicional. Denunciemos ao paiz, que desperta, essas usurpações do poder executivo. Considerem as provincias na sua sórte de departamentos francezes; conheçam quanto rebaixou-as a segunda reacção conservadora.

Era o objecto da consulta de 1859 determinar a competencia provincial sobre privilegios exclusivos. Mui acertadamente recusa ás assembléas o direito de concedel-os por invenções ou melhoramentos de industria, pois interessam ao commercio e á prosperidade geral da nação: e ao governo federal reservou-os por isso a constituição dos Estados-Unidos. No intuito, porém, de difficultar os privilegios, muito perniciosos de certo em alguns casos, chega a consulta ao excesso de negar ás assembléas a faculdade de os garantirem, sem dependencia do governo geral, para a execução de certas obras, estradas e linhas de navegação. D'aqui derivou a doutrina que, adoptada pelo governo, provoca a indignação do sentimento liberal.

Como ainda não foi regulado por lei que obras, estradas e linhas de navegação se deva considerar provinciaes, fiquem, dice o conselho de estado, fiquem dependentes do parlamento as concessões que as provincias fizerem sobre taes objectos: proposição, que por si só importa a negação do poder legislativo conferido ás assembléas.

Ainda mais, accrescentou elle: si essas concessões não subirem á approvação do parlamento, nem por isso ficará livre a acção provincial, porquanto as companhias, que devem de effectuar as obras, para funccionar carecem de consentimento do governo central. E, com effeito, ahi veio a lei de 1860 contra as sociedades anonymas consagrar a exigencia do *placet* supremo.

Assim, decrete embora uma assembléa certa obra e autorise a fazel-a por empreza; si os emprezarios formarem sociedade anonyma, ainda que o acto escape ao véto do presidente, nem por isso evitará a companhia o intoleravel exame, as protelações desesperadoras, as dependencias da secretaria de estado, todos os flagellos com que para aqui se trasladou a regulamentação franceza. Na verdade, á lei de 22 de agosto e ao decreto de 19 de dezembro de 1860 nada escapa: as mais innocentes associações dependem hoje do *placet* imperial. Eis a liberdade no Brazil!

Não teem as assembléas competencia para incorporarem companhias formadas por amor de objectos provinciaes; e, entretanto, lhes pertence legislar sobre quaesquer associações politicas e religiosas! (Art. 10 § 10 do acto addicional.)

A incorporação de companhias, ou antes a prévia autorisação para que possam funccionar sociedades de qualquer natureza, é, já o dicemos [1], reminiscencia do antigo regimen, contra a qual levanta-se agora o espirito da liberdade moderna. Os capitaes, como os individuos, sejam livres para se reunirem sob todas as fórmas possiveis: o Estado, governo central ou governo provincial, poder executivo ou poder legislativo,

---

[1] Cap. III.

não tem o direito de regular a fórma e a vida das companhias. Assim, diante dos principios absolutos, não seria legitimo conceder ás assembléas a faculdade que recusamos a quaesquer autoridades do Estado: mas, entretanto, si a prévia autorisação é precisa, concebe-se acaso que sociedades que funccionam em uma provincia, organisadas para effectuarem serviço provincial, dependam do *placet* imperial? A lei que isto exige é producto da febre reaccionaria que tantas vezes temos assignalado.

Copiando a mencionada consulta, o aviso de 4 de janeiro de 1860 assentou, como principios inconcussos, doutrinas manifestamente illegaes.

Não pódem as assembléas, segundo elle, conceder privilegio sobre navegação de rio que, percorrendo territorio de duas provincias, seja todavia aproveitavel no de uma dellas sómente ; nem quando a navegação da costa maritima se possa estender á do rio ; nem, em geral, *sobre a navegação a vapor fluvial*. Está escripto, e o commentario desta ultima hypothese patentêa o preconceito do conselho de estado : uma lei de 1833, diz elle, attribuíra o serviço da navegação a vapor ao governo geral. Póde essa lei prevalecer apezar de anterior ao acto addicional? Basta similhante proposição para o leitor avaliar si é exagerado nosso juizo sobre o empenho do conselho de estado em restaurar no Brazil a monarchia centralisada. Dispensa argumentos a invocação de uma lei ordinaria para o fim de restringir uma lei constitucional posterior. Era, entretanto, expressa outra lei mais antiga, a de 29 de agosto de 1828, que não foi revogada, antes se deve intender confirmada pela das reformas. Dizem os seus artigos 1º e 2º: « todas as obras que tiverem por objecto promover a navegação dos rios, abrir canaes ou construir estradas, pontes, calçadas ou aqueductos, pertencentes a mais de uma provincia, serão promovidas pelo ministro do imperio; as que forem privativas de uma só provincia pelos seus presidentes em conselho; e as que forem do termo de uma cidade ou villa pelas respectivas camaras municipaes. » E no artigo 6º enumera-se a concessão do privilegio exclusivo entre as clausulas com que a administração provincial póde celebrar contracto para obras provinciaes.

Introduziram tambem a consulta e o aviso um principio novo de interpretação do acto addicional, mais restrictivo ainda, classificando a natureza das estradas segundo os seus motores, vapor ou animal; e, nem aqui siquer, protestou contra estes excessos o autor dos *Estudos praticos*, que, em outros assumptos, menos interessantes aliás á real prosperidade das provincias, sustentára doutrina conforme aos seus direitos. Com effeito, a consulta e o aviso consideram geraes as estradas servidas por vapor, qualquer que seja sua extensão. E ajuntam o seguinte commentario: « Estas obras, pelos grandes capitaes que empregam e pelo serviço que devem prestar, não devem ser emprehendidas sem serem consultados os interesses geraes. » Aqui invocam, como os escriptores francezes, a uniformidade de policia e disciplina das estradas de ferro, a necessidade de planos communs, etc.; e, em nome da logica, declaram geral a pequena estrada de ferro de Mauá, construida dentro de um municipio do Rio de Janeiro. Mas a logica tem, na verdade, exigencias supremas; e pois, sem hesitar, estabeleceu-se mais esta outra regra: « quando, sendo o motor animal, e sobretudo si ha trilhos de ferro, a estrada *arriscar grossos capitaes*, deve ella ficar dependente do governo geral! » Tutor da nação, não póde o governo imperial soffrer que os capitaes de seus pupillos arrisquem-se em grandes emprezas sem o seu exame, sem o seu consentimento.

Supponha-se o mais ligeiro caminho de ferro, um *tram-road* municipal; supponha-se até uma estrada de rodagem que demande capitaes consideraveis: tudo virá receber o *placet* do supremo governo. Si ha centralisação, é isto.

Assim: privilegios para execução de serviços provinciaes, incorporação de companhias, navegação a vapor dos rios, construcção de estradas servidas a vapor, ou simplesmente com trilhos de ferro, ou de qualquer natureza demandando grossos capitaes, tudo, todo o melhoramento material do paiz, ficou concentrado nas mãos do governo imperial. Póde-se agora duvidar da existencia da centralisação no Brazil? [1]

[1] Parecem haver reconhecido a illegalidade do aviso de 4 de janeiro o Sr. ministro das obras publicas e o seu antecessor, pois devolveram aos poderes provinciaes o conhecimento dos recentes projectos de estradas de ferro em S. Paulo, Rio-Grande do Sul e Ceará. O aviso, porém, não foi cassado; subsiste sua doutrina, que outros ministros poderão mandar cumprir. Por outro lado, continúa em pleno vigor a obrigação de serem approvados pelo governo imperial os estatutos das companhias. A situação é, pois, quasi a mesma, e o será emquanto se não revogarem expressamente os actos de 1860.

A lei de policia e justiça (1841) e a da guarda nacional (1850) aniquilaram o espirito publico nas localidades, centralisaram a politica: a lei e o aviso de 1860 atacaram a prosperidade material das provincias e o principio de associação, coroando a obra do golpe de estado de 12 de maio de 1840. Por isso, 1860 é o *non plus ultra* da reacção. Desde que valeu-se de simples avisos para interpretar e corrigir o acto addicional, revogando leis expressas, nenhum poder mais restava ao governo usurpar.

§ II. — *Até onde se estende a competencia provincial.*

Exemplos dos Estados-Unidos mostrem quão mesquinha é a politica centralisadora de certos estadistas do Brazil.

Representando um capital de quatro e meio biliões de contos, cortam o territorio da União 50,000 milhas de caminhos de ferro, extensão quasi igual á da Europa inteira, e cento e quinze vezes maior que a nossa [1]. Desse algarismo prodigioso a mór-parte foi construida em virtude de leis dos estados, por companhias nelles fundadas, com auxilios ou sem auxilios delles. No fim de 1861, New-York contava 3,475 milhas de caminhos de ferro representando 277,000 contos. Na mesma época, a Pennsylvania possuia 3,226 milhas, avaliadas em

---

[1] 435 milhas, comprehendidas as linhas por inaugurar este anno.

320,000 contos; Ohio, 3,230 milhas orçadas em 300,000 contos: e assim os demais estados, segundo sua riqueza e população [1]. Os grossos cabedaes *arriscados* nessas emprezas gigantescas não careceram da tutela do governo supremo da republica; e, pelo contrario, si essa tutela existisse ali, é mui provavel que os capitaes tivessem antes a timida prudencia que os caracterisa aqui, sob a acção moderadora do governo imperial, esse agente esterilisador da prosperidade publica.

São da mesma sórte eloquentes as estatisticas dos canaes da União. Cêrca de 3,200 milhas de canaes facilitam hoje a navegação interior, graças a uma despeza effectiva maior de 200,000 contos. Estes capitaes foram tambem arriscados, sem a tutela do governo central, por cada um dos estados. Citemos um delles, New-York. O orgulho de New-York é o seu systema de canaes, como o de Massachussetts as suas escolas; possue, com effeito, 1,051 milhas de canalisação, de um extremo a outro do territorio, ligando os lagos Erie e Champlain aos rios e ao oceano. O custo corresponde á obra: 122,000 contos ahi se consumiram. Não deteve tão vasta empreza a consideração de que essas linhas de navegação interna prendiam-se á navegação externa do oceano ou dos lagos que confinam com as

---

[1] Crescem estes algarismos incessantemente. Em 1868 davam-se á Pennsylvania 4,400 milhas, e ao Ohio 3,400. New-York devia em breve attingir a 4,568 milhas. No anno de 1869 abriram-se ao trafego, em toda a União, mais de 6,000 milhas. Nos proprios estados do sul construem-se agora 60 linhas novas.

possessões inglezas : as objecções limitaram-se á exequibilidade da obra e aos sacrificios que impunha. Mas com que firmeza, com quanta perseverança e confiança no futuro, moveram-se os habitantes de New-York a trabalhos tão colossaes ! « Não obstante as sinistras predicções de homens notaveis por sua sabedoria e serviços, não obstante os conselhos do venerado patriarcha da democracia, do proprio Jefferson, em cuja opinião fôra preciso um seculo para ousar tentar trabalho similhante ; não obstante as exprobrações do illustre Madison, refere Michel Chevalier, o estado de New-York, que então (1817) contava apenas 1,300,000 almas, começou a construir o canal de Erié com 350 milhas de comprido. » [1] Pouco depois, com ramificações em todos os sentidos, o canal não bastou ás exigencias do commercio ; foi preciso alargal-o e aprofundal-o, e hoje só os dous de Erié e Champlain, na extensão contínua de 428 milhas, representam o dispendio de 82,000 contos.

Nos Estados-Unidos, como dicemos, o governo federal não disputa aos dos estados intervenção em suas obras interiores, ainda quando sejam da maior gravidade ; pelo contrário, é o congresso ou o presidente que ás vezes tem duvidado da constitucionalidade de auxilios concedidos para melhoramentos locaes. Por outra parte, aprecie-se o caracter quasi nacional dos trabalhos emprehendidos em qualquer dos estados, no de New-York por exemplo, cujos caminhos de ferro e canaes se

[1] *Lettres sur l'Amérique du nord;* XXII

prendem aos dos outros ou á navegação exterior: e nem por isso invocou-se a intervenção do governo central. Muito menos no Brazil exigiria o *placet* supremo, si não fosse logo repellida a competencia da provincia. Não são, á vista de taes exemplos, manifestamente arbitrarias as regras do aviso de 4 de janeiro de 1860? não são violencias á autonomia das provincias, base do systema politico do Brazil? (Art. 71 da constituição e 1º do acto addicional.)

O espirito prático dos norte-americanos tem dado o caracter federal áquellas obras sómente que interessam á União inteira ou a uma grande parte della. Assim, é federal, e foi construido com largos subsidios e concessões de terras federaes, o caminho de ferro do Pacifico, que, estendendo 1,770 milhas através do deserto, liga os portos de dous oceanos. Da mesma sorte se proceda no Brazil. Sabemos bem que a algumas provincias fallecem recursos pecuniarios; mas o que a todas falta principalmente é a isenção precisa para contractarem com emprezarios, para organisarem companhias, para cobrarem impostos sufficientes, para abrirem novas fontes de receita. Dependentes do governo central, nada tentam, nem ousam. Não é isto méra declamação. Ainda recentemente (oitubro de 1869) o presidente do Ceará deixava de sanccionar um projecto de lei sobre a estrada de ferro da capital a Pacatuba, entre outros motivos, porque « tratava-se de uma estrada servida por vapor e devia a concessão ficar dependente da approvação dos poderes geraes. » Nas razões com que o mesmo presidente devolvêra o projecto, transpiram as prevenções creadas pelo aviso de 1860; cumpre dissipal-as, cumpre desvanecer as confusões com que o conselho de estado anarchisou esta parte do nosso direito publico, protrahindo a execução de obras urgentes nas provincias.

E' assim que estão quasi todas a esperar, desde a independencia, que se melhorem seus portos de commercio. O estado primitivo em que se acham, a ausencia absoluta das mais simples commodidades para a navegação, afastam das provincias o commercio directo, e o concentram no Rio de Janeiro, cuja superioridade aliás creou a natureza mais do que a arte. O fatal expediente dos adiamentos indefinidos não permitte adivinhar o termo das protelações. Porque não admittir-se-ia neste serviço uma distincção prática? Si os portos e barras não estão abertos ao commercio exterior, façam nelles as provincias as obras que quizerem. Si ha alfandegas, então decretem-as de accordo com o governo geral: não se reserve a iniciativa para este exclusivamente, pois elle não pôde até hoje, e não poderá agora effectuar com os recursos do orçamento as urgentissimas obras dos portos do Brazil. Continha a constituição dos Estados Confederados do Sul uma clausula que expressamente permittia a cada um delles lançar, com o consentimento do congresso, sobre navios procedentes do alto-mar, direitos de ancoragem destinados ao melhoramento dos portos ou rios frequentados por essas embarcações. Sob aquella reserva da approvação do parlamento, não descobrimos inconveniente na iniciativa das provincias; e, si o governo central receia abusos, antecipe-se, ou promova a incorporação de emprezas que, mediante taxas de navegação, transformem n'alguns annos em verdadeiros portos de commercio essas barras arriscadas e esses surgidouros sem abrigo, que manteem estacionario o commercio directo das provincias.

Porque razão não admittiremos tambem os ajustes de duas ou mais para effectuarem em commum serviços que, posto interessem a mais de uma, não teem rigorosamente o caracter de nacionaes? Prohibem-n'o repetidas consultas do conselho de estado. A proposito de navegação subsidiada por diversas provincias, tem-se declarado excesso de competencia o accordo dellas para este fim. Taes convenios, entretanto, quer para serviços de transporte communs, quer para arrecadação de impostos e outros assumptos, todos os dias se sentem necessarios, e os governos locaes os vão celebrando de modo mais ou menos indirecto. Tanto basta para condemnar a doutrina do conselho de estado. Demais, o que induz em erro é a expressão *ajuste* do artigo 83 da nossa constituição, que reproduz incorrectamente uma clausula da dos Estados-Unidos, onde diz: « No State shall, without the consent of congress,.... enter into any *agreement* or *compact* with another State, or with a foreign power » (artigo I, sec. 10, § 3); o que Tocqueville traduziu por fórma que remove todas as dúvidas: « Aucun état ne pourra, sans le consentement du congrès, contracter quelque traité ou union avec un autre état ou avec une puissance étrangère. » Infringiram este preceito os estados do Sul, sublevando-se para formarem a confederação aniquilada junto a Richmond. Ligando estados soberanos, a constituição norte-americana procurava previnir que a União se dissolvesse em identicas confederações; mas não pensava prohibir os accordos ordinarios de caracter meramente administrativo, sem fim algum politico [1]. « Quando um rio separa dous ou mais estados, podem os ditos estados celebrar um pacto para melhorarem sua navegação », dizia-o expressamente a ephemera constituição do Sul (art. I, sec. 10).

Na da Republica Argentina se incontra um artigo que não contém a dos Estados-Unidos; é o que diz: « As provincias podem celebrar convenções parciaes a bem da administração da justiça, de interesses economicos e trabalhos de utilidade commum, dependentes do conhecimento do congresso federal. » Outro texto (art. 108) esclaresce quaes sejam os assumptos sobre que não é licito celebrar taes convenções. « Não exercem as provincias o poder delegado á nação; não podem fazer tratados parciaes de caracter politico.... »; e em seguida enumeram-se os grandes interesses nacionaes que excedem á competencia local.

Assim, o que se deve prohibir ás nossas provincias é que firmem accordos politicos, mas não ajustes parciaes sobre interesses economicos e serviços de utilidade commum. Exija-se embora que nestes casos o façam mediante assentimento do governo central, mas

---

[1] Paschal, *Annotated constitution;* n. 164.

não se lhes tolha a iniciativa não se lhes tire o uso de uma faculdade muito proveitosa para o seu progresso, e sem perigo para a união desde que se resalva aquelle assentimento [1]. Na propria Europa, os estados (ou assembléas) das provincias da Hollanda podem corresponder-se com os estados das outras, e regular de accordo os negocios que interessam a mais de uma, com a prévia autorisação do rei. [2]

Conceder ás vastas regiões do Brazil, quanto aos seus peculiares interesses, autonomia igual á dos estados anglo-americanos, é consolidar as instituições actuaes. Perpetuar a centralisação aggravada pelos actos de 1860 é irritar as provincias contra a integridade do imperio. As tradições do nosso governo permittem, entretanto, suppôr que, para elle, a maior garantia da integridade repousa na força e na preponderancia do poder supremo. E', certamente, um erro deploravel; e o attesta um facto que, esclarescendo a questão, é para nós o mais decisivo argumento: os conflictos de competencia e as illegaes pretenções do governo imperial teem retardado a prosperidade das provincias. Ora, isto equivale a dizer que a força e a grandeza da patria estão comprimidas. Si os timidos enxergam nas liberdades locaes alguns riscos adrède exagerados, não esqueçam que ellas promoveram a

---

[1] No projecto de reforma municipal (1869), o Sr. ministro do imperio introduziu um principio identico, permittindo a dous municipios ou parochias vizinhos associarem-se para a construcção de estradas ou creação de estabelecimentos a expensas communs. (Art. 17.)

[2] Béchard, *Administration intérieure de la France*; vol. 2·, p. 348.

inaudita prosperidade e o poder a que attingiu a America do Norte. « Pretende-se que os legisladores anglo-americanos não fizeram o governo central bastante forte, e que, si o tivessem feito mais forte, não se houvera effectuado a separação de 1861: póde ser, responde o Sr. Laboulaye; si lá existisse um governo central como o dos estados europeus, talvez não se verificasse a rebellião do Sul; mas não se houvera tambem visto o magnifico desinvolvimento que ali ostentou-se em setenta annos. »

§ III. — *Missão do governo geral.*

Quando se vê o governo geral disputar ás provincias melhoramentos que reivindica e sujeita á sua competencia exclusiva, deve-se crer que elle reputa ligeira a tarefa propria sua, ou que nada o accusa de indifferença e deleixo no fomento do progresso nacional.

Ora, o nosso atrazo é manifesto em todo o genero de obras publicas. Basta indicar as estradas de ferro. Em dezoito annos mal construimos 435 milhas, e póde-se dizer que, concluidos em 1867 os troncos das quatro maiores linhas, ficámos desde então estacionarios. Tão herculeo esforço, longo repouso requeria! Mais do que isso, em metade do mesmo tempo, tendo começado muito depois de nós, fizeram os argentinos, que não são anglo-saxonios, mas latinos, como nós outros : e acaso pararam? pelo contrario, emprehenderam a construcção de mais 670 milhas. Inaugurado o caminho central de Rosario a Cordova, querem nossos vizinhos estendel-o até á fronteira do Chile, galgar os Andes, e unir os dous oceanos ao sul, como os anglo-americanos o fizeram ao norte. Sem poder moderador, sem senado vitalicio, sem centralisação, atrevem-se os argentinos a tamanha empreza! Pela nossa parte, si nada executamos que imite a sua audacia de ligar ao litoral provincias remotas, accumulâmos relatorios e plantas sobre a communicação para Mato-Grosso, a navegabilidade do Rio das Velhas e do S. Francisco, o porto de Pernambuco, e outras interminaveis questões debatidas desde o seculo passado. Pouco, bem pouco se estuda aqui seriamente, apezar de se inculcar o contrario; e pouco se faz, quasi tudo se adia. O adiamento! eis o epitaphio do governo imperial. Progresso constante, concepção rapida, execução activa; eis o móte dos governos responsaveis perante o povo. Inercia, protelação, esterilidade, não são no Brazil resultados do seu systema politico, onde o poder é irresponsavel, absoluto?

Entretanto, todos os povos e governos, até os despoticos, sentem que estradas de ferro são os nervos das sociedades modernas. Pondo ao serviço do genio da guerra trilhos e fios de arame, a Prussia pôde em tres semanas reformar a carta da Europa, e instaurar a unidade da raça germanica. Para augmentar a força colossal dos seus estados, despende o cezarismo moscovita centenas de milhões em caminhos gigantescos, e dóbra nos ultimos seis annos a extensão das suas estradas de ferro. A França, que por tanto tempo hesitára, já vê 10,000 milhas quasi completarem a sua rêde de communicações internas. Mais diligentes ainda, os povos livres parecem nisto exceder a medida do verosimil. Conta uma pequena ilha, que o mundo contempla como a *magna parens* da liberdade, 14,223 milhas de vias ferreas, construidas por cinco biliões de contos de capitaes particulares : e, entretanto, não está satisfeita a Grã-Bretanha ; insta por caminhos vicinaes e baratos *tram-ways* que prendam as menores localidades ás grandes estações. Mais insaciavel do que o inglez é o povo norte-americano. Possuia a União em 1860, antes da guerra, 28,771 milhas abertas ao trafego ; de então para cá inaugurou mais 20,039 milhas, isto é, 2,000 por anno, ou quasi duas leguas por dia. Fez mais, e isto é inaudito : nesse intervallo estudou, explorou, decretou e construiu uma das maravilhas do mundo, o caminho do Pacifico, com 600 leguas contínuas, atravessando, não terrenos cultivados, mas immensas campinas pisadas pelo urso e *pélle-vermelha*, ligando, não innumeras grandes povoações, mas só duas illustres cidades, Chicago e Sacramento.

Não insistamos em paralelos pungentes. Si não fôra razoavel exigir do Brazil igual progresso, é acaso justificavel a nossa proverbial negligencia? A propria estrada «Pedro II», cuja renda em 1869 já subiu a 4,625 contos, que, portanto, paga o seu custeamento, os juros do capital e até poderia amortizal-o em um decennio, porque hade essa magnifica empreza esperar indefinidamente a construcção do resto do seu tronco já decretada e o prolongamento até o valle do S. Francisco? Em projectos consumiram-se treze longos annos, de 1842 a 1855; quinze já decorreram na lenta execução de uma quarta parte da linha projectada, e mais tempo se perdêra si a tenacidade de um illustre brazileiro não houvesse logrado transpôr a Serra do Mar; e, adiada desde 1864, ainda agora péde o governo a espera de uns dez annos para a conclusão do mais consideravel de nossos melhoramentos materiaes. Obra eminentemente civilisadora e politica, esse caminho de ferro, que não contará afinal mais de 550 milhas, terá demandado, ainda assim, um quarto de seculo, si não sobrevierem novas protelações.

Dos outros o que diremos? Nem delles se falla; todos ahi estão parados: apenas os paulistas tratam de construir alguns ramaes da sua estrada principal. Florescentes provincias, Rio Grande do Sul, Paraná, Alagôas, Ceará e Maranhão, debalde esperam que uma locomotiva devasse o seu interior; recusa-se-lhes o que não se negou a outras muito mais ricas, a garantia de juros.

Em 1864 a camara liberal quizera decretar a nossa rêde de estradas de ferro. Oppoz-se-lhe o governo. Porque? porque não havia dinheiro: pediam-se trez a cinco mil contos para novas garantias; a guerra do Paraguay, depois disso, legou-nos 23 mil de despeza ordinaria annual, e para ella nunca faltou dinheiro.

Quanto ás provincias do Norte principalmente, a indifferença é mais grave ainda por um motivo particular. Em cada um dos ultimos oito annos, a taxa do seu algodão exportado contribuiu para a renda geral com mil contos mais do que d'antes: pois bem! nem por ser tão directamente interessado no desinvolvimento da cultura deste genero, o governo central decidiu-se a promover a prosperidade dessa porção do imperio. Algumas das mesmas provincias, nem estradas de ferro pedem: reclamam o melhoramento dos seus portos. Podia o governo engajar engenheiros de indisputada competencia, e em poucos annos construir á sua custa, emittindo apolices, as obras de portos e os pharóes, si não as pretendessem emprezas idoneas sob condições razoaveis. Ora, em ambos os casos, impostos addicionaes sobre a navegação ou o commercio de taes portos pagariam os juros dos capitaes empregados.

A nenhuma provincia se deve de refusar o immediato melhoramento de porto aberto ao commercio exterior, mórmente áquellas onde existem estradas de ferro. O primeiro é o complemento das segundas. Por outro lado, nada mais injusto tambem do que privar qualquer dellas, ainda as menores, de uma e outra cousa.

Fôra preciso, com effeito, considerar cada provincia um nucleo commercial, com direito a estes dous agentes do progresso: porto de abrigo e estrada de ferro. Excluidos o Amazonas e o Pará, que os dispensam, Goyaz e Mato-Grosso, que tambem preferem o vapor nos seus rios siléncios, se devêra reconhecer previamente o direito de todas a esses melhoramentos essenciaes. Que fôra preciso para realisar projecto tão simples, simultaneamente, em meia duzia de annos? Não muito dinheiro: as obras dos portos sustentam-se por si, paga-as o seu commercio; os caminhos de ferro não demandariam talvez mais de 10,000 contos de juros, na hypothese de renda apenas sufficiente para o custeamento. O que é isto para um paiz que mal começa a desinvolver as suas fontes de receita, graças aos modestos melhoramentos timidamente inaugurados no ultimo decennio? Quando o trabalho e o capital forem aqui auxiliados pelas modernas invenções, essas receitas excederão de sóbra o nivel a que as elevaram tributos de guerra. Conservar estes odiosos tributos e não fomentar a riqueza publica, ou, o que vale o mesmo, simular animal-a com projectos de estradas iniciados sem energia ou votados sem confiança, é o requinte da rotina e da indifferença.

Mas onde realmente maravilha a negligencia do governo é no inconcebivel adiamento da navegação do alto S. Francisco. Um só vapor, mesmo microscopico (como alguns que para lá enviaram, um dos quaes está a caminho ha quatro annos), ainda não sulcou as 400 leguas que esse poderoso rio e seus confluentes offerecem á navegação! Custa crêl-o: a dous milhões de habitantes, sequestrados do mundo, e a sete provincias aproveita essa facillima navegação. Que admirar, pois, si o Rio-Grande de Minas, si o Jequitinhonha, si o Araguaya, si o Tapajoz [1], e tantos outros, continuam

---

[1] O Tapajoz e o Araguaya indicam ao commercio de Mato-Grósso, o primeiro, e ao de Goyaz o segundo, o caminho do valle do Amazonas. Que li-

a ver a magestade do silencio assentada ás suas margens primitivas?

Atrazados em caminhos de ferro e navegação fluvial, não é para estranhar que mal conheçamos o uso

nha, porém, preferirá no futuro a primeira destas provincias? a antiga via terrestre, quando estiver concluida a estrada de ferro do S. Francisco, a linha fluvial indirecta do Rio da Prata, a directa do Pará, ou todas conjunctamente? Não é facil prevel-o. No estado actual do desinvolvimento de Mato-Grosso, dependendo seu commercio do Rio de Janeiro exclusivamente, a foz do Prata, que apezar de rio-abaixo é o mais longo caminho, parece, comtudo, a mais barata das presentes vias de communicação. Não é provavel que a abandone, sinão quando o porto de Buenos-Ayres, que vai ser o emporio de todo o valle do Paraná e baixo Paraguay, attrahir tambem, por suas vantagens particulares de situação e vizinhança, as relações de Mato-Grosso. Ao estadista brazileiro só cabe attenuar os inconvenientes deste inevitavel acontecimento, abrindo ao norte de Mato-Grosso, que é a sua parte povoada, a linha do Arinos e Tapajoz, a qual, seja dito de passagem, ainda se não mandou reconhecer. Imaginar, em vez disso, uma extensissima estrada militar atravéz dos desertos da provincia do Paraná, é não attender á lei dos frétes. Esta idéa de estrada *de rodagem* de centenas de leguas no deserto julga a nossa administração. Os norte-americanos levaram ás solidões do oeste, não estradas macadamisadas, mas caminhos de ferro: lá os trilhos são assentados no deserto por legiões de immigrantes. Ha de chegar, e pela nossa parte bem o desejáramos acelerar, o dia da povoação dos uberrimos campos do Paraná; mas nesse dia ter-se-ha desvanecido a preoccupação bellicosa de estradas militares, e as grandes vias de rodagem, que encarecem o fréte, estarão definitivamente condemnadas.

Attingindo a locomotiva ao S. Francisco, navegado a vapor este rio e o Paracatú, o sul de Goyaz, como o oeste de Minas, continuará a demandar o porto do Rio de Janeiro. Entretanto, por agora ao menos, o unico porto de Goyaz é o Pará, por via do Araguaya e Tocantins: e, em todo o caso, ainda quando inaugurada a estrada de ferro do Rio de Janeiro ao S. Francisco, o norte de Goyaz e o sul do Maranhão só teem um caminho directo para o oceano, o do Araguaya ao Amazonas. Por outro lado, construido um *tramway* para Cuyabá, muito póde este caminho fluvial aproveitar a Mato-Grosso, si fôr mais difficil ou dispendioso abrir a communicação de Cuyabá ao Pará pelo Tapajoz. Como, pois, hesitar? como não favorecer efficazmente o projecto do Araguaya? Nada justificará a falta de energica cooperação do governo para a prompta realisação dos votos das duas provincias occidentaes.

do telegrapho electrico : e aliás, para a maxima energia do poder concentrado, não ha mais util auxiliar, como o não ha para a defeza do Estado e para a unidade moral da patria. Apenas uma curta linha percorre o litoral do Rio de Janeiro até Campos, outra córta o valle do Parahyba, e uma terceira, ainda não definitivamente concluida, deve ligar o Sul á capital do imperio. Todo o Norte do Brazil debalde esperou o telegrapho nacional, e agora fórma votos pelo exito da empreza a quem afinal, depois de crueis hesitações, concedeu-se a linha costeira. Já muito fizemos, em verdade : depois de laboriosissimos estudos, entrámos no periodo dos projectos; um para a linha transatlantica, duas vezes concedida ao mesmo emprezario, outro para a linha costeira. Lancemos, entretanto, os olhos para a carta telegraphica de um pequeno Estado europeu, Portugal, que nisto nos dá lições. Tres mil kilometros de linhas electricas possuia o reino em 1868. Não ha cidade alguma, não ha villa importante, que não tenha a sua estação telegraphica. Demais, a rêde portugueza está ligada á grande rêde européa, e por ella aos cabos transatlanticos e indicos. E tem Portugal o seu territorio repartido em provincias distantes, em regiões quasi independentes? Sente Portugal, como nós, este embaraço das incommensuraveis distancias, tantos portos sem defeza, tanta difficuldade nas communicações interiores?

Por dezenas de milhar se contam as linhas dos Estados-Unidos : 73,000 milhas e 5,000 estações. A Grã-Bretanha vai generalisar o telegrapho de sórte, que haja um posto electrico em cada estação do correio do Reino-Unido. O continente europeu e parte do americano constituem hoje uma vastissima federação quanto a correios e telegraphos. Foi preciso mergulhar nos mares, e cercar o globo com uma invisivel cinta de arame. As Indias, a Australia, acham-se em communicação instantanea com a Europa. Por via dos Andes, litoral do Pacifico, Panamá e Havana, o Rio da Prata ligar-se-ha em breve ao systema electrico do mundo, entrando mais cedo que nós na orbita da civilisação. Será indifferente aos brazileiros verem que são em tudo os derradeiros?

Agitemos estas questões; são tambem parte nas queixas da democracia. Opprimem o voto e ludibriam da nação, porque, isoladas, as populações não sentem vibrar em um instante, simultaneamente, como no systema nervoso, a fibra offendida, o sentimento conculcado em uma parte qualquer do imperio. Póde-se impunemente surrar um brazileiro no Piauhy, ou crucifical-o em Alagôas, porque as enormes distancias fazem que não sejamos um povo, mas uma agglomeração de colonias do Rio de Janeiro. Acaso por isso mesmo se trava aqui, no campo dos melhoramentos materiaes, entre o imperio e a democracia, o conflicto que se observa na esphera dos interesses moraes?

A urgencia de imprimir em nossas instituições o cunho democratico, não deve de preterir a necessidade, igualmente indeclinavel, de crear os agentes auxiliares do progresso.

Quando por toda a parte os antigos costumes, as velhas usanças, as estreitas idéas fogem diante da invasão das duas grandes forças contemporaneas, a locomotiva e o telegrapho, como ha de o Brazil esquecer que um dos maiores erros da administração imperial tem sido protelar, sinão obstar, á transformação dos seus meios materiaes de existencia? Como ha de relevar essa politica original, que estuda, discute, protela, e volve a estudar, a discutir, a protelar infindos projectos interrados em incommensuravel papelada? Pése o actual regimen a sua responsabilidada perante a historia, e abandone de uma vez os tristes habitos e os expedientes da inercia.

Fosse embora de reacção politica, muito perdoar-se-ia ao presente reinado, si, abolido o trafico, houvesse logo emprehendido a obra da emancipação, creado uma corrente de immigrantes, construido grandes vias de transporte, fundado por toda a parte escolas, preparado, em summa, o caminho da liberdade, a exaltação da democracia.

Houve em França um governo, em cujo periodo as letras, as sciencias, a filosophia, a eloquencia, a poesia, brilharam com um novo lustre na terra de Voltaire e Mirabeau. Os enthusiastas do rei davam-lhe o invejavel cognome de Napoleão da paz. Pois bem! não este ou aquelle facto politico, mas um grande erro social, precipitou-o de repente. Esse erro fôra o esquecimento dos interesses do povo, a mesquinhez da instrucção, as incriveis hesitações na construcção da rêde dos caminhos de ferro, o atrazo do commercio, a debilidade das industrias, falsas noções economicas exageradas por ainda mais falsas noções de governo. Quando o sôpro indomavel da tempestade curvou por terra o Agamemnon dos reis do Continente, ouviu-se, sem muita estranheza, um usurpador repetir com emphase: « Tudo está por fazer! » E quando a França, como sahindo de um sonho, viu as suas cidades transformadas por encanto; Pariz, como a Roma de Augusto, passando em alguns dias de casas de tijolo a palacios de marmore; portos que competem com os portos de Albion; os rios contidos dentro dos leitos como as revoluções entre as bayonetas; caminhos de ferro, não já nos arredores das grandes povoações, mas por toda parte, de mar a mar, linhas contínuas de Pariz a Moscow, a Brindes, a Lisboa; o impossivel vencido no canal de Suez; um commercio universal; por todos os oceanos do globo fluctuando gloriosa a bandeira tricolor: a França deslumbrada teve um momento a fraqueza de esquecer o crime do usurpador. Reaes serviços ao progresso valeram a Napoleão III uma trégua, um reconhecimento talvez, de que jamais gozára o governo parlamentar que o precedêra.

Que, pois, espera da historia um systema de governo que, sem haver-nos assegurado a liberdade, nos tem privado do progresso?

CAPITULO VI

RECEITA E DESPEZA

Prenuncio de imminente ruina, o desarranjo das finanças é sempre symptoma de grave enfermidade nos Estados. Quão difficil superar as grandes crises financeiras! Quantos governos naufragaram nessa tentativa arriscada! Não refere a historia mais raro espectaculo do que offerecem á admiração do mundo os Estados-Unidos lutando e vencendo uma divida prodigiosa. Não acumulada pela successão de máus governos, como a de tantos povos do continente europeu, não para dilatar por alguns dias mais o inevitavel interramento do despotismo, como na Austria e na Hespanha, não para libertar a outros da tyrania dos Rozas e dos Lopez, mas para esmagar a propria tyrania domestica emancipando uma raça inteira, equilibrando a liberdade e a igualdade,—essa divida enorme corrompeu a atmosphera social da Republica, inspirando as mais sinistras prophecias. Mas eis o que valem a industria e a energia de um povo: em 30 annos serão resgatados os cinco biliões de contos contrahidos no quatriennio da guerra, e entretanto se hão de reduzir os tributos recentes. Exercito, marinha, serviços ordinarios, todos volvem aos algarismos de despeza anteriores á rebellião.

Inspire-se o Brazil na grandeza deste exemplo ; não lhe é dado marchar com passo igual, mas tambem não deve contemplar tranquillo a sua situação financeira. Problema ingente propõe-lhe a sphynge do futuro : — o orçamento do Estado buscando debalde o perdido equilibrio ; a importação retrocedendo diante dos rigores de tarifa verdadeiramente prohibitiva; a agricultura reclamando novas estradas que compensem os seus novos cargos ; a escola e o caminho de ferro, attestados da civilisação em marcha, desesperando de adiamentos repetidos depois de aguardarem em vão mais venturosos dias ! ... E não é tudo, pois cumpre não esquecer a crise, transitoria sim, mas severa sem dúvida, da transformação do trabalho.

Considere o Brazil que d'ora avante agravaram-se para elle todos os problemas politicos e sociaes. Seja o objectivo dos espiritos reflectidos não sómente a reforma das instituições, mas tambem a questão financeira.

Si o mais seguro meio de attingir á reducção do imposto é o de reduzir simultaneamente a despeza, haja um governo patriotico que se levante sobre as ruinas dos ministerios aulicos, e combata as grandes causas permanentes dos nossos embaraços financeiros, — o funccionalismo exagerado pela centralisação, o luxo administrativo, os subsidios estrangeiros, a onerosa politica de intervenção e protecção.

Não se póde insistir bastante na rapidez com que eleva-se a despeza geral do Estado, e na correspondente agravação da sorte dos contribuintes, a quem se pediram em 2 annos 40 °/₀ mais dos onus antigos.

Esta difficil situação tem ainda outro lado desagradavel: ella embaraça consideravelmente a satisfação de uma necessidade ha muito reconhecida, a de recursos mais abundantes com que possam as provincias provêr ás exigencias do seu progresso. E' inevitavel que as provincias reproduzam as suas antigas, nunca attendidas reclamações. Si o adiamento pareceu outr'ora habil expediente para a rotina governamental, hoje seria rematada imprudencia applical-o a interesses que tem a coragem de affirmar-se. Nestas circunstancias, é forçoso encarar o problema e resolvel-o.

Não exigissem embora os principios economicos severa reducção na despeza geral, bastava para aconselhal-a a urgencia de ceder ás administrações locaes alguns fragmentos da materia contribuinte. E' assim que a provincia e o municipio, cuja pobreza augmenta na proporção das novas exigencias do Estado, são vivamente interessados na economia e no alivio dos impostos.

Appendice ás considerações já feitas sobre a administração local, não parecerá desnecessario um estudo das questões concernentes á sua receita, com o exame das doutrinas que se deve corrigir e das providencias que cumpre adoptar.

§ I. — *Insufficiencia das rendas provinciaes. O* self-government, *correctivo dos pesados tributos.*

Em 1869 arrecadavam as provincias uma receita de 18,100 contos, e os municipios, em 1865, a de 2,668, montando toda a renda local a cêrca de 21,000 contos. Mesmo com administrações exemplares, não poder-se-ia esperar grandes resultados de recursos manifestamente insufficientes para os serviços que mais importam á commodidade dos povos.

Aquella somma inteira fôra apenas bastante, já o vimos (Cap. I), para se dar á instrucção publica o impulso de que carece. Estreito para as vastas exigencias deste interesse fundamental, primeiro cuidado dos povos modernos, póde acaso o orçamento local satisfazer ao outro agente da civilisação, o caminho de ferro?

Facto digno de attenção é que os mais prosperos, mais moralisados e mais livres dos povos são aquelles justamente que pagam maiores impostos ás suas administrações locaes. Calculava-se o orcamento das parochias e condados da Grã-Bretanha na somma de 300,000 contos [1]. Os dos 37 estados da União Americana, reunidos, montam a um algarismo igual. Um

---

[1] Trinta milhões esterlinos, segundo o ministro Goschen asseverava á camara dos communs (sessão de 21 de fev. de 1870).

só desses estados, New-York, gastára 40,000 contos em 1862, sendo a sua divida cêrca de 60,000. Na Suissa, no Canadá, na Australia, as despezas das localidades são, da mesma sórte, tão grandes como as da administração geral.

Dir-se-ha que a elevação dos orçamentos não significa geralmente grande prosperidade? Assim é toda a vez que o producto do imposto se não converte em novos agentes de riqueza, mas em exercitos e armamentos, ou em construcções de luxo. Que mais efficaz agente de producção, porém, do que a escola, o caminho de ferro, o canal,—orgulho da União Americana?

Demais, nos paizes largamente tributados o systema livre de governo, com a responsabilidade do funccionario electivo perante o povo contribuinte, offerece a mais solida garantia de zelo administrativo. Si o imposto se vota livremente para serviços do interesse immediato da localidade, e de que ella é juiz soberano, sem dependencia da tutela governamental; si para o abuso da autoridade executiva ha a repressão dos tribunaes, além da revogação do mandato nas eleições periodicas; é então mui provavel que a elevação dos orçamentos corresponda a necessidades geralmente reconhecidas, e produza vantagens apreciadas pelo povo de cada localidade.

E' por isso unicamente, pela realidade do *self-government*, pela sua administração descentralisada ou federal, que os Estados-Unidos, a Inglaterra e as Colonias britanicas não duvidam tributar-se em sommas enormes. Mas fôra razoavel esperar o mesmo de um povo, como o do Brazil, onde a centralisação chegou ao requinte de annullar o modesto poder legislativo deixado ás provincias, onde os delegados do governo até suspendem impunemente leis promulgadas ou refusam-se á promulgação de orçamentos devidamente votados ?

Não se ha de acelerar o progresso das provincias e municipios, não hão de as localidades emprehender grandes melhoramentos, sem que, antes de tudo, a centralisação dominante ceda o lugar que usurpou ao fecundo principio da reforma constitucional de 1834. Então, exercendo amplamente o governo dos seus interesses, as provincias aceitariam sem repugnancia os onus inherentes. Mas, prival-as de administração independente e pretender sujeital-as a maiores e crescentes impostos, álias sem applicação ás suas necessidades immediatas, é politica que mais e mais tornar-se-ha impopular no Brazil.

Não é nova a questão do augmento da receita provincial.

Desprezando sabiamente a utopia de um orçamento geral formado de quotas prestadas por cada provincia, sem haver imposições geraes,— medida lembrada em 1834 a exemplo da confederação americana antes da sua definitiva organisação, — o nosso parlamento não pôde todavia assentar logo em bases seguras a divisão da receita. Na ausência dos indispensaveis esclarescimentos, sem os mesmos raros elementos estatisticos que possuimos, não era ligeira a tarefa dos redactores da lei de 31 de oitubro de 1835:

pelo que se deve relevar que essa medida, aliás provisoria, não fornecesse aos poderes locaes os recursos precisos para as despezas que passavam a seu cargo.

Com effeito, votaram-se logo apóz, em 1837, supprimentos da receita geral a varias provincias na somma de 550 contos, como auxilio aos dois serviços, então descentralisados, justiças de primeira instancia e culto parochial. E, posto cessassem os supprimentos em 1850, ainda figura nos orçamentos a verba « auxilio a obras provinciaes. »

Não são, porém, soccorros da receita geral, que as provincias requerem agora. A questão assenta em outro terreno :

Não é acaso tempo de reconsiderar a divisão das rendas feita em 1835?

Por outro lado, não haverá novas fontes de receita unicamente provinciaes ?

Finalmente, a politica centralisadora restaurada em 1840 respeitaria mais o direito das assembléas neste assumpto do que em tantos outros ?

Examinemos cada uma das questões propostas, dando precedencia á ultima, onde vamos de novo incontrar os vestigios da reacção conservadora. [1]

---

[1] No novo projecto de interpretação, que deroga algumas disposições mais do acto addicional, apresentado a 15 de julho de 1870 pelo Sr. ministro do imperio, revivem, ao lado de concessões insignificantes ou nominaes, as tendencias restrictivas do partido conservador. Quando as provincias reclamam recursos, o governo geral, que todos absorvéra, vem francamente disputar-lhes algumas migalhas! Involve o projecto (art. 11) a condemnação das taxas itinerarias e outras equivalentes, de que abaixo tratamos (§ III), e prohibe (art. 3º) as contribuições addicionaes sobre ma-

§ II. — *Restricções ao poder provincial em materia de impostos: taxas locaes addicionadas a imposições geraes.*

Nos paizes de governo descentralisado ha porventura uma regra absoluta, um criterio seguro, para definir em todos os casos o caracter nacional ou local de certos impostos?

Alguns, o de importação, por exemplo, teem evidentemente o cunho dos interesses communs do paiz inteiro; outros, como as taxas de pedagio, não deixam dúvida sobre os interesses circunscriptos que representam. Entre esses extremos fluctuam indistinctos varios tributos, creações multiformes

---

teria já tributada por lei geral, de que tambem nos occuparemos (§ II). Não lhe escapa nem o debatido ponto do juizo fiscal para impostos provinciaes (art. 4.º), assumpto em que só reconhece ás assembléas o direito de preferirem um dos dous juizos, o commum ou o da fazenda nacional, limitada competencia que aliás lhes fôra contestada outr'ora. Assim, e conforme se exprime o autor dos *Estudos praticos* no § 290, não podem ellas crear juizes novos, proprios seus, para a arrecadação judicial dos impostos, nem decretar uma ordem nova de processo para essa arrecadação. Entretanto, é esse mesmo autor que diz: «Não obsta o acto addicional, antes lhe é isso conforme, a que, todas as vezes que ha alguma cousa de local, de peculiar no imposto provincial e necessidade de providencia especial, ainda mesmo para a arrecadação judicial, possam as assembléas provinciaes dar em suas leis essas providencias, para as quaes, *por serem especiaes e locaes*, seria a assembléa geral *impropria e incompetente.*» Ora, esta é justamente a razão que pela nossa parte invocamos para reconhecer nas assembléas a mais lata competencia a tal respeito, podendo até crear juiz privativo e processo especialissimo, como cada uma melhor intender. Demais, segundo já advertimos (Parte II, cap. VII, § 1.º), ao poder legislativo provincial pertence organisar todas as justiças locaes ou de primeira instancia.

do espirito do antigo regimen fecundo em complicações financeiras, que a democracia tende a esmagar na mó do imposto-modelo, lançado nos valores representativos da riqueza, o imposto unico.

Classificar em nacionaes e locaes os differentes tributos foi tarefa difficil até mesmo nos Estados-Unidos. As bases da boa divisão da renda entraram no quadro de estudos dos collaboradores da constituição federal. Hamilton deixou no *Federalista* traços luminosos sobre os principios que devem de limitar nesta materia a autoridade dos governos federal e local.

Conforme já notámos tratando de conflictos entre os dois poderes sobre melhoramentos internos [1], a questão, no assumpto que nos occupa, foi igualmente proposta em sentido inverso do principio defendido pelo nosso conselho de estado. Ali, não era o governo federal que propunha-se repellir invasões dos estados; eram estes que contestavam a competencia do congresso para votar imposições chamadas interiores, e principalmente para lançar taxa addicional sobre artigos já gravados por elles.

Os commentadores da constituição no *Federalista* não curavam de resguardar os interesses dos estados, porque a estes ninguem ameaçava; pelo contrario, era sua missão combater as exagerações da escola democratica que embaraçavam a formação do governo central. Mas com que medida e cautela se exprime

[1] Cap. V.

Hamilton! Em primeiro lugar, reconhece que o imposto verdadeiramente nacional, excluido por si mesmo da autoridade dos estados, é o de importação; porquanto recahe sobre o commercio externo, assumpto superior á competencia dos governos particulares. Na sua opinião, porém, não se depara uma distincção profunda que permitta da mesma sórte classificar os demais impostos, os quaes podem constituir indifferentemente verbas da receita provincial ou da nacional. Assim, si um dos dois poderes tributa algum dos artigos da renda interior, nem por isso o outro fica impedido de ajuntar-lhe uma taxa addicional. Eis as proprias palavras do publicista: « E' verdade que um estado póde lançar sobre certo objecto tributo tal e tão grande, que o congresso ache inconveniente gravar o mesmo objecto com outro novo imposto; mas certamente ninguem lhe póde oppôr obstaculo constitucional a que o faça. »

Que dessa simultaneidade possam resultar inconvenientes, não o dissimula; mas pensa que o juizo prudencial dos governos removerá o embaraço. « A grandeza do tributo, diz elle, as vantagens e inconvenientes de augmental-o por parte de um ou outro dos dous poderes, póde ser para cada um delles uma questão de prudencia; mas com toda a certeza não ha incompatibilidade real..... Abstenha-se um dos poderes de lançar novo tributo sobre aquelle objecto que já tiver sido tributado pela outra autoridade. Como ambos são perfeitamente independentes um do outro, cada um terá evidente interesse nesta condescendencia reciproca; e por toda a parte onde ha interesse commum, póde contar-se com a sua efficacia..»[1]

Proclamando, não a subordinação dos governos particulares ao governo federal cm materia de tributos, mas, por assim dizer, a jurisdicção cumulativa, Hamilton procurou assignalar um imposto interior peculiar dos estados. Esse imposto é justamente o territorial, que lhe parecia reunir as condições do recurso mais apropriado ás necessidades da administração local[2]. Hoje não a terra sómente, mas toda a propriedade movel ou immovel paga a taxa directa de tantos por mil (dois, trez ou mais milesimos do valor estimado), donde os estados e os municipios auerem a sua maior renda, e alguns a sua renda inteira.

Entre os annos de 1838 e 1861, a receita do governo federal quasi assentava em dois capitulos unicos: importação e venda de terras publicas. Os impostos directos e outras rendas internas votados pelo congresso logo depois da independencia, gradualmente diminuidos, tinham afinal cessado. Sobreveio a guerra civil, e o congresso não se achou impedido de renovar e elevar a algarismos fabulosos os impostos que desappareceram, e que aliás pertenciam então e continuam a pertencer á renda dos estados.

No Brazil não é isso o que o governo geral pretende; não o satisfaz a jurisdicção cumulativa; quer alguma coisa mais.

[1] *O Féderalista*; cap. XXXII.
[2] *Idem*; cap. XXXVI.

Clamando constantemente contra imposições provinciaes, intenderá o governo, visto não serem gratuitos os serviços locaes, que elles se devam manter com os supprimentos doados pela sua liberalidade? Mas, como os *deficits* das perturbadas finanças do Estado obrigam a adiar tão paternaes desejos, não haveria meio mais efficaz de annullar as provincias consolidando a centralisação, do que deixal-as assim morrer á mingua.

Em verdade, sob a pressão de incessantes apuros, tem o thesouro geral monopolisado toda a sórte de imposições, taxas directas ou indirectas, rendas internas e até municipaes. Nestas circunstancias, não seria para as provincias solução, ao menos provisoria, a de escolherem dentre os objectos tributados alguns que ainda posssam soffrer uma taxa supplementar? Oppõe-se-lhes, porém, mais este principio restrictivo: « A materia já contribuinte para a renda geral não póde sel-o tambem para a provincial. » Comquanto confirmada varias vezes, e o thesouro[1] supponha incontestavel essa doutrina iniciada em 1842, é ella, todavia, tão arbitraria, que o proprio Sr. Uruguay não ousa adoptal-a francamente, appellando para uma declaração authentica.[2]

Entretanto, as expressões do acto addicional não deixam dúvida sobre o pensamento do legislador, o qual condemnou sómente os tributos que possam *prejudicar* as imposições geraes do Estado. O mesmo

---
[1] Relatorio do ministerio da fazenda; 1861.
[2] *Estudos praticos*; § 245.

publicista conservador indica o sentido desta disposição contitucional, quando distingue « a offensa clara e directa — da offensa simples e indirecta por deducções e considerações economicas sujeitas a apreciações diversas » (§ 566).

Na incerteza gerada por similhantes decisões do poder executivo, os presidentes, até por taes fundamentos, suppoem-se no direito de não sanccionar os projectos de orçamento, e, si votados por dois terços da assembléa, os suspendem, como recentemente na Bahia. Por isso insistimos em attribuir as difficuldades que incontra a execução do acto addicional ás doutrinas introduzidas pelo espirito reaccionario do governo e dos seus delegados. Facil nos fôra citar exemplos si quizessemos percorrer as decisões com que os ministros sóem referendar as deliberações do conselho de estado. [1]

Os principies que tendem a prevalecer entre nós, depois dos conflictos provocados pelo thesouro, excluem a equidade e prudente medida que devem inspirar as relações entre os dois governos. Póde-se acaso soffrer a pretenção com que o poder geral no Brazil arroga-se direito de preferencia ou hypotheca tacita sobre toda a materia contribuinte ?

---

[1] Votou a assembléa da Bahia a taxa de 500$000 sobre casas de negocio a retalho, nacionaes ou estrangeiras, em que houvesse mais de um caixeiro não brasileiro. Segundo o thesouro (relatorio da fazenda de 1859), prejudica essa taxa aos impostos geraes, porque affecta ao de industrias e profissões : inconveniente evidentemente imaginario. Só seria irregular a medida deste genero que estabelecesse distinccão entre casas de negocio nacionaes e estrangeiras, isentando aquellas e tributando a estas: porquanto

§ III. — *Impostos de importação. Não se confundem com taxas de consumo local e taxas itinerarias.*

Si o espirito conciliador alongou-se da contenda travada sobre as rendas internas, não deve parecer estranho que no imposto de importação, ponto onde todos reconhecem a exclusiva competencia do poder geral, este fizesse do seu direito uma applicação desacertada.

As taxas de entrada nas alfandegas constituem certamente renda peculiar do governo nacional, unico autorisado para legislar sobre o commercio; mas o caracter exclusivo deste direito é razão sufficiente para intendel-o em sentido literal, sem ampliações exageradas e confusões intencionaes. Entretanto, em muitas das decisões referidas, aliás sem a devida critica, pelo visconde de Uruguay (§§ 208 e seguintes), se notam claramente estes dois vicios geraes: —apre-

neste caso offenderia a igualdade de tratamento garantida pelas convenções.
Outras decisões houve, igualmente illegaes, sobre taxas provinciaes lançadas em materia considerada exclusivamente contribuinte da renda geral. Exigiu a assembléa do Rio Grande do Sul em 1850 certa contribuição dos que fabricassem herva-mate nos hervaes publicos: oppoz-se-lhe o conselho de estado por estes serem propriedade nacional, embora bem ponderasse Alves Branco que isso não devia impedir a assembléa de tributar os exploradores dos hervaes.
Outras vezes, finalmente, o pretexto para a restricção é uma pretendida inconstitucionalidade, fulminada da maneira mais vaga. Lançou a assembléa de S. Paulo em 1854 uma especie de capitação annual de 200 réis por habitante livre, e de 100 por escravo. Offende á constituição, dice o governo, porque ella manda que os tributos sejam proporcionaes aos haveres do cidadão! Imperceptivel e subtil fundamento, com o qual aliás se poderia pôr em litigio qualquer imposto, nacional, provincial ou municipal.

ciação incorrecta da natureza do imposto creado pelas assembléas; exageração systematica dos inconvenientes das leis que o votaram. Para não parecer estranho este juizo, sentimos a necessidade de apoial-o em exemplos.

Varias decisões condemnaram como impostos de importação:

A taxa municipal de 80 réis sobre carga de generos que entrassem em um municipio para nelle serem consumidos (caso do Rio Grande do Norte: aviso de 13 de julho de 1860);

A de 1$000 sobre barril de polvora despachado para vender-se (Bahia: aviso de 30 de novembro de 1849);

As contribuições das tavernas de espiritos fortes ou vinhos (Bahia: consulta de 18 de março de 1859).

Não ha ahi manifesta confusão em considerar-se imposto de importação o que é taxa sobre o consumo local de certos generos? Em toda a parte do mundo as corporações municipaes cobraram e cobram tributos similhantes. Comprenhende-se que, creando contribuições dessa natureza, hajam ellas de consultar os interesses do consumidor, e evitem as taxas prohibitivas, que são contrarias aos tratados. Ser-nos-ha preciso demonstrar que as contribuições lançadas por aquellas provincias não teem os inconvenientes indicados, e que aliás só o ultimo delles justificaria a intervenção do poder geral?

Outras decisões, apparentemente legaes, não resistem a uma detida consideração do objecto. De accordo com uma consulta de 1858, não duvidou o governo condemnar, como imposto de importação, a taxa de 200$ que sabiamente lançára a assembléa do Rio Grande do Sul em cada escravo introduzido na provincia. Foi assim, em vez de favorecido, fulminado o acto intelligente da unica provincia que déra tão bello exemplo: eis a quanto obriga a logica não temperada por mais larga doutrina! Demais, facil fôra reconhecer o absurdo de se estender ao facto em questão a regra especial da importação de mercadorias. A dúvida que poderia suscitar-se, era—si não é licito ás provincias, a bem da immigração, que tambem lhes cabe promover, adoptar uma das mais efficazes medidas, a repulsa do trabalho escravo. A legalidade do fim, que justifica neste caso o meio admittido no Rio Grande, é o que autorisa igualmente as leis provinciaes recentes sobre a emancipação.

Não é com a logica sómente que se governam os Estados. Hão de outras considerações prevalecer, que suavisem os rigores das doutrinas exclusivas. Mais funesta porém, do que a logica doutrinaria, é a hyperbole ajudada pela confusão.

Um exemplo disto é a memoravel controversia sobre taxas itinerarias, erroneamente equiparadas a direitos de importação. Mandava uma lei do orçamento de Minas Geraes cobrar 4$ por cada animal, que entrasse com generos de commercio, e mais em proporção sendo o transporte em carro ou barco. Posto que revogada pela assembléa geral em 1845, a mesma disposição continuou nos orçamentos posteriores da referida provincia, sob incessantes reclamações do conselho de estado. Em 1853, porém, Alves Branco tentou dissipar a confusão em que assentára o precipitado juizo do parlamento. Direitos de importação, segundo elle, eram propriamente rendas que se deduziam do valor das mercadorias procedentes de paizes estrangeiros, na sua primeira introducção no imperio. « A provisão de 7 de abril de 1818, acrescentava, deu particularmente o nome de direitos de importação áquelles que pagavam as mercadorias que vinham do estrangeiro, *e só a estes direitos se refere o acto addicional.* As taxas que impozeram Minas, S. Paulo, etc., em bestas que ahi entram, são verdadeiras taxas itinerarias que antigamente já existiam, e seria muito fóra de razão que os commerciantes que negociam em animaes pelas provincias, usassem e estragassem as estradas sem nada pagar para o seu concerto; o que se pretende impedir de provincia a provincia está-se pagando de uma rua para outra, aqui mesmo dentro da capital. » Não obstante as decisivas allegações desse estadista, não ficou esgotada a questão.

Apezar da constante opposição do thesouro, do conselho de estado e dos avisos, o mesmo imposto hade prevalecer nos orçamentos das provincias interiores, sob essa ou outra fórma qualquer. O proprio visconde de Uruguay inclina-se a reconhecer a justiça de consentil-o a taes provincias, para com o producto delle construirem e beneficiarem estradas, ou melhorarem a navegação de rios. Recorrendo, entretanto, a uma subtileza, admitte taxas itinerarias sobre productos de outras provincias ou de outros municipios da mesma, mas repelle-as lançadas sobre mercadorias estrangeiras remettidas da provincia onde entraram primeiramente para outra central ou interior (§ 224). Acaso, porém, padece dúvida que o que está prohibido ás assembléas é o imposto de importação, que literalmente significa direito *de entrada no imperio?*

Nossa intenção não é repellir limites razoaveis á faculdade das assembléas, mas combater as invasões do governo central. Todos os poderes são limitados; no assumpto que nos occupa, é mister, como nos demais, fazer um emprego prudente dos limites naturaes traçados ao poder provincial.

Não vótem as assembléas taxas prohibitivas, ou que directamente restrinjam o consumo, e, portanto, a importação de mercadorias nas alfandegas.

Não prejudiquem a outras provincias cobrando taxas excessivas de mercadorias em transito por seu território.

Não offendam a igualdade de tratamento estipulada em convenções internacionaes.

Não estórvem a livre circulação dos productos, não esqueçam a solidariedade dos interesses municipaes e provinciaes; guardem, em summa, o principio economico da liberdade de permutas : e então suas taboas de imposições não offerecerão sólido fundamento a queixas do governo central.

Si alguns actos menos regulares se incontram nas legislações provinciaes, não nos parecem elles de summa gravidade, nem merecem o ardor com que são condemnados. O estudo do assumpto não convenceu-nos de que haja sufficiente motivo para exagerações que apavoram. Frequentemente se depara na aliás mui valiosa obra do Sr. Uruguay uma exclamação contra a incerteza e a anarchia em que laboramos na ausencia de decisões da assembléa geral, a quem debalde tem sido affectos os pontos duvidosos. Quanto a nós, as medidas que se pediram ao parlamento, não fazem falta. Pediram-se na intenção de restricções infundadas; pediram-se muita vez para *interpretar* disposições clarissimas; pediram-se para que o legislador renovasse golpes de estado parciaes depois do valente golpe de estado de 1840. Si laboramos em confusão, gerou-a o conselho de estado: não fosse o proposito reaccionario, e o acto addicional ir-se-ia interpretando curialmente, sem tornar-se amarga decepção um systema inaugurado sob os mais lisongeiros auspicios.

§ IV. — *Imposto provincial de exportação; seu fundamento. Inconvenientes da taxa geral sobre productos exportados.*

As republicas federaes da America attestam o seu progresso economico preferindo, como os povos europeus, rendas interiores e impostos directos a taxas sobre a exportação dos productos.

Nos Estados-Unidos nem o congresso, nem os estados podem tributar a exportação. « Nenhuma taxa, nenhum direito, diz a constituição (art. I, sec. 9ª, § 5º), se poderá lançar nos artigos exportados de qualquer dos estados. »[1] Segundo a constituição argentina (arts. 4º, e 67 § 1º), o imposto de exportação, emquanto subsistisse, não poderia ser provincial; cobral-o-ia o congresso como renda supplementar, mas só até 1866, devendo cessar dahi em diante. Da mesma sórte, nos Estados-Unidos de Colombia, nem ao governo de cada um delles, nem ao federal é licito gravar as mercadorias destinadas á exportação (art. 6º, § 4º da sua constituição).

A adopção deste principio era singularmente favorecida nos Estados-Unidos pelo systema de impostos, a que já alludimos. Desistindo dessa renda, o governo federal e os locaes, para formarem as suas receitas, recorriam ousadamente ás imposições directas. Era razoavel que não tributasse a sua producção o povo que desde o começo se habituára a pagar uma taxa geral sobre a propriedade. Eis ahi o que cumpre não perder de vista na porfiada disputa de que ha sido objecto entre nós o imposto de exportação. Nossas provincias achavam-se porventura nas condições dos Estados-Unidos, para de subito converterem em um largo systema financeiro esses variados fragmentos de receita, os dizimos, alcavalas, sizas e fintas, trasladados para seus orçamentos?

---

[1] Comquanto a constituição permitta aos estados, mediante consentimento do congresso, cobrar taxas de exportação e de ancoragem (art. I, sec. 10 §§ 2º e 3º), e ultimamente o congresso mandasse perceber direitos do algodão do Sul, a regra geral é não auferir renda dos productos nacionaes despachados, seja para o exterior, seja de um para outro estado da União. De facto, não ha ali similhante imposto, e parece que nem se chegou a executar a medida excepcional sobre o algodão.

No acto addicional, redigido aliás sob a influencia das instituições norte-americanas, deixou-se mui sabiamente de transcrever a prohibição que é expressa na lei dos Estados-Unidos. E, bem adverte o Sr. Uruguay (§ 227), ommittiu-se a palavra — exportação, « talvez porque na divisão da renda tinha de ser dada ás provincias uma quóta sobre a exportação dos generos de sua producção, e antolhava-se extremamente difficil dotal-as por outro modo, sem uma completa revolução no nosso systema de impostos. »

Custa, entretanto, conceber que ainda se repute duvidosa a competencia das assembléas para cobrarem essa taxa, e que o proprio autor citado julgue preciso o parlamento resolver si podem ellas impôr, não sómente sobre a exportação para fóra do imperio, mas de umas para outras provincias, ou de um municipio para outro da mesma (§ 241). Quanto a nós, onde o acto addicional não distingue, não podemos nós introduzir distincções arbitrarias; o que elle não prohibe, não se poderia com justiça prohibir ás provincias.

Não contestamos que vexadores impostos de exportação retardem a prosperidade das industrias, inconveniente de notoria gravidade; mas o direito das provincias a essa renda é tão claro, como é certo que para a mór-parte dellas não ha actualmente outra mais abundante. Demais, e não se deve esquecel-o, no imposto de que se trata nada ha de novo sinão a fórma indirecta da percepção. Elle substituiu, em todo ou parte, o antigo dizimo dos productos da lavoura e da criação.

A incidencia desse imposto oppõe-lhe como limites a capacidade da industria nacional, o respeito da solidariedade dos interesses do productor e do consumidor, a maxima liberdade das permutas. Mas, em vez de combater algumas das taxas provinciaes de exportação pela sua inconveniencia economica, atacou-as o conselho de estado pelo lado da legalidade. Invariavelmente, sobretudo em 1853 e 1854, renovou elle neste ponto a porfiada contenda que traz com as provincias sobre quasi todos os impostos. Em 1863, porém, dizia uma consulta: « Tal é já a convicção *dos presidentes* relativamente á legalidade dos impostos de exportação, que nem duvidam já da competencia das assembléas provinciaes para os crearem. » E concluia com esta hyperbole: « Este modo de raciocinar e proceder em breve acabará com o vinculo politico que constitue a integridade do imperio. »

O direito das provincias é, com effeito, tão patente que o não contrariam os proprios delegados do governo central. Cessem, pois, as dúvidas sobre a competencia das assembléas. Todas sem excepção tributam a exportação, por meio de taxas proporcionaes ou fixas, sobre todos ou os mais importantes dos productos. E' um facto consumado.

Verba importante do orçamento de todas ellas, em algumas a taxa de exportação fornece dois terços da receita. Deve, porém, continuar a simultanea imposição de um tributo geral e outro provincial sobre os productos nacionaes? Eis ahi uma questão que, em nosso intender, ha de solver-se de modo opposto á doutrina do conselho de estado.

E' forçoso reconhecer que alguns productos acham-se sobrecarregados: a gomma elastica do Pará paga direitos municipaes, provinciaes e geraes, que prefazem 25 % do seu valor; pagam igualmente os couros e xarque do Rio Grande do Sul 12 %, que difficilmente lhes permitte affrontar a concurrencia de productos similares dos Estados do Prata.

E' o governo central, porém, que, em vez disputal-o ás provincias, devêra dar o exemplo de renunciar ao imposto de exportação. Fóra este o mais curto caminho para totalmente abolil-o.

Como é que, depois de quasi 50 annos de chamado governo representativo, ainda não insaiámos, sinão agora em limitada escala, um systema de imposições directas? Não póde ainda o thesouro dispensar esses tributos seculares, rendimentos do erario de D. João VI? Abertos novos titulos de receita publica, a necessidade a que logo cumpria attender era a abolição da taxa geral sobre os productos exportados. E' o que se patentêa considerando attentamente a natureza deste imposto.

Em verdade, não ha talvez nenhum mais desigual que a taxa uniforme de tantos por cento sobre a exportação. Não attende ella á differença dos gastos de producção de cada industria nacional, que aliás não são todas igualmente remuneradoras: a gomma elastica, o algodão e o café pagam sem vexame taxa que geralmente não soporta o assucar. Não attende tambem, sob o ponto de vista de um mesmo artigo, o café por exemplo, á força productora, aos meios de transporte, ás variaveis condições economicas das diversas provincias. Evidentemente a taxa uniforme é mais onerosa para o algodão colhido nas longinquas margens do S. Francisco, que para a producção dos valles do Parahyba ou Tieté, onde circulam trens de duas estradas de ferro.

Sendo preciso prorogal-o até que o substituam contribuições directas, o imposto de exportação se reserve para as provincias, supprimida essa verba da receita geral. O exame do assumpto nos leva, portanto, a uma conclusão bem differente da doutrina sustentada sob a influencia de preoccupações centralisadoras.

Em quanto, porém, subsistissem ambas as taxas, fôra mais economico que o governo central e o das provincias se combinassem para a arrecadação commum por meio das alfandegas. Da mesma sórte, quanto á dos impostos directos e todas as rendas interiores, devêra o governo servir-se das agencias provinciaes. Os dous poderes pagariam, proporcionalmente, as despezas de percepção em ambos os casos. Este expediente fôra desde o começo aconselhado por Hamilton : « E' provavel, dizia elle, que a administração federal.... sirva-se dos empregados e da autoridade dos estados para arrecadar o imposto addicional (lançado sobre objectos já taxados pelos governos locaes): pelo menos seria isto mais favoravel aos seus interesses financeiros, porque pouparia despezas na arrecadação, e não daria aos estados e ao povo occasiões de descontentamento. » [1]

[1] *O Federalista*; cap. XXXVI.

§ V.—*Novas fontes de receita provincial:* o imposto territorial.

Carecem as provincias alargar os estreitos limites da sua parca receita; carecem fundar a verdadeira instrucção popular, abrindo escolas por toda a parte e confiando-as a mestres idoneos. Ora isto exige o dispendio de sommas consideraveis, que não comportam os seus modestos orçamentos. Dahi a necessidade da taxa escolar, contribuição eminentemente local, de que tratámos no lugar competente (Cap. I, § 2°). Não é este, porém, o unico imposto novo, que se offerece aos legisladores provinciaes. Outro occorre igualmente, e assaz o recommendam elevadas considerações economicas.

Acelerar a divisão das terras, combater a tendencia para desmedidas propriedades incultas, é remover o mais formidavel obstaculo ao estabelecimento de immigrantes espontaneos nos districtos proximos dos actuaes mercados. Por outro lado, é acaso justo que proprietarios beneficiados pelas vias de communicação, construidas e mantidas á custa de todos os contribuintes, deixem de concorrer para novos melhoramentos materiaes? Eis o duplo fim do imposto territorial que ha muitos annos se tenta crear.

Em 1843 incluiu-se no projecto da lei das terras um artigo que o decretava; e foi a questão agitada até 1850, rejeitando-se afinal a medida. Adoptando, com certas modificações, a proposta da commissão nomeada pelo ministro do imperio em 1849, renovámos em 1867 a mesma idéa. [1]

Divergem os differentes projectos quanto ás taxas propostas, o que se explica principalmente pela ausencia de estimativas da renda da terra. Entretanto o imposto de que se trata não merece crear-se com taxas tenuissimas, que mal preencham o alto fim economico da sua instituição.

Talvez por se esquecer uma circunstancia essencial, não se pôde graduar bem a tarifa da nova imposição. Na verdade, differindo profundamente as condições economicas da industria agricola e da propriedade immovel em cada provincia, ou pelo menos em cada região do imperio, não fôra nem prudente nem justo converter o novo tributo em renda nacional. Facil é reconhecer que só as assembléas poderiam graduar a contribuição das terras pelo valor dellas

---

[1] Propuzemos um imposto sobre terrenos cultos ou incultos, na razão seguinte:

— Por cada quadrado de cem braças de lado, ou superficie equivalente: 1.º Na zona de 5 leguas de cada margem das estradas de ferro, estradas de rodagem, canaes, e vias navegadas a vapor, 2$000; 2º. Nas demais terras de cultura, 200 réis.; 3.º Nos campos de criação, 100 réis.

— Por cada braça quadrada: 1.º Nos suburbios da cidade do Rio de Janeiro, dois réis; 2.º Nos das capitaes de provincia, um real; 3.º Nos das cidades maritimas, meio real.

Em uma memoria do Sr. I. Galvão lembra-se a taxa fixa de 50 réis por hectaro, que corresponde a 250 réis por alqueire, e a 50$ por sesmaria de meia legua em quadro. Esta taxa seria oito vezes menor do que a primeira do nosso projecto para a zona das vias de communicação.

A revista do *Diario do Rio* de 23 de janeiro de 1869 lembrava a taxa uniforme, muito mais forte, de 500 réis por acre, igual a quasi 6$000 por alqueire.

e pelo lucro do proprietario, afrouxando ou apertando a taxa conforme a capacidade da materia contribuinte.

Que se não repute esta idéa fructo de opiniões systematicas. Vóte-se um imposto geral sobre as terras, e logo se patenteará a grave offensa da primeira das regras no lançamento de impostos, a proporcionalidade. Tudo quanto ponderámos a respeito dos inconvenientes da taxa nacional sobre a exportação (§ IV), se póde repetir aqui da mesma fórma. Com effeito, quão desiguaes os valores das terras nas diversas regiões do Brazil, dentro ás vezes de uma mesma provincia! quão differentes as condições que aos proprietarios faz a ausencia ou a facilidade de meios de transporte! Um territorio cortado por estradas de ferro assemelha-se acaso aos municipios apenas servidos por algumas picadas e pontilhões? Um municipio productor de algodão ou café compara-se, em riqueza e capacidade tributaria, com os de generos alimenticios ou criadores de gado? A pequena propriedade agricola do norte, do Ceará por exemplo, deveria ser vexada por uma taxa igual á necessaria para promover a diminuição das grandes propriedades do Sul mantidas com o trabalho escravo?

Outro inconveniente da conversão do novo imposto em renda geral, seria impedir as provincias de abandonarem a taxa indirecta sobre a exportação logo que adoptassem a taxa directa sobre a propriedade. A primeira se excusa sómente como substitutiva da segunda; podem ambas coexistir, mas, sem os recursos fornecidos pelo imposto territorial, não é licito esperar que as provincias renunciem a uma de suas mais abundantes rendas.

Ainda quando não attingisse ao resultado de acelerar a divisão das propriedades e de impedir a pósse de vastas áreas incultas, o novo imposto seria dos mais fecundos para as provincias, habilitando-as a emprehender trabalhos de interesse geral.

A' mór parte dellas fallecem terras que possam ser occupadas por immigrantes, porque os possuidores actuaes recusam vender as que reunem as condições de fertilidade e proximidade das povoações e estradas. Ora, não ha immigração sólida sinão fundada sobre a propriedade territorial. O que cumpre então fazer? Cumpre que cada provincia affronte a difficuldade, resolvendo a questão radicalmente: isto é, compre ou desapróprie desde já, na direcção das estradas de ferro *em estudo*[1], lótes alternados, que se vendam unicamente a immigrantes. Para occorrer ás necessarias despezas, bastaria parte do producto do imposto, cuja creação propomos.

Apressem-se as provincias; porquanto, si forem negligentes, acontecerá coisa bem singular: a estrada de ferro, que deve de attrahir immigrantes, ha de afugental-os pela exageração que communica ao preço

[1] A lei de 27 de setembro de 1860 autorisou o governo a comprar terrenos nas proximidades das estradas de ferro para estabelecimento de colonias, ficando para isso em vigor o credito especial de 1856. Si a acquisição de terras se reservar para depois de construidas as estradas, não se verificará nunca, attento o excessivo preço a que os novos meios de communicação elevam as propriedades vizinhas.

das terras. Não é paradoxo : prolongada, por exemplo, a estrada de ferro « Pedro II » até o valle do Rio das Velhas, um alqueire de terra que hoje custa 40$, preço toleravel para certa classe de immigrantes (quatro réis por braça quadrada), valerá dez vezes mais, ficando totalmente acima do alcance mesmo daquelles que apórtem com pequenos capitaes. Então, para determinar a divisão das áreas incultas, fôra mister um imposto territorial exagerado, e os inconvenientes disto são manifestos. O remedio seria a terra devoluta, mas o Estado não a possue nessa região. Entretanto, Minas, como todo o oeste do Brazil entre o alto S. Francisco e o Paraná, é um territorio fadado para a immigração européa. Não é triste que o regimen da centralisação haja impedido as provincias de attenderem a este e outros assumptos de igual importância?

Nem a falta de terras será sensivel sómente para os colonos ; sel-o-ha tambem, como em alguns districtos do sul dos Estados-Unidos, para os emancipados que, reunindo algum capital, queiram estabelecer-se em propriedade sua. Ora, é do maior interesse nacional a generalisação da pequena propriedade, tanto como a rapida conversão do simples trabalhador em proprietario, seja cada um isoladamente, seja por contracto de parceria ou outra fórma cooperativa.

Mas onde incontrar, perto de rios e estradas, terras a preço modico, si todas estão apropriadas? Só o imposto territorial e a prévia desapropriação de áreas incultas, á margem dos futuros caminhos de ferro, podem resolver a enorme difficuldade que legou-nos a imprevidente politica das prodigalisadas doações de sesmarias.

§ VI.— *Fusão das imposições provinciaes : taxa directa sobre a propriedade.*

Será forçoso ás provincias manter, ainda por muito tempo, a mesma variedade de taxas que compõem a sua receita. Entretanto, não menos que o governo geral, se devem ellas aproximar do ideal da maxima simplicação das imposições, pois com isto obtem-se tambem um resultado financeiro, o de reduzir as despezas de percepção, além de um grande effeito politico, o menor incommodo do povo.

O proprio imposto territorial de que acima tratámos, é apenas elemento auxiliar de um systema transitorio de contribuições. Elle facilitaria, porém, a combinação definitiva assentada na taxa directa sobre toda a propriedade.

Fôra, em verdade, mais economico fundir as varias contribuições provinciaes, directas e indirectas, em um imposto sobre a riqueza movel ou immovel de qualquer especie. Em vez da longa lista de pequenas taxas estereis, de difficilima arrecadação, teriam as provincias, como fonte de renda principal, sinão unica, uma quóta parte da fortuna dos seus habitantes.

A verdadeira receita de cada cantão suisso deriva-se de uma só taxa directa, que se eleva, na mór-parte delles, a 1 $1/2$ sobre cada mil francos de propriedade.

Ajuntam-lhe, é certo, alguns cantões impostos in-directos. E' esta tambem a base do systema financeiro dos estados anglo-americanos. Assim como o governo federal, antes da recente guerra, auferia a sua receita de dois capitulos quasi sómente,—direitos de importação e venda de terras,— assim os Estados limitam-se a dois ou tres artigos, sendo o mais valioso, imposto modelo, a taxa proporcional ao valor das riquezas. Tomemos um exemplo. No florescente Illinois, um dos principaes do oeste (cêrca de 2,500,000 de habitantes), a receita provém, em primeiro lugar, da taxa de *dois e meio millesimos* sobre o valor da propriedade de qualquer classe, e mais *um e 1/5 de millesimo* sobre o mesmo valor com aplicação especial ao pagamento de juros da sua divida. [1] A essas duas verbas, que

---

[1] Para a arrecadação da taxa fixa de tantos millesimos sobre a propriedade, é esta devidamente avaliada pelos commissarios do estado : recentemente se tratava de crear uma repartição de estatistica privativa do Illinois para facilitar as avaliações dos bens e o lançamento do tributo. Em 1868 a estimativa da propriedade existente nesse estado, para a cobrança da referida taxa, deu o seguinte resultado:

A. *Propriedade pessoal ou movel* · 124,183,395 dollars. Comprehendendo: —animaes, 54,025,000 dollars (valor de 854,842 cavallos e mais de 6 milhões de outros animaes) ;—carros, carroças, wagons (no valor de 6,279,000 dollars);—relogios ; — pianos (no numero notavel de 10,396 pianos); —mercadorias em geral ; — propriedades de banqueiros e corretores ; — artigos manufacturados; —papeis de credito e moeda:— titulos de divida, acções de companhias, etc. ;—acções de bancos;—e diversas.

B. *Propriedade real ou immovel*: 340,093,518 dollars. Comprehendendo :

I. Caminhos de ferro, 14,189,931 dollars, a saber: propriedade immovel dos caminhos de ferro, 1,770,659 dollars ; — 2,540 milhas de estradas, 6,976,466 dollars ;— material rodante, 4,978,343 dollars; — propriedade movel das emprezas, 464,463 dollars.

A PROV.

então produziram cêrca de 3,200,000 dollars, acrescem a taxa escolar, o rendimento de um caminho de ferro do estado, e o producto de terras vendidas, além de outros proventos secundarios, como execuções contra contribuintes relapsos, indemnisações, etc. Com estas fontes de renda, arrecadava o Illinois em 1863 a somma de 3,600,000 dollars, que aliás elevou-se muito acima nos annos posteriores.

Este orçamento ordinario de 7,000 contos (não contemplando os recursos obtidos pelo mesmo estado para as suas grandes despezas militares durante a rebellião do Sul) não parecerá modesto si considerarmos quão descentralisada é a administração naquelle paiz, onde os municipios e as cidades despendem sommas avultadas, e emprezarios e associações realisam muitos melhoramentos mediante as taxas especiaes que se lhes permitte cobrar.

Tamanha simplicidade financeira, que não é pecu-

II. Terras aproveitadas (21,312,790 acres) . . .	131,137,858
Bemfeitorias nas terras	46,929,073
	178,102,031 dollars.
III. Terras incultas (11,022,309 acres).	44,240,247 »
IV. Terrenos trabalhados das cidades (222,146 lotes)	38,556,591
Bemfeitorias nesses terrenos urbanos	47,206,066
	85,762,657 »
V. Terrenos nas cidades sem bemfeitorias (267,477 lotes).	17,799,842 »

liar do Illinois, mas se incontra em grande parte da União, não é só um magnifico attestado da alta civilisação do povo americano; é tambem poderoso elemento de força, pois fornece ao congresso, em caso de guerra, como ha pouco se viu, o meio de levantar sommas consideraveis addicionando á contribuição local uma taxa federal extraordinaria, cobrada simultaneamente com a taxa dos estados pelos collectores destes.

Mas, já o dicemos, longe estamos deste ideal; e, para as nossas provincias, com effeito, a medida urgente é fornecer-lhes recursos correspondentes ás despezas da descentralisação. Isto nos leva a mostrar, antes de concluir, que é forçoso transferir ás provincias certas rendas absorvidas pelo thesouro nacional.

§ VII. — *Impostos geraes que se póde transferir ás provincias. Correspondem á despeza dos serviços que devem ser descentralisados.*

Não é certamente novas fontes de receita o que mais reclamam as provincias; desgraçadamente, como acabamos de vêr (§§ II, III e IV), estão ellas a disputar a pósse do pouco que lhes coubéra na partilha. Mas, para melhor julgar dos embaraços oppostos desde 1840 ao desinvolvimento da sua renda, recordemos a parcimonia com que lhes cederam em 1835 alguns dos impostos geraes.

Eis a apuração das rendas que lhes deixára uma lei desse anno:—contribuições de policia, decima urbana, decima de heranças e legados, direitos de portagem, imposto sobre aguardente, imposto sobre libra de carne, passagens de rios, novos e velhos direitos, venda de proprios provinciaes, dizimos, quóta especial do dizimo do assucar, quóta especial do café, terças partes de officios, direitos de chancellaria (que depois volveram á renda geral), imposto nas casas de leilões e modas, emolumentos de passaportes, emolumentos de visitas de saúde, imposto sobre séges, e bens do evento.

Dessas, eram as seis ultimas quasi improductivas, verbas de receita nominaes; e, adverte um escriptor insuspeito, dentre ellas só os dizimos do café e assucar offereciam recursos abundantes [1]. Desta sórte, bem se comprehende que tornou-se inevitavel o lançamento das taxas de exportação e das outras, que tantas vezes teem sido exprobradas ás provincias.

Legados pela desordem financeira do primeiro reinado, *deficits* permanentes affligiam o Estado; a uma deploravel guerra externa succediam commoções intestinas: acaso podia então o legislador privar o thesouro de recursos que era difficil substituir por novas combinações financeiras? Fazendo uma partilha provisoria, elle esperava talvez que o futuro removesse bem depressa o obstaculo momentaneo; pelo contrario, porém, adiando a difficuldade, a reacção perpetuou o provisorio.

---

[1] Uruguay, *Estudos praticos*; § 202.

A classificação de 1835 prevaleceu quasi inteira até hoje, continuando como geraes certas verbas de receita que em rigor seriam provinciaes. Ora, da actual lista das rendas interiores que o Estado arrecada nos municipios, poder-se-ia deduzir, para transferil-as ás provincias, as seguintes contribuições:

— Imposto da transmissão de propriedade, abrangendo as antigas sizas e sellos de heranças e legados;

— O das industrias e profissões;

— O pessoal e dos vencimentos;

— A taxa dos escravos:

— A decima addicional das corporações de mão-morta;

— O sello do papel fixo e o proporcional;

— Os impostos da mineração diamantina e datas mineraes;

— Os fóros e laudemios de terrenos em geral e dos de marinhas, rendimento aliás mais proprio das municipalidades.

Receia-se que estas alterações desequilibrem o orçamento? Vejamos si a questão financeira embaraça as indeclinaveis reformas administrativas, cuja restauração propomos.

O producto, recolhido nas provincias, dos impostos mencionados (6,174 contos, segundo o orçamento de 1870) corresponde justamente á importancia dos serviços centralisados depois de 1840.

Quaes são, na verdade, as despezas que, posto comprehendidas hoje no orçamento do imperio, já foram provinciaes ou o devam ser?

Quando em 1832 tratou-se de descriminar isto, propoz o deputado Lédo um projecto, cujo artigo 4º dizia: « As despezas provinciaes são todas as de tracto successivo com sua administração civil, eclesiastica, judiciaria, policial. » A esta laconica expressão do sentimento geral obedecia a lei de 24 de oitubro do mesmo anno classificando nos serviços locaes as seguintes rubricas da despeza publica:

— Presidencia, secretaria e conselho do governo, dos quaes, supprimido o ultimo, só o segundo continúa como tal, tendo-se devolvido o primeiro á despeza do Estado em virtude do acto addicional;

— Justiças territorriaes, que no exercicio de 1843—44 começaram a ser de novo comprehendidas no orçamento do imperio, conforme a organisação da lei de 3 de dezembro de 1841;

— Empregados da colonisação e cathechese, e os da vaccina e saúde (excluido o da visita maritima, segundo declaração posterior), os quaes todos foram ulteriormente voltando á despeza geral;

— Parochos, que só em 1848 a lei do orçamento incluiu entre os serviços nacionaes;

— Seminarios, que ainda mais tarde começaram a ser auxiliados pelos cofres do Estado;

— Finalmente, as cathedraes, que, consideradas da mesma fórma serviço provincial por lei de 1834, voltaram ao geral por outra de 1846.

Aceitemos a base da legislação contemporanea do acto addicional, e a completemos acompanhando o espirito desta reforma. Eis os serviços que consideramos provinciaes, com o algarismo da despeza estimada em uma recente proposta do poder executivo (1869):

1.º Governo das provincias, sendo: — Presidentes, inclusive adjudas de custo, 163:000$;—Secretarios e serviço dos palacios, 72:210$.

2.º Culto publico, a saber:—Bispos, 64:400$;—Cathedraes, 168:136$ [1]; —Obras nas cathedraes, segundo a despeza feita no exercicio de 1866-67, 10:000$; —Seminarios; 115:000$;—Parochos, 792:500$ [2].

3.º Justiças de primeira instancia e adjudas de custo, 1,380:000$ (comprehendido o recente augmento dos vencimentos).

4.º Policia (seus chefes, repartições e auxiliares nas provincias), 300:111$.

5.º Guarda nacional, sua instrucção, armamento e equipamento, 129:384$.

6.º Inspectores de saúde publica, 5:600$.

7.º Instituto de educandas do Pará, 2:000$

8.º Engajamento de immigrantes, seu transporte ao Brazil, agencias e hospedarias; serviço das colonias, suas estradas e obras, 511:000$. (Consideramos ge-

---

[1] Na Belgica, onde, como se sabe, apezar da separação da Igreja e do Estado, não se supprimiram as dotações dos cultos, ás provincias é que incumbe o serviço das cathedraes e o dos palacios episcopaes : não entra isto no orçamento nacional.

[2] Si fosse a Igreja livre no Estado livre, quem devêra de propôr o parocho sinão os fieis, e, emquanto não é, quem devêra apresental-o sinão a municipalidade directamente ao bispo ? Entretanto, o provimento dos beneficios eclesiasticos nas provincias deve de ser restituido aos presidentes, a quem isto já competiu : antes mesmo do acto addicional, o decreto de 25 de novembro de 1833 declarára pertencer-lhes essa attribuição por virtude da lei da regencia.

raes sómente as despezas com as repartições das terras publicas e medição destas, orçadas em 390:000$.)

9.º Catechese de indios, 80:000$.

10. Garantia provincial de 2 por cento ás companhias das estradas de ferro da Bahia e Pernambuco, adiantada actualmente pelo governo geral, 533:333$ (não se contemplando a de S. Paulo por já ser nominal).

11. Auxilio a obras provinciaes, 150:000$.

12. Subvenções á navegação a vapor dentro de uma só provincia, ou limitada a grupos de provincias mais vizinhas, sendo.

— Da costa do Maranhão e extremo Norte, 192:000$;

— Da de Pernambuco e litoral proximo, 134:000$;

— Da Bahia, idem, 84:000$;

— Interna de Sergipe, 12:000$;

— Do Espirito-Santo e Campos, 90:000$;

— Do Paraná e Santa-Catharina (linha intermediaria), 120:000$;

— Do rio Parnahyba, 48:000$;

— Do baixo S. Francisco, 40:000$;

— Do Amazonas, 720:000$;

— Dos seus affluentes (Madeira, Purús e Negro), 96:000$.

Incluindo aqui a somma de 1,380:000$, com que os cofres geraes subvencionam essas emprezas de navegação, suppomos que as provincias interessadas se auxiliem e intendam, celebrando os necessarios ajustes, para os quaes, em nossa opinião, não se lhes póde negar competencia (Cap. V, § 2º). Na lista não podia, porém, figurar a linha costeira do Sul ao Norte, que, sendo aliás duplicata em quasi toda a sua extensão, prejudica á prosperidade das companhias provinciaes, e parece não carecer do sacrificio das subvenções depois de inauguradas tantas linhas transatlanticas.

A importancia total dos serviços acima enumerados é 6,012 contos, segundo a estimativa dos orçamentos; a effectiva, porém, é 400 contos menor, ou 5,612. Ora, como produzem 6,174 contos os impostos transferiveis ás provincias, o orçamento geral não seria desequilibrado pela simultanea descentralisação de serviços e rendas interiores, que propomos. Resta averiguar si cada uma das provincias póde satisfazer desde já, com a sua quóta dessas rendas, á correspondente despeza paga pelos cofres geraes.

Para dissipar dúvidas, verificámos os algarismos officiaes, consultando o balanço de 1866—67 quanto á despeza, e relativamente á receita o orçamento de 1869, onde já figuram as estimativas do novo imposto pessoal e dos augmentos decretados em 1867. O resultado deste exame pareceu-nos satisfactorio.

Metade das vinte provincias,—Rio de Janeiro, Minas Geraes, Rio Grande do Sul, S. Paulo, Pernambuco, Bahia, Ceará, Alagôas, Sergipe e Mato Grosso, — fariam a despeza que lhes tocasse, auferindo até as seis primeiras saldos mui consideraveis, e as tres seguintes um pequeno lucro.

Offereceria a Parahyba o insignificante *deficit* de 8 contos, o Rio Grande do Norte de 24 e Goyaz de 61, que aliás desappareceria, nas duas primeiras, com menor consignação para certas verbas variaveis.

Si não levassemos á conta do Pará o subsidio da navegação do Amazonas, inaugurada aliás sob a influencia de nossa politica exterior e em nome de interesses nacionaes, apresentaria aquella provincia um saldo consideravel. O Maranhão, onde tambem se verifica outro, poderia pagar, com identico auxilio do Ceará, a subvenção dos vapores que percorrem esta parte da costa.

Da mesma sórte, deduzida a verba da navegação, o *deficit* do Piauhy e do Alto-Amazonas não excederia a 32 contos.

Saldo, não *deficit*, haveria em Santa-Catharina, Paraná e Espirito-Santo, si não fôra a despeza, relativamente consideravel, que em virtude de antigos compromissos faz o governo com a colonisação na primeira dessas provincias, e com o mesmo serviço e o da navegação nas duas outras.

As sete provincias mencionadas em ultimo lugar poderiam evitar o *deficit* proveniente dos contractos de navegação ou do serviço de colonias ainda mantidas pelo Estado, quer diminuindo as despezas correspondentes, quer elevando proporcionalmente as taxas dos impostos que lhes fossem cedidos. Assim, esta agravação das contribuições internas, limitada a poucas provincias sómente, não prejudicaria áquellas que já arrecadam renda sufficiente. Por outro lado, o governo procederia com muita equidade não refusando o pagamento das subvenções, durante o resto do prazo estipulado nos contractos, á navegação do Amazonas, á dos seus afluentes e á de algumas secções da costa. Ao cabo de poucos annos, expirados os contractos, qualquer das provincias interessadas se achará habilitada para satisfazer á despeza, sendo que nessa época hão de as companhias contentar-se com subsidios menos elevados, e provavelmente algumas poderão dispensal-os, as do Amazonas, por exemplo.

Na hypothese, porém, do governo geral continuar o pagamento de taes despezas superiores ás forças das referidas provincias, conservasse elle a renda do imposto do sello, que (sem incluir a arrecadação do municipio neutro) produz no imperio 1,800 contos, somma sufficiente para esses encargos da navegação a vapor e da colonisação.

Privadas as provincias desta verba de receita, não augmentar-se-ia, comtudo, o numero das que offerecessem *deficit*; apenas o de algumas elevar-se-ia um pouco mais.

Finalmente, deixemos certificado que todas, tirante sómente Goyaz, Amazonas, Piauhy e Rio-Grande do Norte, estariam habilitadas desde já, mediante as rendas indicadas, para fazerem os gastos da sua administração local, — policia, justiça, guarda nacional e culto publico. Dez a quarenta contos de receita supplementar bastariam ás quatro exceptuadas para equilibrarem os seus orçamentos.

Sem agravar as circunstancias do thesouro, nem acarretar onus excessivo ás provincias menos florescentes, a reforma da descentralisação se recommenda por muitas vantagens. Cessariam desde logo as repetidas disputas e obstaculos oppostos pelo governo imperial ao augmento do numero das comarcas e parochias. E muito mais ganharia o Estado com a restauração das franquezas locaes. Ella permittir-lhe-ia diminuir as despezas de arrecadação, quer por cessar nas provincias a cobrança de impostos interiores, que exigem numeroso pessoal, quer porque o nosso thesouro, imitando o exemplo do dos Estados-Unidos, poderia servir-se dos mesmos agentes dellas para recolher nos municipios as rendas dessa especie que lhe restarem. Não é tambem para desprezar a possibilidade de simplificar-se a administração central, attento o numero de negocios que, expedidos actualmente pelas secretarias de estado, passariam a sel-o pelas de cada uma das presidencias. Finalmente, reforçadas com alguns abundantes recursos, restituidas á sua autonomia administrativa, não duvidariam as provincias organisar efficazmente as guardas municipaes e os corpos de policia. Então, dispensado o exercito do serviço de pequenos destacamentos, facil fôra reduzir a força pública aos limites compativeis com as circunstancias do thesouro e a liberdade do cidadão.

O exame das restricções feitas ao poder provincial em materia de impostos;

A indicação das rendas geraes que, transferidas ás provincias, podem habilitar os seus governos para as despezas da descentralisação;

A proposta de novas fontes de receita local, umas das quaes tenha privativa applicação ao desinvolvimento do ensino publico:

Taes eram os tres pontos, que desejavamos submeter áquelles que não reputam uma questão resolvida quando apenas se lhe descobriu um nome, ou entreviu-se o seu contorno geral. Não terminaremos, porém, sem volver a idéas em que nos parece necessario insistir.

Si é certo que sem avultados orçamentos póde um povo prosperar, quando a iniciativa individual e o espirito de empreza supprem ou restringem a intervenção do Estado; é ainda mais indubitavel tambem que, sem liberdade politica e vigorosas instituições locaes, jamais um povo attingirá áquelle gráu de riqueza e bem-estar em que os mais pesados tributos são fardos ligeiros. Contemple-se a União Americana: não ha parte alguma do mundo onde enormes impostos sejam mais benevolamente soportados, do que nesse paiz venturoso que, pela maxima diffusão das luzes, por um systema democratico de governo descentralisado que traz o patriotismo em excitação constante, resolveu este difficilimo problema politico:—tornar os tributos suaves ao povo, tornando o povo o primeiro responsavel pelo bom ou máu governo do Estado.

Muita vez o desequilibrio das finanças favoreceu a conquista das liberdades e o exito das reformas. Pela nossa parte, estamos persuadido de que, na sinistra perspectiva de uma successão de *deficits* legados pela crise da emancipação, ha de o Estado ceder ao peso da carga exagerada pela centralisação : diante das reclamações de novos melhoramentos a que não póde attender, forçoso lhe será render-se ás exigencias das provincias impacientes. Ao governo imperial não resta mais, com effeito, que uma sahida segura : a larga estrada da liberdade. Dai-nos instituições livres, tereis boas finanças : conceito que o seculo XIX elevou a maxima de moral politica.

CAPITULO VII

INTERESSES GERAES NAS PROVINCIAS

Não parecerão escusadas aqui algumas reflexões sobre assumptos que, comquanto geraes, interessam de perto os habitantes das localidades.

Não bastará restituir ao poder provincial as attribuições lentamente usurpadas pelo governo central: por amor da commodidade dos povos, da liberdade do cidadão e da celeridade administrativa, é tambem necessario fazer processar e dicidir nas provincias os negocios nacionaes secundarios, e limitar os casos de despacho ou nomeação imperial.

Demasiadamente numerosos são os negocios geraes, que, ventilados nas provincias, nellas apenas se processam, para subirem, instruidos pelas autoridades competentes, ao despacho das secretarias de estado. Póde-se acaso desconhecer a lentidão a que isso obriga, e as dependencias que géra, por questões, algumas sem gravidade, outras insignificantes, e muita vez méras invenções do engenho protelador de funccionarios rotineiros?

Não é só isto, porém. Concentrada nas secretarias da capital toda a sórte de interesses, apurou-se o systema com a addição de novo vexame; as informações e consultas, multiplicadas na razão directa da pequenhez do objecto ou da inexperiencia do ministro. Vive a administração literalmente suffocada pela prodigiosa correspondencia official, próva sem réplica, não da fecunda energia do governo, mas da sua inercia esterilisadora.

Ninguem desconhece os inconvenientes de uma administração, cujos commissarios nas provincias e cujos proprios chefes na capital, méros intermediarios, são destituidos da faculdade de resolverem sobre os assumptos ordinarios, e despacharem o expediente de cada dia. A divisão da responsabilidade e o seu enfraquecimento, resultado das decisões *ad referendum* dependentes de acto definitivo do poder central; a protelação de todos, ainda os mais singelos negocios; a consequente exageração do funccionalismo, sempre reputado inferior ás exigencias de um expediente monstruoso; as têas de multiplicados regulamentos; as illusorias combinações do systema preventivo; a falta de iniciativa e autoridade propria nos mais elevados funccionarios, nivelados com os escreventes, de quem se distinguem sómente por titulos pomposos; o regimen da desconfiança, do chefe para com o seu delegado, e das repartições centraes para com as provinciaes: tornaram impotente e odiosa a administração brazileira, victima dos mais pungentes sarcasmos.

De muito depende, sem dúvida, melhorar tão imperfeita organisação do serviço publico; é evidente, porém, que um dos meios mais efficazes fôra simplicar o processo dos negocios nas repartições superiores e nas filiaes, deferindo-se a decisão de certos assumptos aos agentes auxiliares do governo, e reservando-se para este os altos negocios sómente. Já lembrámos nesse intuito a idéa de uma alçada, e onde fosse ella impossivel, as instrucções dos ministros indicassem os raros casos dependentes do despacho central.[1]

Nem propomos uma novidade. No projecto do acto addicional incluíra-se uma disposição, que infelizmente foi supprimida na votação da reforma. « Todos os negocios municipaes e provinciaes, dizia o art. 23, serão decididos e definitivamente terminados nas respectivas provincias, ainda que seu conhecimento tenha sido commettido a empregados geraes. »

Longe disto, prevaleceu a prática opposta, e os annos teem visto requintar este supplicio da concentração e protelação. Em vão conta o poder executivo em cada provincia, além do presidente, chefes particulares dos differentes serviços publicos, o financeiro, o militar, o naval, o postal: são méros intermediarios da administração superior, não são administradores activos.

Porque não se introduziria no nosso direito público a regra de que os agentes do poder central nas provincias são instituidos para plenamente representa-lo? Assim, por exemplo, porque hão de vir resolver-se no Rio de Janeiro todas as questões concernentes ao dominio nacional e ás minas? porque é que

---

[1] O decreto de 20 de abril de 1870, reorganisando as alfandegas, acaba de dar (art. 33) aos seus inspectores, e aos das thesourarias, uma alçada maior em questões de impostos, a qual aliás ainda se poderia alargar.

as thesourarias de fazenda não teriam competencia definitiva, mesmo nos assumptos do contencioso fiscal? não são delegacias do thesouro? Na propria França, os prefeitos deliberam por si, independente de autorisação dos ministros, em materia de contribuições directas e questões do dominio público. Poder-se-ia consagrar a regra da competencia definitiva das repartições provinciaes, com uma resalva sómente, que tudo previne: nos casos mais graves, seja a sua deliberação communicada á repartição central respectiva, para que a ratifique, ou annulle, dentro de certo prazo; e si o não fizer, decorrido este, intende-se haver tacitamente approvado. A difficuldade consiste em indicar os casos a exceptuar, mas não será tarefa insuperavel para homens experimentados na administração.

Ha, entretanto, assumptos que designadamente se poderia devolver ás autoridades residentes nas provincias: os conflictos de jurisdicção, por exemplo. E' o conselho de estado quem hoje conhece definitivamente dos que se suscitam entre autoridades administrativas, e entre estas e as judiciarias. Emquanto o presidente fôr delegado do imperador, não ha razão para que deixe elle de julgar todos os do primeiro genero, como álias dispunha a lei de 3 de oitubro de 1834 (art. 5º § 11); e, por outro lado, nada patentêa melhor a subordinação do nosso poder judicial do que o facto do conselho de estado decidir seus conflictos com a administração. As relações e o supremo tribunal, que resolvem os conflictos entre juizes, é que sem dúvida deveriam conhecer desses outros.

Da mesma sórte, como não condemnar a excessiva concentração da justiça operada, sob o nome de contencioso administrativo, pelo capitulo 3º do regimento do conselho de estado, regimento mais inconstitucional ainda que a lei de 23 de novembro de 1841? Todos os pleitos em que a administração geral é parte, onde quer que se ventilem, hão de ser processados e julgados pelo conselho de estado! Este refinamento de autocracia aos proprios conservadores espanta; querem attenual-o creando em cada provincia uma junta consultiva incumbida, entre outras, da faculdade de julgar em primeira instancia taes questões. Já fizemos a devida justiça a essa imitação franceza (Parte II, cap. I § 4º), e não cessaremos de repetir que a unica medida justa é devolver aos tribunaes communs a attribuição que usurpou-lhes um regulamento do governo.

Onde o povo não é pupillo do governo, simples e expedita é a marcha administrativa: conhecem os Estados-Unidos e a Inglaterra a péste designada pelo nome expressivo de papelada? Onde não é o povo que a si mesmo se governa, mas é o poder real que gére paternalmente os negocios da nação, a burocracia tudo domina, tudo enreda e prejudica com as suas fórmulas rotineiras. Uma reforma séria não deixaria, portanto, subsistir certas práticas das nossas repartições: urgente é simplificar algumas e abolir outras. Infelizmente a lei parece quasi impotente contra essas parasitas; só conseguirá erradical-as a perseverança de administradores illustrados. Não desdenhem elles essa obra de fastidiosas minucias; que disso depende tambem o melhoramento dos serviços publicos[1].

Desembaraçar a marcha administrativa é necessidade geralmente reconhecida. Ora, um dos maiores obstaculos á rapida expedição dos negocios é a originalissima maneira porque no Brazil funcciona o conselho de gabinete. Ha governos francamente absolutos, os da Europa quasi todos, talvez todos sem excepção, onde o rei intervem sómente nos casos de alta politica e alta administração; e nenhum Estado constitucional sabemos onde se use e abuse tanto da assignatura do monarcha, nem onde este assuma as prerogativas da trindade exprimida nesta maxima impertinente: o rei reina, governa e administra. Isso não

---

[1] V. as notaveis observações práticas que o Sr. Alencar, ex-ministro da justiça, consignou a p. 138 do relatorio de 1869, a proposito da respectiva secretaria.

Vivien não duvidou indicar as alterações precisas nas fórmulas das repartições. Lê-se no ultimo capitulo do vol. 1 dos seus *E'tudes administratives*: « Des formules imprimées d'avance pour tout ce qui est de pure forme, des signatures données par bordereaux pour tout ce qui n'est pas susceptible de vérification, de simples annotations au lieu de copies, des transmissions faites par un ordre écrit en marge au lieu de lettres, d'autres simplifications encore qu'il serait facile d'adopter, corrigeraient des habitudes créées sans doute par des commis inutiles, qui voulaient se donner quelque chose à faire. Il est juste de dire que quelques ministres sont entrés dans cette voie. Il importe que leur exemple soit suivi, et qu'en dépit de la routine et des résistances des bureaux, la réforme s'étende à tous les services publics.

« Il faudrait donner plus aux rapports personnels et directs. Rien n'est plus trompeur que l'administration assise et toujours armée d'une plume. Trop souvent, celui que a envoyé une lettre croit que son devoir est accompli, et qu'un acte ordonné est un acte fait.... Il n'y a de bonne administration que celle qui voit par ses yeux, qui se montre et qui parle.... A écrire beaucoup on gagne d'être jugé sur les moyens plus que sur les effets. »

humilha só os ministros de estado, commissarios do parlamento: mata a administração, enfraquecendo a iniciativa e quebrantando os brios dos homens publicos. Emquanto não fizermos uma realidade da presidencia do conselho, instituição parlamentar, convertida, porém, em escudo da realeza, emquanto não desempecermos a acção dos ministros, economisando o tempo consumido em infinitos e estereis conselhos de gabinete, continuará irreparavel o esmorecimento de toda a administração.[1]

Para simplificar e acelerar a marcha administrativa, é indeclinavel tambem que o provimento de certos empregos geraes nas provincias seja commettido aos delegados do governo nellas, ou aos chefes de cada um dos serviços.

E' um erro julgar isto indifferente para os interesses locaes e para a liberdade. Pernicioso á autonomia das provincias é tudo que exagerar possa a influencia da capital Mas basta que a commodidade dos povos o exigisse, para que não devesse subsistir a fórma actual do provimento de cargos secundarios. Notarios publicos[2], officiaes papelistas, escreventes das repar-

---

[1] V. o projecto que neste sentido offerecemos á camara dos deputados, em sessão de 9 de junho de 1868.

[2] Quanto aos officios de justiça, cargos eminentemente locaes, não bastaria arrancal-os do poder executivo; dever-se-ia, a exemplo dos Estados-Unidos, devolver aos juizes e tribunaes o provimento dos officios respectivos. Fôra isto homenagem á independencia da magistratura. V. Parte II, cap. VII, § 2º.—Entretanto, nada menos sustentavel que o actual provimento de todos os officios pelo imperador, usurpação feita ás provincias depois de 1840: tem-lhe dignamente resistido Minas-Geraes, onde nenhum dos partidos ainda consentiu em revogar a legislação provincial que regula a nomeação para esses cargos e a provisão de advogado.

tições e seus porteiros, agentes do correio, ainda hoje dependem de nomeação central, alguns até de assignatura do imperador! Neste sentido, mais extensas attribuições que as dos nossos presidentes, foram pelos reis portuguezes investidas nos donatarios e governadores das capitanias [1].

Ainda quando fosse electivo o presidente, não devia de prevalecer a presente concentração do poder executivo: este tem em cada provincia commissarios dos serviços especiaes, a quem poderia incumbir o provimento dos cargos subordinados. Emquanto, porém, é o presidente delegado do imperador, que inconveniente haveria nessa deslocação de attribuições, de uns para outros agentes do mesmo poder?

Debalde tres vezes propoz-se uma lei a este respeito, em 1859, 1860 e 1864: ainda pende do senado, onde todas as reformas naufragam, a ultima votada pelos liberaes. Oppoz-se-lhe a letra da constituição, argumento com que se repellem o progresso das instituições e as reformas liberaes, mas que não tem obstado a nenhuma lei reaccionaria.

E', todavia, urgente a medida tantas vezes lembrada. Notavel serviço prestaria aos interesses provinciaes e á propria dignidade do governo, o ministerio que reduzisse a estatistica dos que exercem no Rio de Janeiro a profissão de pretendentes ou correctores de empregos geraes nas provincias.

Dever-se-ia preferir, nesse intuito, a idéa do pro-

---

[1] Obras de J. F. Lisboa; vol. III.

jecto de 1859, mais amplo que os outros, comquanto menos preciso [1]. Si a medida, porém, assentasse no largo pensamento do acto addicional, não se limitaria a essa deslocação sómente, mas deveria converter em empregos provinciaes parte dos que reputavam geraes os mencionados projectos.

Entretanto, admitta-se ou não a larga reforma restauradora das franquezas provinciaes, fique para sempre extincto este supplicio da concentração de pequenos empregos e pequenos negocios no Rio de Janeiro. Já os conservadores começam a comprehender que isso vexa os povos, embaraça os ministros e corrompe a administração, tirando-lhe a força e o prestigio [2]. E' acaso mister insistir nos effeitos politicos dessa odiosa centralisação?

Bem aquilataram os perigos da omnipotencia do executivo os estadistas de 1831. Antes do acto addicional, a lei das attribuições da regencia conferiu ao governo imperial o provimento dos altos cargos só-

---

[1] Abrangia o projecto de 1859 os seguintes cargos, que aliás os outros não mencionaram: secretarios do governo, da policia, das faculdades, das relações, dos arsenaes, das capitanias, bibliothecarios, official maior dos tribunaes do commercio, contadores dos correios, etc. Não incluia, porém, os empregados das repartições de terras publicas. — Escusado é advertir que, perante o acto addicional, não são geraes, mas provinciaes, o primeiro, segundo, quarto e oitavo dos referidos cargos.

[2] Segundo a proposta de 1869 para a reforma da guarda nacional, só os commandantes superiores seriam nomeados pelo governo geral; e um dos projectos ministeriaes de reforma judiciaria, do mesmo anno, commettia aos presidentes de provincia a escolha dos juizes municipaes. Um deputado propoz então que os chefes de policia fossem igualmente nomeados pelos presidentes.

mente; os mais empregos civis ou eclesiasticos cessaram de pertencer ao *padroado* central. [1]

Esse padroado, não corrigido por um rigoroso systema de concurso, era accusado, na propria Inglaterra, de corromper as eleições e prejudicar á independencia do parlamento[2]. Exerce-o o presidente dos Estados-Unidos em escala enorme; dezenas de milhar de empregos federaes dependem das secretarias de Washington : mas tão larga distribuição de favores pelo executivo já se reconhece ser perigosa para a moralidade publica, comquanto não para a liberdade em paiz tão profundamente democratico. O mal, com effeito, é ali attenuado pela propria origem popular e pela renovação periodica do supremo magistrado da republica : ella não corre o perigo de ver o funccionalismo convertido em exercito dynastico, como em França. Entretanto, uma lei recente restringiu consideravelmente o arbitrio do executivo [3], e não falta quem lá deseje con-

---

[1] Lei de 14 de junho de 1831, art. 18 : « A attribuição de nomear bispos, magistrados, commandantes da força de terra e mar, presidentes das provincias, embaixadores e mais agentes diplomaticos e commerciaes, e membros da administração da fazenda da côrte, e nas provincias os membros das juntas de fazenda, ou as autoridades que por leis as houverem de substituir, será exercida pela regencia. A attribuição, porém, de prover os mais empregos civis ou eclesiasticos (excepto os acima especificados, e aquelles cujo provimento definitivo competir por lei a outra autoridade) será exercida na côrte pela regencia, e nas provincias pelos presidentes em conselho, precedendo as propostas, exames e concursos determinados por lei. »

[2] Era incontestavel a influencia perniciosa das nomeações e promoções arbitrarias ; e, por acto proprio do gabinete, o governo inglez acaba de consagrar mui amplamente o concurso para o provimento dos cargos civis. Mais uma conquista da democracia na terra dos privilegios !

[3] *Tenure of civil offices act*, 1867. — Segundo a constituição (art. II, sec.

ferir ao povo a escolha de certos empregados federaes, como já o foi a de muitos dos funccionarios dos estados[1].

2ª § 2), póde o congresso conferir a nomeação para empregos secundarios ou só ao presidente, ou aos tribunaes de justiça, ou aos chefes das repartições.

[1] « Nenhum partido jamais removerá inteiramente as restricções (da lei de 1867), e deixará o provimento dos empregos inteira e exclusivamente ao arbitrio do presidente. O verdadeiro mal procede do demasiado padroado exercido pelo executivo, e das influencias corruptoras por tanto tempo abertamente empregadas em dirigir as eleições por meio desse padroado federal. O mal só se poderia extinguir, e as eleições presidenciaes só se tornariam pacificas e puras com uma reforma organica, que conferisse a escolha dos funccionarios federaes a quem as constituições dos estados a teem geralmente conferido, — ao povo. Si o tempo tem demonstrado que o principio democratico da electividade póde ser deixado á sabedoria da escolha popular, porque não se applicaria a mesma regra a muitas classes de empregados federaes? » Paschal, *Annotated Constitution* ; n. 184.

CAPITULO VIII

NOVAS PROVINCIAS E TERRITORIOS

Deferindo ás provincias tão amplas faculdades, convertendo em autoridades locaes alguns dos funccionarios geraes, transformando o presidente em delegado do povo, acaso suppomos que possa coexistir com essa reorganisação a actual divisão do imperio?

Problema rodeado de innumeros tropeços, demandando serio estudo de nossa geografia politica, não cabe aqui tratar-se sinão mui imperfeitamente. Não nos parece, entretanto, temerario affirmar que um dos erros da constituição foi dividir o Brazil em provincias politicamente iguaes, com as mesmas instituições e a mesma representação. Os autores do acto addicional viram-se forçados a contemporisar com o facto consummado. Não lhes foi dado seguir o sabio exemplo da União Americana, onde os territorios do deserto, si possuem instituições municipaes e legislatura local, não teem representação no congresso: por commissarios do presidente da republica são administrados, até que, povoando-se e prosperando, sejam admittidos no gremio da União como estados perfeitos.

Quem considerar attentamente a nossa carta politica, cujas linhas caprichosas só incontram similhança nos labyrinthos das ruas de nossas cidades edificadas á tôa, perceberá desde logo estes dous vicios principaes : — ha grandes provincias mal traçadas, com dimensões irregulares e prolongamentos arbitrarios, que em demasia prejudicam aos interesses dos povos; — ha, por outro lado, verdadeiros desertos, com muitas dezenas de milhar de leguas quadradas, convertidos em provincias ou incluidos nellas, quando melhor fôra repartil-os em certo numero de districtos administrativos.

Estas duas proposições nada teem de exageradas. Para verificar a primeira, basta ver a Bahia, estendendo-se pelo baixo S. Francisco (além da Boa-Vista), abranger um terreno que mais commodo fôra annexar a Sergipe; passando ao sul do Jequitinhonha, privar o norte de Minas de attingir ao litoral e ligar-se aos portos de mar que justamente reclama ; e, emfim, espraiando-se pela margem esquerda do mesmo S. Francisco, dominar um territorio que, tendo Barra por capital e comprehendendo as comarcas de Parnaguá (Piauhy), da Palma e parte da de Porto-Imperial (Goyaz), deveria possuir administração propria, como aliás se tem proposto.

Mais ao norte, Pernambuco prolonga-se pela valle do grande rio commum, e abrange o vasto sertão de Ouricury e Boa-Vista, cujas communicações melhor far-se-iam pela Bahia, a quem mais naturalmente pertence.

Alarga-se Minas em todos os sentidos, jazendo a um canto a sua capital. Dessa vasta superficie haveria bastante para duas novas provincias: Minas do Norte, comprehendida entre o curso do Jequitinhonha e o do Rio Doce, com portos de mar tomados á Bahia e Espirito Santo; Minas do Oeste, formada das comarcas de Passos, Uberaba, Paracatú e Januaria, com o sul de Goyaz desde o Paranahyba até o alto Araguaya.

S. Paulo toma as comarcas de Lorena e Bananal ao Rio de Janeiro, assim como este occupa, além do Párahyba, um territorio que devêra de unir-se ao Espirito Santo.

Não menos evidente, resalta do mappa do Brazil o outro facto assignalado.

O que são o Alto-Amazonas e Mato-Grosso inteiros? as extremidades septentrionaes e meridionaes do Pará? o angulo meridional do Maranhão (comarcas de Pastos-Bons e Carolina) e o septentrional de Goyaz (Boa-Vista e norte do Porto-Imperial)? o que são, finalmente, os abençoados Campos Geraes que do Rio Grande, ao norte de S. Paulo, se estendem até ao Uruguay em Santa Catharina, e á serra de Maracajú em Mato-Grosso, limitando com o Paraguay e Corrientes? Desertos, immensos desertos, cobrindo tres quintos da superficie do Brazil, 150,000 leguas quadradas. Como conceber administração expedita e segura em taes extensões, ou formem uma só provincia, como Amazonas e Mato-Grosso, ou se prendam a outras, como as demais? Como acreditar que nessas solidões funccionem seriamente as instituições de um povo livre, instituições que aliás pódem manejar as populações, muito mais felizes, do litoral? Como desconhecer que actualmente essas regiões são apenas campo de exploração politica de algumas summidades do Rio de Janeiro, e que o systema representativo traduz-se para ellas em uma permanente corrupção? Como incobrir que ahi não se promovem melhoramentos alguns, e que sua triste immobilidade só poderá ser interrompida por administradores sem preoccupações politicas?

Assaz vimos os perniciosos effeitos da uniformidade em nossa organisação : aqui elles se patentêam a toda a luz.

Estamos persuadido de que, si outra fôra a primitiva divisão do imperio, si melhor se houvessem agrupado as comarcas componentes de cada provincias, e destas separado os extensos desertos intermedios e os occidentaes, menos pretexto haveria para negar ás provincias a restituição das faculdades usurpadas em 1840. A's reclamações das mais illustradas e prosperas oppõe-se constantemente o atrazo em que jazem esses desertos elevados a provincias ou incluidos nellas; e o argumento é, sem dúvida, plausivel.

Não se inverta, porém, o nosso pensamento. Não propomos a subdivisão das provincias por um processo mecanico e brutal, como o aplicaram em França, e como o desejáram aqui em odio ás instituições locaes. Não queremos dilacerar laços formados por tradições seculares e interesses positivos. A divisão de um Estado não se faz a compasso, descrevendo inflexiveis linhas astronomicas, ou acompanhando sómente os limites da natureza physica. Fazem-na, atravez dos seculos, a historia e o commercio dos povos. De pouco nos contentamos quanto a novas provincias: a do S. Francisco no occidente da Bahia, a de Minas do Norte entre os Rios Doce e Jequitinhonha, e a de Minas do Oeste comprehendendo o sul de Goyaz, satisfariam, segundo parece, ás necessidades do presente. O futuro, as novas vias terrestres e fluviaes, indicarão depois o que mais convenha. Essas mesmas quizeramos que fossem erigidas, não por acto discricionario do parlamento, sinão ouvidas as populações interessadas, processo que, a imitação dos Estados-Unidos, devemos adoptar.

Desta sórte facil fôra effectuar as creações propostas. Acaso parece mais difficil converter em districtos administrativos, com assembléas onde houvesse população bastante, ou sem ellas, como simples presidios, os territorios a que alludimos? Taes são, para indical-os de um modo preciso, os nove seguintes: do Solimões, do Rio Negro (actual provincia do Amazonas), do Madeira e Guaporé (Amazonas e Mato-Grosso), do Oyapock (nordéste do Pará), do alto Tapajoz (sudoeste da mesma), do Araguaya e Tocantins (abrangendo socções do Pará, Mato-Grosso, Goyaz e Maranhão), do alto Paraná (occidente de S. Paulo, do Paraná e Santa-Catharina, e valle do Ivinheima em Mato-Grosso), do alto Paraguay (comarca de Cuyabá e Villa Maria), e do baixo Paraguay (districto de Corumbá, comarca de Miranda). Legislaturas, a quem coubésse prover sobre o governo municipal dos territorios menos deshabitados, poderiam desde já funccionar nos do alto Paraguay, Rio Negro e Araguaya, onde existem povoações consideraveis (Cuyabá, Manáos, Carolina).

Para essa formação de territorios não faltará a espontanea coadjuvação das provincias interessadas; não hão de ser menos generosas e devotadas á causa nacional, do que os estados de Massachussetts, New-York, Virginia, Carolinas, Georgia, Louisiana e California o foram cedendo á União os vastissimos terrenos, a principio desertos, onde hoje se contemplam os florescentes estados do sul e do oeste. Invoquemos o patriotismo das provincias para essa obra commum, que tanto importa á grandeza da patria. Comprehende-se que recusem a sua cooperação e disputem obstinadamente as pósses actuaes, quando se trata de desannexar de uma para unir a outra parochias ou comarcas, sem fim elevado que justifique ou attenúe a dissolução de antigos laços e veneraveis tradições. Mas, ao se effectuarem as vastas reformas descentralisadoras, todas farão alegremente o sacrificio imposto pela causa commum.

A empreza demandará, em todo o caso, muitissimo tacto. As maiores provincias teem que fazer, da sua parte, grandes concessões: o Rio de Janeiro carecerá resignar-se a ver a capital do Estado transferida para sitio mais resguardado, mais conveniente á vida politica e ao trabalho de gabinete, mais salubre, mais central; todas ellas hão de respeitar o principio da igualdade, nomeando cada uma *dous* senadores sómente, e consentindo na periodica distribuição das cadeiras da camara temporaria proporcionalmente á população verificada pelo ultimo censo. Realisar-se-ha desta sórte o equilibrio politico, que debalde se tenta firmar por outros meios.

Sobre a urgencia dessa nova distribuição parlamentar, muito haveria que dizer. Si, na falta de um censo exacto, se tomasse, como expressão do movimento das transacções, do commercio e da riqueza em cada provincia, o producto das rendas internas, resaltariam desproporções consideraveis. Por exemplo, Minas Geraes, que nomêa um sexto de toda a representação nacional, para a renda interna (unica que ahi se cóbra além da extraordinaria) sómente contribue com a decima oitava parte. Occorre exactamente o inverso no municipio neutro e provincia do Rio de Janeiro, que, contribuindo com 61 % de toda aquella renda, apenas teem 10 % do numero de deputados e senadores. Só a estatistica da população e da riqueza, explicando esses disparates, removeria de nosso regimen a censura, que justamente lhe fazem, de repousar sobre bases completamente arbitrarias.

Este grave inconveniente da desigualdade na representação, que tantos ciumes fomenta e tantos desastres semêa, os Estados-Unidos o evitam prefixando, periodicamente, o numero de habitantes correspondente a cada cadeira da camara dos deputados. Muito menor outr'ora, este algarismo é hoje de quasi 150,000. Ali a deputação de cada estado não é fixa, mas altera-se conforme fluctúa a população. Os de léste e centro dominavam, ha pouco, a maioria do congresso: hoje a influencia passou aos populosos e florescentes estados occidentaes. Só no senado existe, e mui sabiamente, absoluta igualdade de representação.

Concluamos com uma derradeira advertencia. A repartição de duas provincias (Amazonas e Mato-Grosso) em certo numero de territorios, e a conversão em outros das secções que confinam com o deserto ou são desertos, não importa sómente á bôa administração, mas tambem á liberdade politica. Os districtos eleitoraes chamados do sertão, os das duas mencionadas provincias, de Goyaz e outras, não são, porventura, *bourgs-pourris*, uso-fructo de cada ministerio por seu turno? Ahi as candidaturas officiaes são infalliveis; ahi não ha illustração, riqueza, pessoal, que possa sobrepujar ou empecer a torrente do poder. O candidato official não tem ahi competidor. O que ganham os partidos com esta falsificação do systema? Cada qual abusa por sua vez desse facil triumpho, e por sua vez desmoralisa-se recorrendo a um triste expediente.

A actual divisão do imperio incorre, portanto, nesta dupla censura: embaraça a refórma descentralisadora, e falsifica o systema representativo.

CONCLUSÃO

Depois de estudar cada um dos poderes provinciaes, o legislativo, o executivo, o judicial, examinámos tambem, quanto em nossas forças cabia, o vasto circulo de interesses meramente locaes, ou communs ao Estado e á Provincia. Quão longe nos achamos, ha de o leitor reconhecer agora, de uma organisação onde os primeiros funccionem independentes do poder central, e os segundos attinjam á plenitude do seu desinvolvimento !

Assembléas provinciaes, peadas pelas usurpações de 1840 e posteriores, arrastam a vida ingloria de uma instituição desprestigiada.

Presidentes, — agentes de outro poder. não representantes da provincia, commissarios eleitoraes, não administradores e executores dos decretos das assembléas,— tudo podem, até suspender leis promulgadas.

Municipalidades extinctas, literalmente extinctas, sem mais prestigio que as assembléas, e muito menos sensiveis á qualquer movimento de independencia, nem protestam contra a sua profunda humilhação.

Justiça e policia, não separadas, mas estreitamente unidas e confundidas,— puro funccionalismo, pelo governo central arbitrariamente montado, com a mais rigorosa symetria, sem attenção ás differenças das localidades, — exercem, ás ordens directas do presidente, a grande missão de domarem o suffragio e de converterem o parlamento em chancellaria do imperio.

Melhoramentos moraes ou materiaes, a instrucção do povo, a emancipação do escravo, o povoamento dos nossos desertos pelo emigrante do norte do globo, vias terrestres ou fluviaes, tudo protrahe-se lentamente ou tudo está por fazer.

Em summa, governo absoluto, dispondo a capricho da segurança, da honra, da propriedade e da vida do cidadão, que vegeta sem tranquilidade e não scisma no futuro sem receios; espirito publico corrompido, sem ideal, dominado pelas mais terrenas preoccupações, inerte diante das exigencias do patriotismo, indifferente á causa da liberdade — á honra de povo soberano: eis o resultado da centralisação fundada sobre as ruinas do acto addicional.

De sóbra alcançaram seu alvo os contra-revolucionarios de 1840: intorpecidas, annulladas, carregando responsabilidade mui superior ás faculdades que lhes deixaram, nossas provincias offerecem o mais triste espectaculo. Lástima é vel-as debatendo-se nesse supplicio. Do que se occupam? o que nellas commove os espiritos? o que agita a imprensa? Excessos de autoridades irresponsaveis como o poder que as mantém, eleições viciadas, e sempre eleições, favores illegaes, pretenções de empregados, e, quando muito, projectos de interminaveis edificios nas capitaes.

Fossem, porém, as provincias reintegradas na sua autonomia constitucional, formassem livremente o seu governo interior, gyrassem com plena isenção no circulo dos interesses locaes, e sem dúvida se desvaneceriam estas scenas mesquinhas, tristes effeitos da centralisação.

Esboço de obra não acabada, o que valem nossas instituições provinciaes a bem da liberdade politica, o que podem para o fomento do progresso? Deficientes e incoherentes, não perservam uma, nem aceleram o outro. Cumpre encher as lacunas, cumpre eliminar as incongruencias da organisação actual.

Para curar enfermidade tão grave, não bastam medidas moderadas. Ou promovam a larga reforma descentralisadora, ou terminem uma situação equivoca e detestavel proclamando francamente a unidade monarchica á européa. Dividam então o Brazil em 200 circunscripções iguaes, da ordem das comarcas, dêem a cada uma conselho de prefeitura e administrador civil: herdem o parlamento ou o governo as attribuições legislativas das assembléas. E' logico, é pelo menos uma solução clara: acaba o equivoco, cessa o ingano, completa-se resolutamente a obra destruidora que um novissimo projecto de interpretação recomeça com a habitual temeridade das reacções.

Terão, porém, esta audacia das suas convicções aquelles que systematicamente hão amesquinhado a Provincia? Poderá a reacção monarchica preencher todos os seus designios, e, depois de diluir o acto addicional, abolil-o francamente?

Quanto a nós, preserva-nos deste receio a propria situação gerada pela politica centralisadora, os descontentamentos que promove, as impaciencias e irritações que excita. Quem desconhece, por ventura, que só a descentralisação póde abaixar os clamores que já resoam contra a integridade do imperio?

A união não hade resistir muito tempo aos sacudimentos de serios interesses conculcados ou desatendidos. Pedem-se de toda a parte escolas, estradas, trabalho livre, melhoramentos moraes e materiaes. Por si só, mal póde o governo central acudir a este ou aquelle mais ardente reclamo; e por cada um que satisfaz ou illude, vê recrescer a impaciente exigencia de todos os outros. Não lhe resta, portanto, mais que uma solução: dividir a sua formidavel responsabilidade, invocar o auxilio do municipio e da provincia para a obra commum da prosperidade nacional; em uma palavra, descentralisar.

Não, não é isto abdicar; é, pelo contrario, fortificar-se, e habilitar-se, alliviado de um onus excessivo, para o pleno desempenho da grande missão que ao Estado compete em nossa imperfeita sociedade.

Essa grande missão de liberdade e progresso não se circunscreve á perseverança no aperfeiçoamento da legislação, á implacavel energia em moralisar o governo; comprehende tambem a tarefa de acelerar a obra da civilisação. Caminhos de ferro, navegação, telegraphos, agentes physicos do progresso moral, são meios infalliveis de fortalecer ou de consolidar a união das provincias, afrouxando os odiosos laços da centralisação.

Como escurescer a immensidade do erro de um governo que, desdenhando da sua missão propria, tão grandiosa, tão nobre, ha consumido trinta annos em luta aberta contra as liberdades do cidadão e as franquezas da provincia? Como não exprobrar-lhe a cegueira de uma politica que, rejeitando o caminho que o levava a elle á gloria, e o Brazil á prosperidade, preferiu trilhar obstinadamente a róta batida dos principes europeus? Como não embargal-o na marcha vertiginosa em que prosegue, bradando-lhe:

Vós perdeis o paiz, perdendo-vos! vós o arremessais de novo nas crises revolucionarias!

Julgais unir estreitamente a communhão brazileira, apertando-a com os vossos regulamentos, e suffocando-a na papelada das vossas secretarias? Engano manifesto! estais, sem dúvida, estais preparando a obra, talvez fatal, da dissolução do imperio.

Vêde o Norte. E' nome vão apenas depois que vossas leis e vossos proconsules arregimentaram as cohortes pretorianas do absolutismo dissimulado; pois bem! elle passará a ser depressa uma realidade tremenda. Basta-lhe computar suas forças, e pesar friamente os beneficios e os encargos da união.

Augmentam cada anno as prosperas receitas das onze provincias septentrionaes: da Bahia ao Amazonas entram nos cofres nacionaes 36,000 contos; mas sómente 15,000 nellas se despendem, ou no Rio de Janeiro e em Londres, com serviços realisados em cada uma ou que a todas as onze interessam. Os 21,000 contos restantes desde já promoveriam o desinvolvimento material e moral do Norte, sinão fossem absorvidos pelos juros da divida pública e pelo custeamento da administração central. Até o ultimo ceitil paga o Norte, que aliás geralmente se reputa na dependencia do Sul, a quóta que lhe cabe na despeza dos serviços nacionaes, sem nada restar ao thesouro do imperio, antes o auxiliando com uma somma liquida consideravel, pouco inferior a 7.000 contos este anno. [1]

Para avaliar, porém, de resultado tão lisongeiro a essa parte do Brazil, attenda-se que na despeza propriamente nacional figuram verbas exageradas, figura o luxo da administração montada com funccionalismo excessivo, clientela dos homens politicos da capital, figúra o serviço da divida accumulada pelas guerras do Prata e Paraguay.

Certo, cumpre reconhecel-o, não é duvidosa a vantagem da união pelo lado da grandeza e da força; mas, sob o ponto de vista financeiro, se deve confessar que a separação é indifferente. Outras questões hão de surgir, outros interesses hão de inclinar a balança, e decidir dos destinos da nossa nacionalidade.

Mui graves são essas questões e tão patentes, que mal avisado fôra tentar vélal-as. Resolutamente as encaremos, pois, si buscamos a verdadeira solução da difficuldade, o meio seguro de restabelecer o equilibrio, consolidando a integridade do Brazil.

Desde o primeiro reinado, guerras com as republi-

---

[1] V. o Appendice.

cas vizinhas dizimam a população do Norte, convertendo-o em viveiro de recrutas do exercito e armada, e impõem-lhe o sacrificio permanente de divida avultada, na qual só é moralmente solidario de quantia minima, a divida da independencia. Entretanto, sem colherem vantagem da preponderancia ou intervenção em negocios do Prata, que lhes não importam directamente, sinão como parte integrante do imperio, as provincias do Norte sabem que nunca involveram o Brazil em guerras externas, e nas civis não foram mais abundantes que o Sul.

No valle do Parahyba (Rio de Janeiro, S. Paulo, Minas) concentra-se um milhão de escravos. Outr'ora, os **interesses da sua grande propriedade proscrastinaram a repressão do trafico**, humilhando a nação inteira e **corrompendo** um governo em que influiam os Crésos, negreiros da capital: hoje, esses mesmos **interesses adiam** indefinidamente as medidas abolicionistas da escravidão, e repellem até as indirectas. No Norte, porém, varias provincias quasi não possuem escravos, e todas, inclusive Bahia e Pernambuco, praticam o trabalho livre em escala consideravel: o algodão, o café, o fumo, a borracha, o cacáo, que ellas exportam, não os produz o escravo; o proprio assucar, em parte que augmenta progressivamente, é tambem fructo da liberdade. Algumas dessas provincias podem por si mesmas remir os seus captivos, e desejam aproximar a época da emancipação: nenhuma encara com pavor a politica abolicionista. Fôra, entretanto, mais plausivel a exigencia do lavor servil no clima ardente das nossas regiões do equador, que nos amenos campos e temperados valles das provincias tropicaes. Todavia, naquellas, si elle diminue, cresce sem cessar a sua prosperidade; nestas, onde tudo favorece o trabalho livre e convida o immigrante, accumulou-se a escravatura; e, cavando a ruina de duas gerações, retardando o progresso, derramando o panico, tornando incertos todos os calculos, falliveis todas as emprezas, a funesta instituição dominadora no Sul obriga a um adiamento temerario o resto do paiz, que póde affrontar o futuro com menos susto ou mais coragem. Repetindo a memoravel phrase de Sumner, se póde, portanto, dizer aqui, com a mesma exactidão que nos Estados-Unidos : *Freedom national, slavery sectional.*

E, quanto a melhoramentos materiaes, tem acaso o Norte um só porto, sem exceptuar o de Pernambuco, onde se hajam feito trabalhos serios? Em sete das provincias septentrionaes, nenhum serviço notavel custêa o Estado. Duas contam estradas de ferro condemnadas á estabilidade, emquanto a de « Pedro II », inda que timidamente, não tem cessado de proseguir á custa da receita geral. Não possue o Norte marinha mercante; aos armadores do Rio de Janeiro paga frétes excessivos: suporta as duras condições da marinha privilegiada, soporta as fascinadoras doutrinas de uma escola que pretende promover industrias e fabricas em paiz agricola, onde á propria lavoura fallecem aptidões profissionaes e capitaes baratos, mais ainda que braços.

Emfim, e para não ir mais longe, é o Norte interessado nessa concentração administrativa, que sujeita o paiz á ineluctavel supremazia dos politicos da capital?

Pesai bem esses vivos contrastes, e dizei si a integridade de um Estado igual a tres quartas partes da Europa póde subsistir sinão a sombra de uma politica, que indemnise as provincias dos sacrificios que fazem á união. Poderá, porém, resistir muito tempo á acção de duas causas isoladoras, a desigualdade de tratamento e a centralisacão?

Notai que os 36,000 contos da actual receita do Norte eram, ha vinte annos, a do Brazil todo; e que, mesmo sem incluir as rendas municipaes e provinciaes, é aquella receita superior ao orçamento da Republica Argentina e ao de qualquer dos povos da America, excepto sómente os Estados-Unidos.

O Norte, folgamos reconhecel-o, não attingiu a esse extremo de descontentamento, em que a discussão limita com o combate. Fluctúa, é certo, nas regiões mais proximas do equador, um instincto vago de independencia; em outras propaga-se a dúvida sobre as vantagens da união. Querem sinceramente dissipar a nuvem ameaçadora? Um meio existe, pacifico, infallivel, glorioso; grande resolução exige, porém, e a mais nobre de todas: a de ceder sem constrangimento, a de resignar o poder arbitrario diante da liberdade opprimida. Ceda o governo imperial espontaneamente o que desde 1840 usurpára ao povo, ao municipio, á provincia; restaure, não uma liberdade nominal e precaria, mas a liberdade, tangivel e prática, da descentralisação. Politica tão magnanima será repudiada pela cegueira fatal que arrasta á perdição todos os governos infelizes. todos os systemas decadentes?

APPENDICE

O NORTE E O SUL

(P. 400)

Cobrem as rendas do Norte todas as respectivas despezas da administração publica e a quóta correspondente dos encargos propriamente nacionaes?

Vejamol-o, começando pela

RECEITA

Cresce do modo mais lisongeiro a receita do Norte: elle deve ter contribuido com 36,000 contos para a renda de 1869—70, que attingirá a 96,000, segundo o ultimo relatorio do ministerio da fazenda (1870). Eis a distribuição pelas provincias, extrahida de uma tabella do mesmo relatorio:

Amazonas.	91:103$
Pará.	4.077:218$
Maranhão.	2.791:334$
Piauhy	207:066$
Ceará	2.815:446$
Rio Grande do Norte.	591:718$
Parahyba	706:741$
Pernambuco	13.935:056$
Alagôas	756:989$
Sergipe	364:647$
Bahia	9.584:943$
	35.922:262$

DESPEZA

Posto que fastidiosos, não podemos aqui supprimir alguns desinvolvimentos.

Vamos seguir, excepto nos lugares expressamente indicados, os algarismos de um balanço definitivo, o do exercicio de 1866—67. Como se sabe, as verbas ordinarias da administração não offerecem subitamente grandes alterações. Póde-se, pois, tomar como expressão da realidade as sommas desse balanço, que aliás é o ultimo publicado na occasião em que escrevemos.

Despeza da administração geral no Norte.

Comprehendemos aqui todos os serviços dos differentes ministerios, sem exceptuar nenhum,—instrucção superior, justiça, culto, fazenda, obras publicas, corpos de guarnição e divisões navaes, — cujas despezas se pagam nas thesourarias de cada provincia. Eis a sua importancia:

Amazonas.	352:565$
Pará.	1.467:255$
Maranhão.	1.111:927$
Piauhy	363:119$
Ceará	566:061$
Rio Grande do Norte	235:618$
Parahyba	329:691$
Pernambuco	2.881:849$
Alagôas.	406:814$
Sergipe	292:192$
Bahia	3.497:545$
	11.504:636$

Subirá a 11,527 contos esse total, ajuntando-lhe 12:443$ que no mesmo exercicio se pagaram, em Londres e no Rio de Janeiro, a alguns funccionarios ausentes das provincias, ou por serviços dellas. O recente augmento dos vencimentos da magistratura o elevará a 11,800 contos.

No exercicio do balanço que compulsámos, as despezas militares (ministerios da guerra e marinha) effectuadas no Norte quasi equivalem ás que nelle se fizeram em anno anterior á luta do Paraguay, 1863—64, quando lá havia mais tropa de linha e mais navios da esquadra. O total acima se póde, pois, reputar despeza normal dos serviços geraes nessa parte do imperio.

Si agora se confrontarem os dous totaes, ver-se-ha:

1.º que tem renda superior á despeza nellas effectuada cada uma das onze provincias, excepto Amazonas e Piauhy, cuja receita aliás se cóbra em grande parte nas estações fiscaes das outras vizinhas;

2.º que a renda excede á despeza em 24,122 contos.

Esta quantia não representa, porém, saldo effectivo com que o Norte contribúa para o erario do Brazil. Pelo thesouro nacional e pela caixa de Londres se fazem duas ordens de despeza, que elevam muito o passivo daquellas provincias. A primeira é a dos serviços contractados por bem dellas; constituem a segunda as quótas que lhes cabem nos gastos com o governo central, as relações exteriores e a divida publica. Vamos deduzil-as separadamente.

Despeza de serviços do Norte.

Aqui incluimos juros a estradas de ferro e subvenções á navegação, que não se paguem nas provincias que gozam desses melhoramentos, mas no Rio de Janeiro ou em Londres. A saber:

1º. Estradas de ferro, 1,646:791$. Sendo:—5 % integraes garantidos á da Bahia, 800:000$; 2 % da responsabilidade provincial adiantados pelo governo, tambem integralmente, 320:000$:—5 % á de Pernambuco, não integraes, porque dá renda liquida, 385:595$; 2 % idem, da responsabilidade provincial, 141:196$; algarismos que soffrerão um leve augmento com o recente acrescimo do capital garantido.

2º. Navegação a vapor, 1,652:000$. Sendo:
— Do Amazonas, 720:000$.
— Dos afluentes do Amazonas (96 contos), e do baixo S. Francisco (40): despezas que incluimos, posto que, sendo posteriores, não figurem no balanço que acompanhamos.
— Parte da subvenção á companhia Brazileira de paquetes, correspondente á distancia percorrida da Bahia ao Pará, ou cêrca de 4/5 da subvenção total, 616:000$, despeza aliás menor hoje em virtude do novo contracto.
— Parte igualmente da linha do Rio de Janeiro a New-York, 180:000$.

Não se contemplam aqui, por se effectuarem nas thesourarias de fazenda do Norte os respectivos pagamentos, as subvenções das companhias Bahiana, Pernambucana, Maranhense, Sergipense e do Parnahyba, cuja somma, portanto, já figura no total, acima indicado, da despeza geral realisada nessas provincias.

As duas verbas, juros de estradas e subvenções de paquetes, sommando 3,298:791$, reduzem o saldo do Norte a 20,823 contos. Vejamos si elle desaparece diante da despeza propriamente nacional, que o Norte soporta como parte integrante do imperio.

Quóta da despeza propriamente nacional.

Quanto attribuiremos ás provincias septentrionaes dos encargos da união? Onde acharemos a expressão arithmetica da justa responsabilidade dellas? Resposta exacta dal-a-ia sómente a estatistica da população e riquezas do Brazil. Não a possuimos, nem parcial! Ora, não bastaria conhecer o numero de habitantes do Norte para determinar a sua força productora, unica base equitativa dos impostos e encargos publicos; e, por outro lado, nenhuma confiança inspiram as estimativas officiaes. Em um documento deste genero (*o Imperio do Brazil na Exposição Universal*, 1867) até se desprezaram os arrolamentos policiaes já conhecidos, como os do Amazonas e Santa Catharina, dando-se á primeira 100,000 habitantes e á segunda 200,000, em vez de 40,443 e 119,181, que são o resultado de censos anteriores. Attribuindo ás onze provincias do Norte metade da população do imperio, esse documento não é confirmado pelo elemento mais seguro que se depára neste cálculo de probabilidades,— a correspondente somma das rendas geraes.

Para avaliar com justeza a parte dos encargos nacionaes que direitamente competem ao Norte, nós preferimos esse elemento, a proporção da sua receita para a receita do imperio, por dous motivos: 1º, porque são os impostos geraes os mesmos em todo o Brazil, excepto sómente, quanto ás alfandegas de Mato-Grosso e Amazonas, uma ligeira differença de tarifas, que aliás não altera o resultado; 2º, porque, tocando esses impostos a todo o commercio interno e externo, a todas as transacções e factos da vida civil e industrial, o seu producto exprime aproximadamente o valor economico de cada secção de um Estado, e, portanto, a sua capacidade *tributaria*.

Ora, no exercicio de 1869 — 70, bem como em outros anteriores, a renda das mencionadas provincias foi 37,5 % da renda do imperio. Esta proporção é confirmada pela parte correspondente ao Norte nos valores officiaes do commercio de importação, de exportação e de cabotagem. Com certa segurança, portanto, podemos tomar o algarismo 37 % como a quóta da despeza de caracter nacional imputavel ao Norte.

Passemos a discriminal-a cuidadosamente.

1º. Representação nacional: Familia imperial, 1,396:196$; —Parlamento, 509:672$:— total, 1,905:868$.

Quóta do Norte, 715:159$.

2º. Secretarias de estado, agregada á de fazenda a parte da direcção geral do thesouro, 1,366:270$.

Quóta do Norte, 505:494$.

3º. Representação diplomatica, tomando a verificada em um exercicio de paz, o de 1863—64, e excluindo a verba da secretaria de estrangeiros já englobada acima, 621:231$.

Quóta do Norte, 229:844$.

4.º Repartições e despezas diversas da administração central, a saber: conselho de estado, supremo tribunal de justiça, relação eclesiastica metropolitana, casa da moeda, archivo publico, typographia nacional e *Diario official*, exposições (a nacional e a internacional de 1867), adjudas de custo a presidentes e magistrados, eventuaes de diversos ministerios e despeza secreta em Londres:—total, 791:687$. (Não consideramos nacionaes os estabelecimentos de instrucção da côrte, os institutos de caridade, etc.)

Quóta do Norte, 292:892$.

5º. Exercito, sendo:

— Conselho supremo militar, addicionada a consignação do ministerio da marinha, 35:548$.

— Instrucção militar, 170:666$.

— Officiaes generaes e dos corpos especiaes, despeza feita na côrte e em Londres, além da effectuada nas provincias (acompanhamos nesta parte o balanço de 1863—64), 417:592$.

— Archivo militar, 22:075$.

— Laboratorios (citado exercicio de paz), 128:000$.

— Fabrica da polvora (idem), 150:228$.

Não incluimos nem a despeza com arsenaes, nem com os corpos do exercito, nem com fardamento e equipamento, porque, achando-se o exercito distribuido por todas ellas, em cada provincia se fazem em tempo de paz os respectivos gastos, que já foram acima englobados no monte da despeza com a administração geral. Em 1863—64, por exemplo, mais de 3/4 da despeza com o exercito pagaram as thesourarias das diversas provincias aos corpos fixos ou moveis.

Total a distribuir, das indicadas despezas com o exercito, além das que se effectuam nas provincias mesmas: 924:109$.

Quóta do Norte, 341:920$.

6.º Marinha, sendo:

— Conselho naval, quartel general, escola de marinha, bibliotheca, contadorias (não se ajuntando a intendencia, etc., por ser propriamente accessorio do arsenal do Rio de Janeiro), 220:529$.

— Despeza feita na côrte e em Londres, além da que o foi nas provincias, com officiaes do estado maior, corpos annexos, divisões da esquadra, gratificações, etc., no citado exercicio de paz, 1.244:425$.

— Material da armada, quantia despendida em Londres, no dito exercicio, 941:395$.

— Armamento, equipamento, munições, artigos de reparos e construcções, medicamentos, combustivel, pagos na côrte, pouco mais ou menos, 709:610$. (Não se inclue toda a importancia da despeza effectuada, porque parte pertence especialmente ao arsenal e divisão naval do Rio de Janeiro.)

Total da despeza com a marinha de guerra, a distribuir: 3,115:954$.

Quóta do Norte, 1,152:902$.

Não carecemos advertir que, achando-se a armada mais concentrada no Rio de Janeiro, onde existem os principaes estabelecimentos navaes do imperio, a despeza central da marinha é por isso mesmo maior que a do exercito, o qual nos tempos ordinarios se espalha por todo o Brazil e é supprido pelas thesourarias de cada provincia.

7.º Finalmente, a mais onerosa das verbas, a do serviço da divida pública:

— Juros da externa (segundo a lei do orçamento de junho de 1870).	8,056:560$
— Da interna fundada (idem).	15,269:266$
— Dos bilhetes do thesouro (idem) . . .	3,526:000$
— Differenças de cambio.	2,668:880$
— Caixa de amortisação	58:900$
Total. . .	29,579:606$

Quóta do Norte, 10,944:452$.

Sommando as parcellas acima, achamos que a quóta da despeza propriamente nacional, correspondente ás onze provincias, é 14,182 contos.

Este consideravel algarismo, elevado principalmente pelo onus excessivo da divida pública, não absorve, entretanto, o saldo da receita do Norte (20,823 contos), não o deixa em *deficit* perante o thesouro nacional. Pelo contrario, o Norte fornece ao Sul um saldo liquido de 6,641 contos, deduzida toda a especie de gastos locaes ou nacionaes.

Em resumo:

Satisfaz o Norte, na parte que lhe compete, a todos os encargos da união.

Paga as despezas da administração geral nas suas provincias.

Paga os serviços que lhes interessam, vapores e estradas de ferro.

Paga, além da que nellas se effectùa, a quota relativa da despeza com o exercito e a armada.

Paga a quóta igualmente da representação nacional e da administração central.

Paga os tributos legados pelas guerras do Sul, soffre o papel-moeda, atura a divida pública.... Ainda mais: remette ao Rio de Janeiro saldos liquidos, algnns milhares de contos.

Deve acaso, por cúmulo de males, soportar a centralisação? Não é sobejamente pesada a união pelos seus onus financeiros? Ha de sel-o ainda, perpetuamente, por sua organisação interna?

INDICE

PREFACIO. V

PARTE PRIMEIRA

CENTRALISAÇÃO E FEDERAÇÃO

CAPITULO I.— A obra da centralisação 3
CAPITULO II.— O governo nos Estados modernos 13
CAPITULO III.— A centralisação e as reformas. 21
CAPITULO IV.— Objecção 31
CAPITULO V.— A federação nos Estados-Unidos. 37
    Governo federal 38
    Governo dos estados: poder legislativo. 44
    Poder executivo 46
    Organisação judiciaria 51
CAPITULO VI.— Autonomia das Colonias Inglezas 61

PARTE SEGUNDA

INSTITUIÇÕES PROVINCIAES

CAPITULO I.— O acto addicional 79
    § I.— A tentativa de descentralisação 81
    § II.— A reacção: influencia do conselho de estado.
        Contra-reacção 88
    § III.— Precedentes estabelecidos pela reacção. . . 96
    § IV.— Novos projectos centralisadores: conselhos
        de provincia, agentes administrativos. . . . 102
    § V.— Missão do partido liberal. 109

CAPITULO II.— A assembléa. 113
    § I.— Senados provinciaes. 114
    § II.— Commissões permanentes. 116
    § III.— Eleição. 119

CAPITULO III.— O presidente. 121
    § I.— Eleição do presidente; independencia dos func-
        cionarios geraes 122
    § II.— Vantagens da eleição do presidente 130
    § III.— Orgãos da administração provincial 137

CAPITULO IV.— A municipalidade 141
    § I.— O vicio da uniformidade. Diversidade dos mu-
        nicipios: competencia das assembléas . . . 143
    § II.— O acto addicional e as municipalidades. . . 149
    § III.— Autonomia do municipio; bases de reforma. 154

CAPITULO V.— A policia 165
    § I.— A uniformidade da policia. Caracter local das
        instituições policiaes. 168
    § II.— Organisação policial de algumas provincias de-
        pois do acto addicional: *as leis dos prefeitos.*
        Seu fundamento 173

CAPITULO VI.— A força policial e a guarda nacional. . . 183
  § I.— Força policial : instituição commum á provincia e ao municipio 184
  § II.— Guarda nacional : limite da competencia do poder central. Abolição 187

CAPITULO VII.— A justiça 195
  § I.— Juizes de primeira instancia. Razão do acto addicional 199
  § II.— Independencia do poder judicial : nomeação e promoção dos juizes. Principios de organisação judiciaria communs á lei geral e ás provinciaes. . , ... , ... 206
  § III.— Relações em cada provincia. 213
  § IV.— Assumptos da competencia provincial. Requisitos para o cargo de juiz : o noviciado . . . 216
  § V.— Competencia exclusiva da lei geral . garantias do cidadão. 219

PARTE TERCEIRA

INTERESSES PROVINCIAES

CAPITULO I.— Instrucção publica 227
  § I.— Liberdade do ensino particular. Desinvolvimento do ensino publico. Ensino obrigatorio . . 229
  § II.— Um systema efficaz de instrucção consome muito dinheiro. Justificação da *taxa escolar*, imposto exclusivamente provincial 238
  § III.— Applicação da taxa escolar. Organisação do ensino nas provincias 243

CAPITULO II.— Emancipação 255
  § I.— O Estado e a emancipação. . . . . »
  § II.— Missão das provincias 265

A PROV. 53

CAPITULO III — Associações 281

CAPITULO IV.— Immigração. 291

CAPITULO V.— Obras publicas. 303
    § I.— A centralisação nos melhoramentos materiaes . 306
    § II.— Até onde se estende a competencia provincial . 312
    § III.— Missão do governo geral 320

CAPITULO VI.— Receita e despeza 331
    § I.— Insufficiencia das rendas provinciaes. O *self-government*, correctivo dos pesados tributos . . 334
    § II.— Restricções ao poder provincial em materia de impostos : taxas locaes addicionadas a imposições geraes 338
    § III.— Impostos de importação. Não se confundem com taxas de consumo local e taxas itinerarias. 344
    § IV.— Imposto provincial de exportação ; seu fundamento. Inconvenientes da taxa geral sobre productos exportados 349
    § V.— Novas fontes de receita provincial : o *imposto territorial* 355
    § VI.— Fusão das imposições provinciaes : taxa directa sobre a propriedade. 360
    § VII.— Impostos geraes que se póde transferir ás provincias. Correspondem á despeza dos serviços que devem ser descentralisados. 363

CAPITULO VII.— Negocios geraes nas provincias. 375

CAPITULO VIII.— Novas provincias e territorios . . . : . 387

CONCLUSÃO. 395

APPENDICE.— O Norte e o Sul 405

ERRATAS

Pag. 197, linhas 14—15 : *regras criminal* em vez de *regras do processo criminal*.
» » » 16—17 : *projecto do processo de reforma* em vez de *projecto de reforma*.
» 248, » 6—7 : *as provincias* em vez de *das provincias*.
» 255, » 13 : *por utilidade publica* em vez de *por bem da moralidade pública*.